edition suhrkamp

Redaktion: Günther Busch

W0231722

Boris Andreevič Uspenskijs *Poetik der Komposition* mit dem Untertitel *Struktur des künstlerischen Textes und Typologie der Kompositionsform* hatte 1970 in Moskau die Reihe *Semiotische Untersuchungen zur Kunsttheorie* eröffnet, als deren zweiter Band die kürzlich in deutscher Übersetzung vorgelegte Monographie Jurij Lotmans *Die Struktur des künstlerischen Textes* (es 582) erschienen war. Uspenskij gehört zur Tartuer Schule des sowjetischen Strukturalismus. In seinem Buch gelingt ihm der Nachweis einheitlicher formaler Kompositionsverfahren in Literatur und darstellender Kunst. Ausgehend von einem zeichentheoretisch fundierten »Text«-Begriff als »semantisch organisierter Zeichenfolge«, der auf alle darstellenden Künste, also Literatur und Malerei, Theater und Film, anwendbar sei, konzentriert sich Uspenskij insbesondere auf eine mehrdimensionale Betrachtung des »point of view« oder der Perspektive, wobei die unterschiedlichen Konsequenzen wechselnder Erzählstandpunkte und veränderter Perspektiven auf den Ebenen der ideologischen Wertung, der Phraseologie, der Raum-Zeit-Charakteristik und der Psychologie ausführlich erörtert werden. Besondere Beachtung verdient es, daß im Rahmen dieser allgemeinen Kompositionstheorie den zahlreichen »point-of-view«-Theorien und -Typologien in westlichen Sprachen erstmals eine Synthese der Perspektivtechniken in der russischen Prosa des 19. Jahrhunderts gegenübergestellt wird, wobei der Autor u. a. prosatheoretische Ansätze des russischen Formalismus kritisch weiterentwickelt.

Boris Andreevič Uspenskij
Poetik der Komposition

Struktur des künstlerischen Textes und Typologie der Kompositionsform

Herausgegeben und nach einer revidierten Fassung des Originals bearbeitet von Karl Eimermacher. Aus dem Russischen übersetzt von Georg Mayer.

Suhrkamp Verlag

Titel der Originalausgabe: Поэтика композиции

edition suhrkamp 673
Erste Auflage 1975
Copyright by Izdatelstvo Iskusstvo, Moskau 1970. © der deutschen Aus-
gabe: Suhrkamp Verlag, Frankfurt am Main 1975. Deutsche Erstausgabe.
Printed in Germany. Alle Rechte vorbehalten, insbesondere das des öffent-
lichen Vortrags und der Übertragung durch Rundfunk und Fernsehen, auch
einzelner Teile. Satz, in Linotype Garamond, Druck und Bindung bei Georg
Wagner, Nördlingen. Gesamtausstattung Willy Fleckhaus.

Inhalt

Einführung. Der »Standpunkt« als Problem der Komposition

Die Untersuchung der kompositorischen Möglichkeiten und der Konstruktionsgesetze eines Kunstwerks gehört zu den interessantesten Aufgaben ästhetischer Analyse; indes sind gerade Probleme der Komposition noch sehr wenig erforscht. Das strukturalistische Vorgehen bei der Beschäftigung mit Werken der Kunst eröffnet dabei viele neue Perspektiven. In jüngster Zeit ist häufig von der *Struktur* eines Kunstwerks die Rede. Allerdings wird dieser Ausdruck in der Regel nicht streng terminologisch gebraucht; gewöhnlich verbindet sich damit nicht mehr als ein vager Hinweis auf eine gewisse möglicherweise bestehende Analogie zur »Struktur«, wie sie in den Objekten der Naturwissenschaft aufgefaßt wird, wobei freilich höchst unklar bleibt, worin denn nun eine solche Analogie bestehen könnte. Natürlich gibt es viele mögliche Ansätze zur Erhellung der Struktur eines Kunstwerks. Hier soll nur eine von möglichen Methoden geprüft werden, und zwar diejenige, die es erlaubt, einerseits die *Standpunkte* zu bestimmen, von denen aus im Wort-Kunstwerk die Erzählung (oder, in einem Werk der bildenden Kunst, die Darstellung) erfolgt, und andererseits die wechselseitige Einwirkung dieser Standpunkte unter verschiedenen Aspekten zu verfolgen.

Somit spielt in der vorliegenden Arbeit das Problem des Standpunkts die Hauptrolle. Es bildet insofern das *zentrale* Problem bei der Komposition des Kunstwerks, als es die unterschiedlichsten Kunstgattungen unter einem einheitlichen Blickwinkel zu betrachten gestattet. Man kann ohne Übertreibung sagen, das Problem des Standpunkts beziehe sich auf alle unmittelbar mit der Semantik (das heißt mit der Repräsentation eines beliebigen Wirklichkeitsfragments in der Form eines Bezeichneten [signifié]) verknüpften Kunstformen, also beispielsweise auf Literatur, darstellende Kunst, Theater und Film – obgleich natürlich in den einzelnen Künsten dieses Problem seine jeweils spezifische Gestalt annehmen kann. Mit anderen Worten: Das Problem des Standpunkts gilt unmittelbar in denjenigen Künsten, deren Werke ihrer Bestimmung nach *zweischichtig* sind, die also über eine Ausdrucks- und eine Inhaltsebene (Darstellung und Dargestelltes) verfügen; man kann in diesem Fall auch von *repräsentierenden* Künsten sprechen.[1]

Dagegen ist das Problem des Standpunkts weniger aktuell – ja, es kann vielleicht sogar völlig außer acht gelassen werden – in jenen Bereichen der Kunst, die es nicht unmittelbar mit der Semantik des Dargestellten zu tun haben; man denke an Kunstformen wie die abstrakte Malerei, das Ornament, die Musik (ausgenommen die Programm-Musik) und die Architektur, die nicht so sehr mit der Semantik als der *Syntagmatik* (die Architektur außerdem noch mit der Pragmatik) verknüpft sind.

In der *Malerei* und in anderen Formen der darstellenden Kunst tritt das Problem des Standpunkts vor allem als das der *Perspektive*[2] hervor. Bekanntlich setzt die klassische »direkte« oder »lineare Perspektive«, die seit der Renaissance für die europäische Malerei als normativ gilt, einen einheitlichen und unbeweglichen Standort, das heißt eine genau fixierte Betrachterposition, voraus. Wie jedoch von verschiedenen Forschern bereits mehrfach bemerkt wurde, tritt die direkte Perspektive fast nie in absoluter Form auf: Abweichungen von den Regeln der direkten Perspektive finden sich zu den verschiedensten Zeiten gerade auch bei den bedeutenderen Malern nach der Renaissance, nicht ausgenommen die eigentlichen Theoretiker perspektivischer Darstellung[3] (darüber hinaus können derartige Abweichungen unter bestimmten Umständen den Malern in speziellen Perspektive-Handbüchern zum Zweck der Erreichung größerer Natürlichkeit der Darstellung manchmal sogar empfohlen werden[4]). In solchen Fällen läßt sich also von einer *Vielzahl* der von einem Maler verwendeten Betrachterpositionen oder von einem Standpunktpluralismus sprechen. Besonders anschaulich tritt diese Pluralität in der Malerei des Mittelalters hervor, insbesondere in dem verwickelten Komplex der mit der sogenannten »umgekehrten Perspektive« verbundenen Phänomene.[5]

In einem unmittelbaren Zusammenhang mit der Frage des Standpunkts (und der Betrachterposition) in der darstellenden Kunst stehen die Probleme der Verkürzung und der Beleuch-

tung sowie das der Kombination des Standpunkts eines Innenbetrachters (der sich innerhalb der dargestellten Welt befindet)
und eines Betrachters außerhalb der Darstellung (des Beobachters von außen), schließlich auch die Problematik der unterschiedlichen Behandlung semantisch wichtiger und semantisch
weniger bedeutender Figuren u. ä. (auf die letzteren Fragen
wird im Verlauf dieser Arbeit noch näher eingegangen).

Beim *Film* tritt das Problem des Standpunkts ganz eindeutig
in erster Linie als eines der *Montage* in Erscheinung.[6] Die mögliche Verwendung einer Fülle unterschiedlicher Standpunkte
(oder Einstellungen) bei Filmarbeiten ist ganz offenkundig.
Solche Elemente der formalen Komposition der Filmszene wie
Kameraeinstellung und Bildausschnitt, unterschiedliche Formen
der Kamerabewegung usw. sind gleichfalls auf augenscheinliche
Weise mit dem vorliegenden Problem verknüpft.

Schließlich stellt sich das Problem des Standpunkts auch beim
Theater, obgleich es hier vielleicht weniger aktuell erscheinen
mag als bei den übrigen repräsentierenden Kunstarten. Das
Spezifische des Theaters läßt sich insbesondere veranschaulichen,
wenn man die Auffassung eines Stückes, beispielsweise von
Shakespeare, als eines literarischen Werkes (also unabhängig
von seiner szenischen Aktualisierung) vergleicht mit dem Eindruck, den dasselbe Stück hervorruft bei seiner Aufführung –
mit anderen Worten, wenn man die Eindrücke eines Lesers und
eines Zuschauers miteinander vergleicht. Dazu bemerkte einmal P. A. Florenskij: »Wenn Shakespeare im ›Hamlet‹ dem
Leser eine Theateraufführung zeigt, so skizziert er den Raum
dieses Theaters vom Standpunkt des Zuschauers aus – des Königs, der Königin, Hamlets und anderer. Dabei verursacht es
aber den Zuhörern (oder Lesern – B. U.) nur geringe Mühe,
sich den Raum der Haupthandlung des ›Hamlet‹ und, darin
eingelagert, den in sich abgeschlossenen und dem ersteren nicht
untergeordneten Raum des dort aufgeführten Stückes vorzustellen. Für die Inszenierung im Theater dagegen bietet der
›Hamlet‹, wenngleich nur unter diesem Aspekt, nahezu un-
überwindliche Schwierigkeiten: der Zuschauer im Parkett sieht
zwangsläufig die Szene auf der Szene ausschließlich von *seinem*
Standpunkt aus, nicht aber von dem der agierenden Figuren
der Tragödie, er sieht sie also mit *seinen* Augen, nicht aber mit
den Augen beispielsweise des Königs.«[7]

Dadurch sind die Möglichkeiten der Transfiguration, der Selbstidentifikation mit dem Helden, der wenigstens zeitweisen Wahrnehmung aus seiner Perspektive, im Theater ungleich beschränkter als in der Literatur.[8] Dennoch läßt sich auch hier im Prinzip das Problem des Standpunkts als aktuell bezeichnen, wenn auch nicht im gleichen Maße wie bei den übrigen Kunstarten. Es genügt beispielsweise ein Vergleich des zeitgenössischen Theaters, worin es dem Schauspieler frei steht, dem Zuschauer den Rücken zuzuwenden, mit dem klassischen Theater des 18. und 19. Jahrhunderts, als er dem Publikum unbedingt das Gesicht zuzukehren hatte; dabei war diese Regel so strikt einzuhalten, daß meinetwegen zwei Gesprächspartner, die in einer Szene tête à tête miteinander zu parlieren hatten, einander überhaupt nicht ins Auge sehen durften, sondern auf die Zuschauer zu blicken hatten (in rudimentärer Form kann man den Konventionen dieses altertümlichen Systems auch heute noch begegnen). Solche Beschränkungen bei der Gestaltung des Szenenraums waren derart obligatorisch und wichtig, daß sie zur Grundlage sämtlicher Inszenierungen im Theater des 18. bis 19. Jahrhunderts werden konnten und dabei eine Reihe notwendiger Folgen nach sich zogen. So erfordert beispielsweise das aktive Spiel betonte Bewegungen mit der rechten Hand, weswegen ein Schauspieler in einer aktiven Rolle im Theater des 18. Jahrhunderts gewöhnlich auf der vom Zuschauer aus rechten Seite auftrat, während man einen Schauspieler in einer mehr passiven Rolle links postierte (zum Beispiel: eine Prinzessin steht links, die Dienerin, ihre Begleiterin, die als eine aktive Figur gilt, kommt vom Zuschauer aus gesehen von rechts auf die Bühne). Ferner befand sich bei einer solchen Aufstellung ein Schauspieler mit einer passiveren Rolle in einer vorteilhafteren Position, insofern seine relativ unbewegliche Stellung es nicht erforderte, sich ins Profil oder mit dem Rücken zum Zuschauer zu drehen; aus diesem Grunde nahmen eine solche Position gerade jene Akteure ein, deren Rolle sich durch größere Funktionalität auszeichnete. In gleicher Weise unterlag die Gruppierung der Opernsänger im 18. Jahrhundert ziemlich detaillierten Vorschriften, indem die Solisten parallell zur Rampe und hierarchisch von links nach rechts (vom Zuschauer aus) geordnet Aufstellung nahmen, das heißt, der Held oder der erste Liebhaber stand an erster Stelle links, darauf folgte die nächstwichtige Figur usw.[9] Andrerseits war eine derartige zuschauerbezogene Frontalität, die in unterschiedlichem Grade das Theater seit dem 17. und 18. Jahrhundert charakterisierte, untypisch für das noch ältere Theater mit seiner anders gearteten Gruppierung der Zuschauer um die Bühne.

Bekanntlich genießt im zeitgenössischen Theater der Standpunkt der handelnden Figuren eine höhere Geltung, während im klassischen Theater des 18. bis 19. Jahrhunderts vor allem der Standpunkt des Zuschauers berücksichtigt wurde (man vergleiche damit, was oben über die Möglichkeit der Innen- und Außenperspektive bei einem Bilde gesagt wurde); natürlich ist auch immer die Kombination dieser beiden Standpunkte möglich.

Schließlich tritt das Problem der Standpunkte mit besonderer Aktualität in den Werken der *schönen Literatur* zutage, was auch den eigentlichen Gegenstand dieser Untersuchung bilden soll. Ebenso wie beim Film wird in der Literatur häufig das Verfahren der Montage verwendet; und ähnlich wie in der Malerei können auch hierbei mehrere Standpunkte in Erscheinung treten, wobei sich im Verhältnis zum Gesamtwerk sowohl ein »innerer« als auch ein »äußerer« Standpunkt abheben lassen; schließlich kommen Literatur und Theater einander nahe aufgrund einiger Analogien auf der Ebene der Komposition; natürlich ergeben sich bei der Lösung dieses Problems jedes Mal auch ganz spezifische Fragen, wovon später noch ausführlicher die Rede sein wird.

Hieraus läßt sich zu Recht folgern, daß im Prinzip eine allgemeine Theorie der Komposition denkbar ist, die die Gesetzmäßigkeiten der strukturellen Organisation eines *künstlerischen Textes* untersucht und die auf die verschiedenen Kunstarten anwendbar ist. Die Begriffe »künstlerisch« und »Text« sind hier im weitesten Sinne aufzufassen; insbesondere soll ihre Bedeutung nicht auf den Bereich der Wortkunst eingeschränkt werden. »Künstlerisch« soll hier entsprechend dem englischen »artistic« verstanden werden, und »Text« im Sinne einer beliebigen semantisch organisierten Abfolge von Zeichen. Im allgemeinen also können die Begriffe »künstlerischer Text« und »Kunstwerk« in einem weiteren und in einem engeren, auf den Bereich der Literatur beschränkten Sinne gebraucht werden.

Im folgenden wird, soweit es nicht aus dem Kontext klar ersichtlich ist, jedesmal auf die eine oder die andere Verwendung dieser Termini hingewiesen.

Ferner, wenn der Begriff der *Montage* – wiederum in einem allgemeinen, nicht allein auf den Film beschränkten, sondern im Prinzip auf jede Kunstform anwendbaren Sinne – sinnvollerweise auf die *Generierung* (Synthese) eines künstlerischen Textes beziehbar ist, so soll unter der *Struktur* eines künstlerischen Textes das Resultat des umgekehrten Prozesses, also seiner *Analyse,* verstanden werden.[10]

Es wird davon ausgegangen, daß sich die Struktur eines künstlerischen Textes hinreichend beschreiben läßt, wenn die unterschiedlichen Standpunkte, das heißt: die Positionen des Autors, von denen aus die Erzählung (Beschreibung) erfolgt, sowie die zwischen ihnen möglichen Beziehungen erforscht werden; neben der Bestimmung ihrer Vereinbarkeit oder ihrer Unvereinbarkeit sind die möglichen Übergänge vom einen zum anderen Standpunkt aufzuzeigen, was seinerseits mit der Betrachtung der *Funktion* des jeweils in einem Text verwendeten Standpunkts verknüpft ist.

Die Anfänge der literarischen »point-of-view«-Forschung in der sowjetischen Wissenschaft gehen auf die Arbeiten M. M. Bachtins, V. N. Vološinovs (der seine Ideen übrigens unter dem unmittelbaren Einfluß Bachtins entwickelte), V. V. Vinogradovs und G. A. Gukovskijs zurück. In den Werken dieser Wissenschaftler wird auf die Aktualität des Standpunkt-Problems für die Literatur verwiesen; es werden aber auch bereits einige konkrete Wege zu seiner Untersuchung aufgezeigt. Allerdings bildete deren Forschungsobjekt in der Regel die individuelle Produktion eines einzelnen Schriftstellers, also der gesamte mit dessen Werk zusammenhängende Problemkomplex. Die Analyse des eigentlichen Standpunkt-Problems war deswegen nicht so sehr Forschungsziel als vielmehr Instrument, dessen sie sich bei der Interpretation eines bestimmten Autors bedienten. Und gerade aus diesem Grunde wurde der Begriff des Standpunkts mitunter recht undifferenziert benutzt, manchmal sogar gleichzeitig in einem mehrfachen Sinne, was freilich durch das untersuchte Material gerechtfertigt erschien, insofern sich eine entsprechende Differenzierung für den Forschungsgegenstand als irrelevant erwies. Im Verlauf dieser Arbeit wird noch häufiger auf die genannten Forscher zu verweisen sein. Hier jedoch geht es um den Versuch, die Ergebnisse ihrer Untersuchungen zu generalisieren, sie als ein geschlossenes Ganzes vorzustellen und nach Möglichkeit zu ergänzen; ferner um das Bemühen, die Bedeutung des Standpunkt-Problems für die speziellen Aufgaben, die sich bei der Komposition eines Kunstwerks ergeben, herauszustellen, wobei jedesmal soweit wie möglich der Zusammenhang der Literatur mit den anderen Kunstarten hergestellt werden soll.

Somit sehen wir es als die zentrale Aufgabe dieser Monographie an, eine *Typologie* der *kompositorischen Möglichkeiten* im Zusammenhang mit dem Problem des Standpunkts zu skizzieren. Daher steht im Vordergrund, welche »point-of-view«-Typen in einem Werk überhaupt möglich sind, welche möglichen Beziehungen es unter ihnen gibt, welche Funktionen sie im Werk erfüllen usw.[11] Dabei geht es um eine ganz generelle Betrachtung, also unabhängig von einem bestimmten Autor. Das konkrete Werk eines Schriftstellers interessiert jeweils nur als Illustrationsmaterial, niemals aber stellt es den eigentlichen Gegenstand der Untersuchung dar.

Natürlich sind die Ergebnisse einer derartigen Analyse in erster Linie davon abhängig, wie der Standpunkt aufgefaßt und definiert wird. Es sind in der Tat mehrere Ansätze zum Verständnis dieses Begriffs möglich; er kann im einzelnen betrachtet werden auf einer ideologisch-wertmäßigen Ebene, auf der Ebene der Raum-Zeit-Position jener Person, welche die Beschreibung der Ereignisse vornimmt (also eine Fixierung ihrer Position in den Raum-Zeit-Koordinaten), aber auch im rein linguistischen Sinne; man vergleiche damit etwa eine Erscheinung wie die »uneigentliche direkte Rede« usw. Wir werden weiter unten die einzelnen Ansätze noch näher untersuchen, wobei überhaupt dieser oder jener Standpunkt auftreten kann, das heißt, wir werden die Betrachtungsebenen darstellen, auf denen jeweils ein Standpunkt fixiert werden kann. Vorläufig wollen wir diese Ebenen bezeichnen als »Ebene der Ideologie«, »Ebene der Phraseologie«, »Ebene der Raum-Zeit-Charakteristik« und »Ebene der Psychologie«, wobei jeder einzelnen ein besonderes Kapitel (I-IV) gewidmet wird.[12]

Es darf dabei nicht übersehen werden, daß der hier vorgeschlagenen Differenzierung in Ebenen zwangsläufig eine gewisse Willkür anhaftet; die erwähnten Betrachtungsebenen, die im allgemeinen bestimmten Ansätzen zur Erläuterung der Standpunkte entsprechen, erscheinen uns zur Untersuchung des Sachverhalts zwar als grundlegend, sie schließen jedoch durchaus nicht die Möglichkeit der Entdeckung einer weiteren, hier noch nicht erfaßten Ebene aus; im übrigen ist auch eine prinzipiell andere Aufgliederung der Ebenen selber denkbar als die hier vorgestellte. Oder, anders ausgedrückt: Die hier vorgenommene Einteilung in Ebenen ist weder erschöpfend noch erhebt sie einen absoluten Anspruch; es scheint vielmehr, daß hier ein gewisses Maß an Willkür unvermeidlich ist.

Man könnte sagen, daß den unterschiedlichen methodischen Ansätzen zur Differenzierung der Standpunkte in einem Kunstwerk, das heißt also den verschiedenen Betrachtungsebenen des »point-of-view«, ebenso viele *Schichten* bei der Strukturanalyse des Werkes entsprechen. Mit anderen Worten: Die einzelnen Methoden zur Differenzierung und Fixierung der Standpunkte im Kunstwerk ermöglichen ebenso viele Strukturbeschreibungsverfahren; auf diese Weise könnten bei der Beschreibung der verschiedenen Schichten in ein und demselben Werk Strukturen manifest gemacht werden, die im allgemeinen nicht unbedingt zusammenfallen müßten; in Kapitel V werden einige Fälle einer solchen Inkongruenz erläutert.

Somit konzentriert sich also die Analyse auf literarische Kunstwerke, einschließlich solcher Randerscheinungen wie Feuilleton, Anekdote u. ä., wobei allerdings ständig auf parallele Erscheinungen hingewiesen wird

a) einerseits in anderen Kunstarten: Derartige Parallelen werden im Verlauf der gesamten Darstellung gezogen, jedoch erfolgen einige allgemeinere Bemerkungen als Versuch zur Begründung genereller Kompositionsgesetze erst im abschließenden Kapitel VII;

b) andrerseits in der Praxis der Alltagsrede: Es soll in jedem Fall auf Analogien zwischen den literarischen Kunstwerken und der alltäglichen Praxis gewöhnlicher Erzählweise, dialogischer Rede usw. hingewiesen werden.

Hier ist zu ergänzen, daß, wenn die Analogien der ersten Art zugunsten der *Universalität* der jeweiligen Gesetzmäßigkeiten sprechen, die Analogien der zweiten Art deren *Natürlichkeit* bezeugen, was auch Licht auf die Probleme der Evolution bestimmter Kompositionsprinzipien werfen könnte. Dabei wird jedesmal, sooft von einer Konfrontation von Standpunkten die Rede sein wird, versucht, möglichst solche Beispiele anzuführen, in denen in einer einzigen Phrase mehrere gegensätzliche Standpunkte konzentriert sind, um dadurch die Möglichkeit der besonderen kompositorischen Organisation der Phrase als des kleinsten Betrachtungsobjektes zu demonstrieren.

Entsprechend den oben genannten Aufgaben und Zielen sollen die einzelnen Thesen durch Hinweise auf verschiedene Autoren illustriert werden; in erster Linie wird dabei allerdings auf die Werke Tolstojs und Dostoevskijs verwiesen werden. Andrerseits ist es durchaus beabsichtigt, wenn Beispiele für die verschiedenen Kompositionsverfahren aus ein und demselben Werk angeführt werden, um dadurch die mögliche Koexistenz der unterschiedlichen Kompositionsprinzipien zu bestätigen. Als solches Werk dient in erster Linie Tolstojs *Krieg und Frieden*.

Die gebräuchlichsten Abkürzungen beim Zitieren

Wenn nichts anderes angegeben wird, stammen die Zitate aus folgenden Werken:

»Gogol'« – N. V. Gogol', Polnoe sobranie sočinenij v 14 tomach, M., Izd-vo AN SSSR, 1937-1952;

»Dostoevskij« – F. M. Dostoevskij, – Sobranie sočinenij v 10 tomach, pod obščej red. L. P. Grossmana, A. S. Dolinina i dr., M., Goslitizdat, 1956-1958;

»Leskov«- N. S. Leskov, *Sobranie sočinenij* v 11 tomach, pod obščej red. V. G. Bazanova i dr., M., Goslitizdat, 1956-1958;

»Tolstoj« – L. N. Tolstoj, *Polnoe sobranie sočinenij* v 90 tomach. Jubilejnoe izdanie pod obščej red. V. G. Čertkova, M.-L., 1928-1958

Die Zitate aus *Krieg und Frieden* stammen aus der Ausgabe von 1937-1940 (zusätzlich ergänzte Auflage), bei der es sich um keine stereotype Wiedergabe der Auflage von 1930-1933 handelt.

Zur Zitierweise selber ist zu bermerken, daß in der Regel im Text nur der Name des Autors oder, falls dieser kurz zuvor erwähnt wurde, der Werktitel unter Angabe von Band- und Seitenzahl genannt wird.

Alle übrigen bibliographischen Angaben sind in den Anmerkungen zu den einzelnen Seiten enthalten.

Bei Hinweisen auf öfter zu nennende wissenschaftliche Reihen werden folgende Abkürzungen gebraucht:

RANION – *Rossijskaja Associacija naučno-issledovatel'-skich institutov obščestvennych nauk.* Russische Vereinigung gesellschaftswissenschaftlicher Forschungsinstitute;

TODRL – *Trudy otdela drevnej russkoj literatury Instituta russkoj literatury AN SSSR* (Puškinskij dom). Arbeiten der Abteilung für altrussische Literatur am Institut für russische Literatur an der Akademie der Wissenschaften;

Uč. zap. TGU – Učenye zapiski Tartuskogo gosudarstvennogo universiteta. Wissenschaftliche Abhandlungen der staatlichen Universität Tartu.

Kursiv gedruckte Stellen im Text bezeichnen die Hervorhebung durch den Autor dieser Untersuchung, während mit Kursivschrift in den Zitaten die Hervorhebung des jeweils zitierten Verfassers markiert wird.

I Die »Standpunkte« auf der Ebene der Ideologie

Betrachten wir zunächst die allgemeinste Schicht, auf der unterschiedliche Positionen (oder Standpunkte) des Autors beobachtbar sind – eine Schicht, die man bedingt als *ideologische* oder *bewertende* bezeichnen könnte, wobei unter »Wertung« ganz generell ein System ideengebundener Weltauffassung verstanden werden soll. Gleichzeitig ist die ideologische Schicht einer formalisierten Untersuchung am allerwenigsten zugänglich, so daß man sich bei ihrer Analyse zwangsläufig bis zu einem gewissen Grade auf die Intuition verlassen muß.

Uns interessiert im vorliegenden Fall, von welchem Standpunkt aus (im kompositionellen Sinne) der Autor in seinem Werk die von ihm dargestellte Welt ideologisch wahrnimmt und bewertet[1]. Dies kann grundsätzlich der Standpunkt des Autors selber sein, der sich direkt oder indirekt im Werk kundgibt, oder der Standpunkt eines Erzählers, der nicht identisch ist mit dem Autor, oder der Standpunkt einer handelnden Figur usw. Es geht hier also um das, was man möglicherweise die kompositorische Tiefenstruktur eines Werkes nennen könnte, die sich von den mehr äußeren Kompositionsverfahren abhebt.

In einem in kompositorischer Hinsicht ziemlich trivialen und dadurch hier recht uninteressanten Fall erfolgt die ideologische Wertung in einem Werk ausschließlich von einem *einzigen* (dominierenden) Standpunkt aus.[2] Ihm sind alle übrigen des Werkes untergeordnet, etwa so, daß, sobald sich in diesem Werk ein weiterer Standpunkt bemerkbar macht und beispielsweise eine mit dem vorgegebenen nicht identische Wertung bestimmter Erscheinungen aus der Sicht einer bestimmten Figur heraus erfolgt, gerade die Tatsache der Wertung ihrerseits einer Bewertung vom übergeordneten Staandpunkt aus unterzogen wird. Mit anderen Worten, das wertende *Subjekt* (eine bestimmte Figur) wird in diesem Falle zum *Objekt* der Wertung von einem allgemeineren Standpunkt aus.

In anderen Fällen läßt sich auf der Ebene der Ideologie ein bestimmter Wechsel der Positionen des Autors verfolgen; dementsprechend kann man dabei von *unterschiedlichen* ideologischen (oder werthaften) Standpunkten sprechen. So kann beispielsweise in einem Werk ein Held A aus der Position eines Helden B oder umgekehrt bewertet werden, wobei die einzelnen abweichenden Bewertungen im Autorentext organisch verbunden werden und untereinander in bestimmte Beziehungen treten können. Gerade solche unter dem Aspekt der Komposition komplizierten Fälle sind für uns von besonderem Interesse.

Betrachten wir zum Beispiel Lermontovs *Ein Held unserer Zeit:* Man erkennt unschwer, daß die den Erzählgegenstand bildenden Ereignisse und Leute dabei aus der Sicht unterschiedlicher Auffassungen dargestellt werden, mit anderen Worten, daß hier verschiedene ideologische Standpunkte vorliegen, die ein ziemlich verwickeltes Netz von Beziehungen bilden.

Tatsächlich wird die Person Pečorins aus der Sicht des Autors, Pečorins selber und Maksim Maksimovičs vorgestellt; und Grušnickij wird aus der Sicht Pečorins geschildert usw. Dabei erweist sich Maksim Maksimovič als Vertreter eines naiv-volkstümlichen Standpunkts; sein Wertsystem bildet beispielsweise einen Gegenpol zu dem Pečorins, es widerspricht im Grunde aber nicht dem der Bergbewohner.[3] Pečorins Wertsystem wiederum hat vieles gemein mit dem des Doktor Werner, wobei es in den allermeisten Fällen mit ihm geradewegs identisch ist; vom Standpunkt des Maksim Maksimovič mögen sich Pečorin und Grušnickij teilweise recht ähnlich sein, für Pečorin selber jedoch ist Grušnickij sein Antipode; die Fürstin Mary hält Grušnickij anfangs sogar für Pečorin usw. usf. Die einzelnen Standpunkte bzw. Wertsysteme innerhalb des Werkes treten also in ganz bestimmte Beziehungen zueinander und bilden so ein ziemlich kompliziertes System von Oppositionen, Unterschieden und Identitäten; manche Standpunkte fallen zusammen, wobei ihre Gleichsetzung von einer ganz anderen Position aus erfolgen kann; andere können in einer spezifischen Situation zusammenfallen, während sie sich in einer anderen wiederum unterscheiden; wieder andere können sich schließlich, abermals von einer weiteren Position aus, als gegensätzlich erweisen usf. Ein derartiges System von Wechselbeziehungen läßt sich unter bestimmten methodischen Voraussetzungen als die auf der entsprechenden Schicht beschreibbare Kompositionsstruktur dieses Werkes fassen.

Ein Held unserer Zeit stellt freilich ein relativ *einfaches* Beispiel dar, sofern das Werk klar in einzelne Teile gegliedert ist, wovon jeder von einem besonderen Standpunkt aus dargeboten wird. In jedem Abschnitt des Romans erfolgt die Erzählung jeweils im Namen und aus der Perspektive eines anderen Helden, wobei sich die einzelnen Erzählinhalte teilweise überschneiden und nur durch das gemeinsame Thema zusammengehalten werden (ein noch einfacheres Beispiel einer derartigen Werkstruktur bietet W. Collins *Moonstone*). Unschwer läßt sich ein weitaus komplizierterer Fall vorstellen, wo eine analoge Verflechtung verschiedener Standpunkte in einem Werke stattfindet, das nicht in einzelne Stücke zerfällt, sondern ein einheitliches und geschlossenes Ganzes bildet. Wenn dabei die verschiedenen Standpunkte einander nicht untergeordnet, sondern als prinzipiell gleichberechtigt dargeboten werden, haben wir es mit einem *polyphonen* Werk zu tun. Den Begriff der Polyphonie hat bekanntlich M. Bachtin in die Literaturwissenschaft eingeführt[4]; nach seiner Auffassung repräsentiert sich der polyphone Typ künstlerischen Denkens am deutlichsten in den Werken Dostoevskijs.

Unter dem hier in Frage stehenden Aspekt der Standpunkte ließe sich das Phänomen der Polyphonie auf folgende elementare Momente zurückführen:

1. In einem Werk müssen *mehrere* voneinander unabhängige Standpunkte zum Ausdruck kommen. Diese Bedingung bedarf keines weiteren Kommentars: Der Begriff »Polyphonie«, d. i. wörtlich »Mehrstimmigkeit«, spricht für sich selber.

2. Die eingenommenen Standpunkte müssen den unmittelbar am erzählten Geschehen (der Handlung) Beteiligten zugehören. Mit anderen Worten: Es darf dabei keine abstrakte ideologische Position jenseits des Bewußtseins irgendeines der Helden geben.[5]

3. Die Standpunkte manifestieren sich in erster Linie auf der Ebene der *Ideologie,* das heißt als ideologische Wert-Positionen. Mit anderen Worten: Der Unterschied der Standpunkte drückt sich vor allem darin aus, wie dieser oder jener Held (als Vertreter eines Standpunkts) die ihn umgebende Wirklichkeit beurteilt. »Wichtig für Dostoevskij ist nicht, wie sein Held in der Welt aufgefaßt wird«, schreibt Bachtin, »son-

dern vor allem, wie der Held die Welt und sich selber auffaßt«. Und weiter: »Als Bausteine, aus denen sich die Figur eines Helden aufbaut, dienen deshalb nicht die Details aus dem Leben des Helden und seinem Milieu, sondern die *Bedeutung,* die solche Details für *ihn selber* und für sein Selbstbewußtsein annehmen.«[6] Auf diese Weise läßt sich die Polyphonie zu jenen Fällen rechnen, wo auf der Ebene der Ideologie mehrere Standpunkte vorkommen.

Hier wäre noch anzumerken, daß der Kontrast mehrerer ideologischer Standpunkte häufig in einer solch spezifischen literarischen Gattung wie der Anekdote ausgenutzt wird; die Analyse der Anekdote könnte gerade in diesem Punkt sehr aufschlußreich sein, da sie als relativ einfaches Forschungsobjekt mit Elementen einer ziemlich komplizierten Kompositionsstruktur gilt, wodurch sie sich, jedenfalls bis zu einem gewissen Grade, als ein für die Analyse geeignetes Modell eines Kunstwerkes erweist.

Autor, Erzähler und Held (Figur) *als mögliche Träger eines ideologischen Standpunkts. Die Funktion des Helden als Träger eines ideologischen Standpunkts im Werk*

Bei der Analyse der Standpunkte kommt es vor allem darauf an, ob die ideologische Bewertung von abstrakten Positionen aus geschieht, die sich grundsätzlich außerhalb des gegebenen Werkes befinden[7], oder aus der Sicht einer im analysierten Werk unmittelbar in Erscheinung tretenden Figur. Dabei sind beidemal sowohl eine einzelne als auch mehrere Positionen im selben Werke möglich; andrerseits können sich aber auch die Standpunkte einer bestimmten Figur und des abstrakten Autors nacheinander abwechseln.

Hier muß jedoch eine wichtige Einschränkung gemacht werden. Wenn an dieser Stelle sowie in der weiteren Darstellung vom Standpunkt des Autors die Rede ist, so soll damit nicht das allgemeine Anschauungssystem eines Autors, wie es unabhängig von einem bestimmten Werk faßbar ist, gemeint sein, sondern allein jener, den er bei der Gestaltung des Erzählprozesses in einem jeweils konkreten Werk bezieht. Dabei kann der Autor ganz bewußt seine eigene Person und Meinung übergehen (man vergleiche damit das Problem des »skaz«), er kann seine Standpunkte ändern, sein Standpunkt kann gespalten sein, das heißt, er kann gleichzeitig von verschiedenen Positionen aus zusehen (oder: zusehen und urteilen) usw. Alle diese Möglichkeiten werden noch ausführlicher zu erörtern sein.

Falls in einem Werk die Wertung vom Standpunkt einer konkreten, in eben diesem Werk auftretenden Person (d. h. einer Figur) aus erfolgt, kann diese entweder als *Hauptheld* (Zentralfigur) oder aber als *zweitrangige*, ja sogar episodische Figur in Erscheinung treten. Der erste Fall ist ziemlich klar: allgemein ist zu sagen, daß die Hauptfigur im Werk entweder als *Gegenstand* der Bewertung auftreten kann (z. B. Onegin in Puškins *Evgenij Onegin* und Bazarov in Turgenevs *Väter und Söhne*) oder als deren *Träger* (so in hohem Maß Aljoša in Dostoevskijs *Brüder Karamazov* und Čackij in Griboedovs *Verstand schafft Leiden*).

Sehr verbreitet ist gerade die zweite Art der Erzählstrukturierung, wo als Repräsentant des Autoren-Standpunkts eine zweitrangige oder fast episodenhafte Figur auftritt, die nur indirekt am Geschehen beteiligt ist. Ein solches Verfahren wird häufig in der Filmkunst angewandt: die Person, von deren Standpunkt aus die Verfremdung erfolgt, streng genommen der Zuschauer, für den ja die Handlung abläuft, erscheint selber auf dem Bild, und zwar als eher zufällige Figur am Rande.[8] In diesem Zusammenhang könnte man bereits in den Bereich der darstellenden Kunst überwechseln und an jene frühen Maler erinnern, die manchmal am Bildrand, also an der Peripherie der Darstellung, ihr Selbstporträt anbrachten.[9] In allen diesen Fällen tritt also jene Person, von deren Standpunkt aus die Verfremdung der Handlung stattfindet, im Prinzip also der Bildbetrachter, direkt in der Abbildung auf, und zwar als zufällige Figur an der Peripherie des Geschehens.

Kehren wir jedoch wieder zurück auf das Gebiet der Literatur, und werfen wir einen Blick auf die Werke des Klassizismus. Hier haben gerade die Raisonneure, genauso wie der Chor in der antiken Tragödie, in der Regel nur einen geringen Anteil am Geschehen; sie vereinen in sich die Rollen des Handelnden und des Zuschauers; sie beobachten und bewerten einen bestimmten Vorgang.[10]

Bisher wurde stets von jenem Regelfall ausgegangen, wo als Träger des ideologischen Standpunkts eine beliebige Figur aus dem Werk, sei es ein Hauptheld, sei es eine Nebenfigur, auftritt.

Allerdings kann keine Rede davon sein, daß tatsächlich das gesamte Geschehen durch das Wahrnehmungs- und Wertprisma einer solchen Figur vermittelt würde; es kann nämlich durchaus vorkommen, daß diese Gestalt an einem Vorgang überhaupt nicht teilnimmt, vor allem dann, wenn sie als Nebenfigur eingeführt wurde und somit außerstande ist, die beschriebenen Ereignisse *wirklich* zu beurteilen: was wir, die Leser, beobachten, unterscheidet sich von dem, was in der dargestellten Welt diese Figur wahrnimmt.[11] Wenn es heißt, ein Werk sei vom Standpunkt einer bestimmten Person aus konstruiert, so ist damit gemeint, daß in dem Fall, wo diese Figur an einem Vorgang beteiligt wäre, dieser genauso beleuchtet und beurteilt würde, wie es durch den Autor dieses Werkes geschieht.

Ganz generell lassen sich ein *aktueller* und ein *potentieller* Vertreter eines ideologischen Standpunkts unterscheiden. Ähnlich wie sich bisweilen der Standpunkt des Autors oder des Erzählers im Werk unmittelbar ausdrücken kann (wenn Autor und Erzähler ausdrücklich in ihrem eigenen Namen sprechen), während er in anderen Fällen erst durch eine spezielle Analyse ermittelt werden muß[12], realisiert und bewertet auch der Held, wo dieser als Träger eines ideologischen Standpunkts agiert, einmal aktuell den beschriebenen Vorgang, während ein anderes Mal seine Teilnahme nur potentiell gegeben ist: das Geschehen wird *scheinbar* aus der Sicht des entsprechenden Helden dargestellt, das heißt so bewertet, als ob es dieser Held bewertete. Unter diesem Aspekt ist ein Autor wie G. K. Chesterton von hohem Interesse. Will man von einem Standpunkt auf einer abstrakten ideologischen (weltanschaulichen) Ebene sprechen, dann ist jene Person, von deren Standpunkt aus die Welt bewertet wird, bei Chesterton fast immer eine Figur des jeweiligen Buches.[13] Mit anderen Worten: Fast in jedem Roman Chestertons tritt eine Person auf, die der Verfasser dieses Buches sein könnte, deren Weltauffassung sich also in diesem Roman spiegelt. Man könnte auch sagen, bei Chesterton wird die Welt potentiell von *innen* heraus dargestellt.

Damit berührten wir das Problem der Unterscheidung von *Innen-* und *Außen*-Standpunkt: diese bisher nur auf der Ebene der Ideologie berücksichtigte Differenzierung werden wir später in den übrigen Schichten verfolgen, um schließlich (Kapitel VII) einige allgemeine Schlußfolgerungen daraus zu ziehen.

Die Erforschung des Standpunkt-Problems auf der ideologischen Ebene ist, wie erwähnt, nur in sehr geringem Maße einer Formalisierung zugänglich.

Um den ideologischen Standpunkt auszudrücken, gibt es spezielle Verfahren, in der Folklore beispielsweise die sogenannten »konstanten Epitheta«; da sie tatsächlich unabhängig von der konkreten Situation verwendet werden, dokumentieren sie in erster Linie ein bestimmtes Verhältnis des Autors zum beschriebenen Gegenstand.

Zum Beispiel: »Da sagte dieser *Hund* von Zar Kalin zu Il'ja folgende Worte:

Willst du wohl, Il'ja Muromec, du alter Kosak!

Jetzt dien' diesem *Hund* von Zar Kalin!«[14]

Besonders aufschlußreich sind Beispiele für die Verwendung konstanter Epitheta in späteren Texten. So schreibt etwa noch im 19. Jahrhundert der Verfasser einer historischen Studie über die Altgläubigen am Vyg in den *Abhandlungen der Kiever Geistlichen Akademie,* selbstverständlich aus der Sicht der offiziellen orthodoxen Kirche: »[. .] nach dem Tode des Vorstehers Andrej wandten sich alle Vyganer [. .] an Simion Dionisevič und baten ihn inständig, daß er – an Stelle seines Bruders – Daniil als Hilfe im *Pseudo-Kirchen*vorstand zur Seite trete.«[15] Zwar zitiert der Autor die Worte der Vyganer, doch legt er ihnen das Beiwort »Pseudo-« in den Mund, was selbstverständlich nicht ihrem, sondern seinem eigenen Standpunkt entspricht und eben seine ideologische Position zum Ausdruck bringt. Hier handelt es sich also um nichts anderes als um das gleiche konstante Epitheton, wie es sich auch in den Folklore-Texten findet. – Hier sollte man auch an die Schreibung des Wortes »Bog« [= Gott] in der altertümlichen abgekürzten Schreibweise erinnern, und zwar unabhängig davon, in welchem Kontext dieses Wort auftritt, zum Beispiel in der Rede eines Ungläubigen, eines Sektierers oder Heiden. Analog dazu konnte dieses Wort in altrussischen Texten auch mit Ligatur (»bg«) – wie üblicherweise *nomina sacra* – geschrieben werden, und zwar auch dann, wenn ein heidnischer und nicht der christliche Gott gemeint war.[15a]

Da also das konstante Beiwort auch in der direkten Rede der

zu charakterisierenden Person vorkommen kann, gehört es nicht zur Redecharakteristik des Sprechers, sondern es ist ein Kennzeichen der unmittelbar wertenden oder ideologischen Position des Autors. Allerdings sind diese *speziellen* Ausdrucksmittel für den ideologischen Standpunkt äußerst beschränkt.

Meist äußert sich der ideologische Standpunkt in Form der einen oder anderen (stilistischen) Redecharakteristik, also mit phraseologischen Mitteln, ohne daß er sich prinzipiell auf eine derartige Charakteristik reduzieren ließe.

In ihrer Polemik gegen M. Bachtins Theorie vom »polyphonen« Charakter der Werke Dostoevskijs haben einige Forscher den Einwand vorgetragen, Dostoevskijs Welt sei ganz im Gegenteil »von erstaunlicher Einförmigkeit«.[16] Möglicherweise ist aber eine solche Meinungsverschiedenheit gerade dadurch bedingt, daß die Forscher das Problem der Standpunkte, also der Kompositionsstruktur eines Werkes, unter verschiedenen Aspekten betrachten. Daß in Dostoevskijs Werken unterschiedliche ideologische Standpunkte vorkommen, ist, wie Bachtin überzeugend nachgewiesen hat, überhaupt nicht zu bezweifeln; allerdings drückt sich die Verschiedenheit der Standpunkte fast nirgends durch eine besondere phraseologische Charakterisierung aus. Dostoevskijs Helden sprechen, wie alle Forscher übereinstimmend feststellen, überaus einförmig, indem sie sich gewöhnlich alle derselben Sprache, desselben mittleren Stils bedienen wie der Autor oder der Erzähler. In dem Falle jedoch, wo die unterschiedlichen ideologischen Standpunkte durch phraseologische Mittel zum Ausdruck kommen, erhebt sich die Frage, in welchem Verhältnis die Ebene der Ideologie und die Ebene der Phraseologie zueinander stehen.[17]

Die Wechselbeziehung zwischen der Ebene der Ideologie und der der Phraseologie

Die unterschiedlichen »phraseologischen« Merkmale, also die eigentlichen sprachlichen Ausdrucksmittel des Standpunkts, können in zwei verschiedenen Funktionen verwendet werden: Einmal zur *Charakterisierung* jener Person, auf die sich die Merkmale beziehen; so kann z. B. die Weltansicht einer bestimmten Figur, sei es eines Helden oder des Autors, mittels stilistischer Analyse seiner Redeweise erfolgen; zweitens zur konkreten *Benennung* des jeweiligen vom Autor bezogenen Standpunkts innerhalb des Textes, also zur Angabe der konkreten Position, von der aus er erzählt; dazu vergleiche man das Auftreten der uneigentlichen direkten Rede im Autoren-Text, welche präzise auf den vom Autor gewählten Standpunkt einer bestimmten Figur verweist (vgl. dazu im einzelnen weiter unten).

Im ersten Fall ist von der Ebene der Ideologie die Rede, also von der Darstellung einer bestimmten ideologischen Position (und des entsprechenden Standpunkts) vermittels phraseologischer Charakterisierung; im zweiten Fall handelt es sich um die phraseologische Ebene, also um die eigentlichen phraseologischen Standpunkte (von dieser letzteren Ebene wird ausführlicher im nächsten Kapitel die Rede sein).

Es bleibt zu ergänzen, daß der erste Fall in allen jenen Kunstarten auftreten kann, die auf die eine oder andere Weise auf dem Wort basieren; tatsächlich ist sowohl in der Literatur als auch im Theater und im Film die (stilistische) Rede-Charakteristik der Position der sprechenden Figur gebräuchlich; im allgemeinen ist die Ebene der Ideologie selbst allen diesen Kunstformen gemeinsam. Der zweite Fall indes ist ein Spezifikum literarischer Texte; infolgedessen findet sich die phraseologische Ebene ausschließlich im Bereich der Literatur.

Mit Hilfe der Rede oder, genauer, der stilistischen Charakterisierung kann auf bestimmte konkrete individuelle oder soziale Stellungen angespielt werden.[18] Andererseits kann auf diese Weise wiederum eine bestimmte Weltauffassung zum Zuge kommen, das heißt: eine ziemlich abstrakte ideologische Position.[19] So lassen sich durch eine Stilanalyse in *Evgenij Onegin* zwei durchgehende Ebenen ermitteln, von denen eine jede einer bestimmten ideologischen Position entspricht: eine »prosaische« (alltägliche) und eine »romantische« oder genauer: eine »romantische« und eine »unromantische«.[20] Ebenso heben sich in der *Vita des Protopopen Avvakum* zwei Schichten voneinander ab, eine »biblische« und eine »alltägliche« (»nicht-biblische«).[21] Beidemal gehen die so differenzierten Schichten einander parallel; wenn allerdings in *Evgenij Onegin* dieser Parallelismus zur Herabstilisierung der romantischen Ebene dient, dann in der *Vita Avvakums* im Gegenteil zur Hochstilisierung der Alltagsebene.

II Die »Standpunkte« auf der Ebene der Phraseologie

Eine Unterscheidung von Standpunkten im Kunstwerk kann nicht nur, ja nicht einmal primär, auf der Ebene der Ideologie (der ideologischen Wertung), sondern auch auf der Ebene der *Phraseologie* getroffen werden, wenn nämlich der Autor die verschiedenen Helden in einer jeweils anderen Sprache darstellt oder sich bei der Beschreibung in der einen oder anderen Form der Elemente fremder Rede bedient oder stellvertretend für jemanden anderen spricht; der Autor kann entweder eine handelnde Person vom Standpunkt einer anderen mitagierenden Figur desselben Werkes beschreiben oder einen eigenen Standpunkt beziehen oder aber sich auf den Standpunkt eines dritten Beobachters stellen, der weder mit dem des Autors noch mit dem eines unmittelbar am Geschehen Beteiligten zusammenhängt usw. In bestimmten Fällen ist die Schicht der Redecharakterisierung, also die Ebene der Phraseologie, in einem Werk sogar die *einzige* Schicht, die einen solchen Positionswechsel des Autors zu verfolgen gestattet.

Der Generierungsprozeß eines Werkes dieser Art läßt sich folgendermaßen verdeutlichen. Angenommen, es gibt für die zu schildernden Ereignisse eine Reihe von Zeugen (den Autor selber, die Figuren des Werkes, also die am erzählten Geschehen unmittelbar Beteiligten, daneben den einen oder anderen beiläufigen Beobachter usw.), und ein jeder von ihnen gibt eine eigene Beschreibung der Vorfälle oder Fakten – dargeboten natürlich in der Form einer monologischen *direkten Rede* in der ersten Person. Es ist dann zu erwarten, daß sich die Monologe jeweils durch ihre charakteristische Redeweise unterscheiden werden. Die von den verschiedenen Personen beschriebenen Fakten können entweder identisch sein oder sich in bestimmter Weise gegenseitig ergänzen bzw. überschneiden; auch die Personen selbst können in bestimmte Beziehungen zueinander treten und dementsprechend sich unmittelbar wechselseitig beschreiben. Der Autor kann sich bei der Gestaltung seiner Erzählung bald des einen, bald des anderen Beschreibungsverfahrens bedienen. Passagen in direkter Rede werden dabei miteinander verknüpft und auf die *Ebene der Autorenrede transponiert;* das führt auf der Ebene der Autorenrede zu einem Positionswechsel, nämlich einem Übergang von einem Standpunkt zum anderen, was sich in den unterschiedlichen Verwendungen des *fremden Wortes* (der Figurenrede) im Text des Autors zeigt.[1]

Nehmen wir ein einfaches Beispiel eines solchen Standortwechsels. Eine Erzählung soll mit der Beschreibung eines Helden beginnen, der sich aus der Sicht eines bestimmten Beobachters in einem Zimmer befindet. Nun möchte der Autor mitteilen, daß die Frau des Helden, Nataša, ins Zimmer tritt. In diesem Fall könnte der Autor schreiben:

1. »Da trat Nataša, seine Frau, ein«;
2. »Da trat Nataša ein«;
3. »Nataša trat ein«.

Im ersten Fall handelt es sich um die übliche Beschreibung aus der Sicht des Autors oder eines beiläufigen Beobachters; im zweiten Fall um einen *inneren Monolog,* also den Übergang auf den (phraseologischen) Standpunkt des Helden selbst (der Leser kann ja noch nicht wissen, um wen es sich bei Nataša handelt, es wird ihm also kein äußerer, sondern in bezug auf den wahrnehmenden Helden ein innerer Standpunkt vorgeführt); im dritten Fall ist die syntaktische Organisation des Satzes von der Art, daß sie weder der Wahrnehmung des Helden noch der eines abstrakten Beobachters am Rande entspricht, vielmehr wird hier Natašas eigener Standpunkt bezogen.

Es geht hier um die sogenannte »aktuelle Gliederung« eines Satzes, also um das Verhältnis des »Gegebenen« zum »Neuen« in der Phrasenstruktur. Im Satz »Da trat Nataša ein« stellt die Verbalphrase »Da trat [...] ein« das *Gegebene* dar, welches in der Rolle des logischen Subjekts des Satzes erscheint; die Nominalphrase »Nataša« dagegen ist als logisches Prädikat das *Neue.* Die Phrasenstruktur entspricht somit exakt der Wahrnehmungsabfolge eines sich im Raume befindlichen Beobachters, der zunächst wahrnimmt, daß *irgend jemand* eintritt, aber erst danach feststellen kann, daß dieser »Jemand« *Nataša* ist. Umgekehrt drückt sich im Satz »Nataša trat ein« das *Gegebene* durch die Nominalphrase »Nataša«, das *Neue* aber durch die Verbalphrase »trat ein« aus. Hier wird der

Satz aus der Sicht eines Menschen strukturiert, für den klar ist, daß ein bestimmtes Verhalten Natašas beschrieben werden soll, und für den die Tatsache, *daß Nataša eben eintrat* und gerade nichts anderes machte, den größeren Informationswert enthält. Eine solche Darstellungsform wird insbesondere dann gewählt, wenn beim Erzählen von Natašas eigenem Standpunkt ausgegangen werden soll. – Ein Übergang von einem zu einem anderen Standpunkt ist überaus häufig beim Erzählen durch den Autor und wird vom Leser häufig gar nicht bemerkt; dies wird noch an konkreten Beispielen zu belegen sein.

In der Autorenrede kann im Grenzfall ein *einziger* Standpunkt bezogen werden, der phraseologisch nicht einmal dem Autor selber entsprechen muß; das heißt, der Autor kann sich *fremder Rede* bedienen, indem er nicht in seinem Namen erzählt, sondern im Namen eines beliebigen, phraseologisch freilich exakt bestimmbaren Erzählers; anders gesagt: »Autor« und »Erzähler« sind in diesem Fall nicht identisch. Wenn ein bestimmter Standpunkt einem nicht unmittelbar am Erzählvorgang Beteiligten zugehört, dann haben wir es mit dem Phänomen des sogenannten *Skaz* in seiner reinsten Form zu tun.[2] Als klassische Beispiele dafür gelten Gogol's *Mantel* und die Novellen Leskovs[3]; auch an Zoščenkos Erzählungen läßt sich dieser Fall gut illustrieren.

In anderen Fällen ist der Standpunkt des Autors (oder des Erzählers) identisch mit dem eines (einzigen) Teilnehmers an der Erzählhandlung; dabei ist es für die Komposition des Werkes wesentlich, ob die Haupt- oder eine Nebenfigur in der Rolle des Vertreters des Autorenstandpunkts auftritt.[4] Es kann in der ersten Person (Ich-Erzählung) oder in der dritten Person erzählt werden; wichtig ist nur, daß die jeweilige Figur der einzige Repräsentant des Autorenstandpunkts im Werk bleibt.

Für unsere Analyse sind Werke interessanter, in denen *mehrere* Standpunkte vorkommen, in denen sich also ein bestimmter Wechsel der Autorenposition beobachten läßt.

Später werden die einzelnen Fälle mit mehrfachen Standpunkten auf der Ebene der Phraseologie noch genauer zu untersuchen sein. Doch bevor wir uns diesem Phänomen in seiner ganzen Vielfalt zuwenden, soll zunächst an einem absichtlich beschränkten Material gezeigt werden, wie viele verschiedene

Standpunkte in einem Text überhaupt möglich sind. Zu diesem Zweck empfiehlt es sich, ein möglichst einfaches und leicht überschaubares Material zu wählen, um an einem relativ unkomplizierten Modell die Spielarten der phraseologischen Standpunkte in einem Text zu illustrieren. Als besonders vorteilhaft und überzeugend erscheint es unter diesem Aspekt, wenn man in einem Autorentext die Verwendung der *Eigennamen,* überhaupt der *Benennungen* der einzelnen Handlungsfiguren näher untersucht. Dabei wollen wir jetzt und auch fernerhin den Nachdruck auf die Analogien zwischen der Struktur eines künstlerischen Textes und der Organisation der umgangssprachlichen Alltagsrede legen.

Die Benennung als Problem des Standpunkts

Die Benennung in der Alltagsrede, in der Publizistik und im Briefgenre und deren Zusammenhang mit dem Standpunkt-Problem

Es muß vorausgeschickt werden, daß der Wechsel des Autorenstandpunkts, wie er sich formal in der Verwendung von Elementen der Fremdrede und speziell von Benennungen ausdrückt, keinesfalls ein ausschließliches Merkmal des *künstlerischen* Textes ist, sondern gleichermaßen sowohl in der Praxis alltäglicher Erzählweise als auch in der Umgangssprache vorkommt; deswegen können auch Elemente bewußter Komposition eindringen, in dem Sinne, daß ein Sprecher immer wieder seine Positionen ändert, indem er nacheinander den Standpunkt mehrerer Gesprächsteilnehmer oder auch dritter nicht unmittelbar am Geschehen beteiligter Personen bezieht. Dazu ein einfaches Beispiel aus der Praxis eines alltäglichen Dialogs.

Angenommen, ein Herr X spricht mit einem Herrn Y über einen Dritten, Z; der Familienname des Z sei Ivanov, sein Ruf- und Vatersnamen Vladimir Petrovič, doch im unmittelbar persönlichen Umgang nennt X ihn »Volodja«, während ihn Y (also bei der Begegnung Y mit Z) für gewöhnlich mit »Vladimir« anspricht; Z selber könnte dabei seinen kindlichen Kosenamen »Vova« im Sinne haben. In einem Gespräch des X mit Y über Z könnte nun X für Z folgende Namen verwenden:

1. »Volodja« – in diesem Fall spräche er mit ihm von sei-

nem eigenen Standpunkt aus (vom Standpunkt X), es handelt sich also um seine persönliche Einstellung;

2. »Vladimir« – hierbei spräche er über ihn von einem fremden Standpunkt aus (vom Standpunkt Y), das heißt, er stellt sich jetzt sozusagen auf den Standpunkt seines Gesprächspartners;

3. »Vova« – in diesem Fall spräche er ebenfalls von einem fremden Standpunkt aus (vom Standpunkt des Z selbst), obgleich diese Namensform weder X noch Y bei der direkten Begegnung mit Z verwenden;

4. schließlich könnte X über Z auch als von »Vladimir Petrovič« sprechen, ohne Rücksicht darauf, daß ihn weder X noch Y unter vier Augen mit dieser Kurzform anreden. Dieser Fall ist durchaus nicht selten (er kann sogar in der noch einfacheren Situation vorliegen, wenn ihn etwa beide, also sowohl X wie Y, unter vier Augen jeweils mit »Volodja« ansprechen, über ihn jedoch nur als von »Vladimir Petrovič« reden, obgleich beiden bekannt ist, wie ihn sein Gegenüber sonst ruft). In einem solchen Fall stellt sich X sozusagen auf einen abstrakten Standpunkt, z. B. den eines fremden Beobachters am Rande, der weder Teilnehmer noch Gegenstand dieses Gesprächs ist und dessen Standort auch nicht näher fixiert wird.

5. Dieser letzte Fall (Standpunkt des abstrakten und am Gespräch nicht beteiligten Beobachters) liegt erst recht dann vor, wenn X den Z bei seinem Familiennamen »Ivanov« nennt, wobei z. B. vorausgesetzt werden könnte, daß sowohl X als auch Y erst seit kurzem mit Z bekannt sind.

Alle genannten Beispiele sind in der russischen Sprachpraxis tatsächlich belegbar.[5] Dadurch wird ohne weiteres einsichtig, daß die Wahl des einen oder des anderen Standpunkts hier unmittelbar bedingt ist durch die jeweilige Einstellung gegenüber der Person, von der gesprochen wird[6], und somit auch eine wichtige stilistische Funktion erfüllt.

Eine derartige Verwendung der Eigennamen ist charakteristisch für die Publizistik. Hier soll vor allem daran erinnert werden, wie unterschiedlich die Pariser Presse Napoleon Bonaparte titulierte, je näher er während der »Hundert Tage« an die Hauptstadt Paris heranrückte. In einer ersten Verlautbarung hieß es: »Das *korsische Ungeheuer* ist in der Bucht Juan gelandet.« In einer zweiten Nachricht wurde verkündet: »Der

Menschenfresser nähert sich Grasse.« Eine dritte Schlagzeile lautete: »Der *Usurpator* zieht in Grenoble ein«; eine vierte: »*Bonaparte* besetzt Lyon«; eine fünfte: »*Napoleon* nähert sich Fontainebleau«, und schließlich die sechste: »*Seine kaiserliche Majestät* wird heute in seiner treuergebenen Hauptstadt Paris erwartet.«[7] (Das Bemerkenswerte ist, daß sich hier die Benennungen in dem Maße wandeln, wie sich das zu benennende Objekt dem Nennenden nähert, was genau der Erfahrung des perspektivischen Sehens entspricht, wonach die Größe eines Gegenstandes durch seinen Abstand von der Position des Betrachters bestimmt ist.)

Das geschilderte Verfahren ist bis zu einem gewissen Grade typisch für Presseberichte oder das Feuilleton: die jeweilige Einstellung zu einer bestimmten Person drückt sich vor allem darin aus, wie sie benannt wird, in erster Linie also in den Eigennamen; in der Abwandlung der Benennungen spiegelt sich die Evolution dieser Figur. Beachtung verdient auch ein ganz bestimmter Positionswechsel gegenüber einer Person, wie er sich in der Anordnung der Initialen vor oder nach dem Familiennamen ausdrücken kann. Man vergleiche etwa »A. D. Ivanov« mit »Ivanov, A. D.«; im Unterschied zur ersten Bezeichnung zeugt die zweite ohne Zweifel von einer mehr offiziellen Einstellung zu der genannten Person.

Einen ähnlichen Gebrauch der Eigennamen findet man in den Erinnerungen Il'ja Ėrenburgs[8], in dessen Werk der publizistische Stil überhaupt viele Spuren hinterlassen hat. Sooft Ėrenburg eine neue Figur einführt, charakterisiert er gewöhnlich zunächst deren Stellung oder Beruf und nennt dann deren Familiennamen sowie die Initialen; mit anderen Worten, er *stellt* sie dem Leser gleichsam *vor*. Unmittelbar darauf, also nach der Vorstellung, nennt er die Person bei vollem Vor- und Vatersnamen, das heißt, er geht auf die nächstfolgende Stufe der Beziehungen über, wo Autor und Figur bereits Bekanntschaft geschlossen haben (wobei der Leser nur an der Identität der Anfangsbuchstaben von Vor- und Vatersnamen mit den zunächst genannten Initialen erraten kann, daß von derselben Person die Rede ist): »Im Mai tauchte bei mir völlig unerwartet ein Mitarbeiter der IZVESTIJA, *S. A. Raevskij*, auf ... *Stefan Arkad'evič* sagte ...«; »... Ich ging zu unserem Gesandten V. S. *Dovgalevskij* ... *Valerian Savel'evič* war ein ausgezeichneter Kenner Frankreichs.« »*V. A. Antonov-Ovseenko* machte mich ausfindig ... Ich kannte *Vladimir Aleksandrovič* schon vor der Revolution«.[9]

Auf diese Weise reproduziert Ėrenburg den Prozeß des Bekanntwerdens, indem er den Leser teilhaben läßt und ihn jedesmal in seine eigene Situation versetzt. Besonders anschaulich gerät eine solche Differenzierung der Standpunkte dann, wenn mehrere, aber jeweils einen anderen Standpunkt repräsentierende Namen in einem *einzigen Satz* zusammentreffen. Man erinnere sich z. B. der traditionellen Eingangsformeln von [alt-]russischen Bittschriften oder überhaupt von Briefen an eine hochgestellte Persönlichkeit: »Vor dem großfürstlichen *Herrn Boris Ivanovič* neigt sein Haupt der aus Deinem herrschaftlichen Erbgut, dem Dorf Ekšenja, stammende *letzte Waise, Dein geringer Knecht Tereško Osipov*.«[10]

Hier stehen sich in einem einzigen Satz die Standpunkte zweier Personen gegenüber, nämlich des Absenders und des Empfängers der Mitteilung (in diesem Fall: der Bittschrift); dabei erfolgt die Benennung des Adressaten, des Bojaren Boris Ivanovič Morozov, vom Standpunkt des Absenders aus (seines Leibeigenen T. Osipov), die Benennung des Senders, des Terentij Osipov, dagegen vom Standpunkt des Empfängers der Bittschrift (des B. I. Morozov).

Eine solche Konfrontation der Standpunkte von Absender und Empfänger einer Mitteilung erweist sich in einer derartigen Situation als unerläßliche Etikette, deren Beachtung im weiteren Verlauf der Bittschrift verfolgt werden kann. Man vergleiche: »... aber ich, ein *Bauer, Dein nichtswürdiger Diener* (Standpunkt des Empfängers. – B. U.), wagte nicht, *mein Herr* (Standpunkt des Absenders. – B. U.), Dir, *meinem Herrn* (Standpunkt des Absenders. – B. U.), darüber etwas zu schreiben.«[11]

Man beachte in diesen Zitaten als charakteristisch die Verwendung der Diminutivformen zur Bezeichnung des Absenders der Bittschrift.[11a] Ihrer Funktion nach sind diese etikettehaften Formen als Höflichkeitsformeln aufzufassen: Die Erhöhung des Angesprochenen geht auf Kosten der Erniedrigung (Selbsterniedrigung) des schreibenden oder sprechenden Senders. (Eine analoge Bildungsweise der Höflichkeitsformeln ist auch aus anderen Sprachen, z. B. dem Chinesischen, bekannt).[12]

Es können sich die Diminutivformen generell auf alles ausbreiten, was sich auf den jeweiligen Adressaten bezieht, es findet sozusagen eine Art Diminutiv-Kongruenz statt.[13] Damit hängt unmittelbar zusammen der überaus häufige Gebrauch der Diminutivformen in der heutigen russischen Umgangssprache, in der Bedeutung, die Höflichkeit oder eine Frage anzuzeigen, z. B.: »U menja k vam *del'ce*«; »Dajte, požalujsta, *viločku*«; »Nalejte *ščec*«; »Ja projdu *pešočkom*« usw. Gerade die Formen vom Typ »pešočkom« oder »ščec« können unter keinen Umständen eine Diminuitivbedeutung im eigentlichen Sinne haben[13a] (bezeichnenderweise gibt es davon auch keine Diminutivformen im Nominativ, und das letzte Wort kommt nur im Partitiv vor, der überhaupt nur in der appellativen Rede gebräuchlich ist).

Als weiteres Beispiel dieser Art sei der Anfang eines Briefes des Opričnik und Hofadeligen Vasilij Grigor'evič Grjaznoj-Il'jin an den Zaren Ivan IV. Vasil'evič aus der Gefangenschaft auf der Halbinsel Krym zitiert: »Seiner *Majestät* dem *Zaren* und *Großfürsten* über ganz Rußland *Ivan Vasil'evič* (Standpunkt des Briefschreibers. – B. U.) von *Deinem nichtswürdigen Knecht* und *Gefangenen Vasjuk Grjaznoj*.«[14]

Charakteristisch ist hier nicht allein die Diminutivform beim Eigennamen des Absenders (Vasjuk), sondern auch das Personalpronomen (Dein), welches im vorliegenden Falle zweifellos die Einstellung auf den Standpunkt des Adressaten, des Ivan Groznyj, belegt.

Natürlich sind hier auch bestimmte soziale Normen der Benennung zu berücksichtigen, die einen absoluten und nicht nur relativen Charakter haben, hier also die zusätzliche Standesbezeichnung einer bestimmten Benennungsweise: im Rußland des 16.-18. Jahrhunderts hatten nicht alle Teile der Bevölkerung Anrecht auf die Ehre der vollen Namensnennung und des Vatersnamens auf -*ič*. Im zitierten Beispiel ist jedoch gerade der relative, durch seine Stelle im Kommunikationsprozeß bedingte Charakter der Benennung von Belang. So schrieb ein Vertreter der Hocharistokratie, sobald er sich an eine sozial höherstehende Person wandte, z. B. ein Fürst an den Zaren, genauso wie ein gewöhnlicher Bauer oder Leibeigener an seinen Herrn[15], auf dieselbe Weise verkehrte aber auch z. B. ein Lehrer mit dem Vater seines Schülers.[16] [Dem Deutschen] Olearius, der [im 17. Jahrhundert] nach Rußland reiste, fiel besonders auf, daß auch der russische Großfürst [höflichkeitsbezeugende] Diminutivformen bei der Anrede verwendete.[16a]

Daraus läßt sich folgern, daß die hier vermerkte Eigenart nicht so sehr ein Spezifikum der sozialen Stellung des Adressanten in bezug auf den Adressaten darstellt, so wichtig dies sonst auch gewesen sein mag, sondern vielmehr des Briefstils überhaupt; kurz, der Wechsel der Standpunkte ist hier bedingt durch die im schriftlichen Verkehr geltenden Erfordernisse des guten Tons, die eben ein solches Verfahren vorschreiben.[16b]

Es wäre jedoch falsch, nähme man dieses Verfahren für ein archaisches Relikt, indem man es ausschließlich einem spezifisch mittelalterlichen Briefstil zuschriebe. Ein durchaus analoges Zusammentreffen gegensätzlicher Standpunkte (von Absender und Empfänger einer Mitteilung) in ein- und derselben Phrase läßt sich heute noch in speziellen Genres beobachten. Man vergleiche z. B. die (natürlich unter bestimmten Voraussetzungen) ziemlich häufige Anredeform bei Geschenkadressen oder Widmungen (eines Buches oder Bildes): »Der lieben *Berta Jakovlevna Grajnina* von Ihrem *Iljuša Blazunov*«. Auch könnte man auf die weitverbreitete Form von verschiedenerlei Aufschriften oder Adressen auf Briefumschlägen usw. hinweisen, z. B. »Für Andrej Petrovič Ivanov von Sergeev N. N.«, wo sich die Bezeichnungen für Absender und Empfänger sowohl nach der Vollständigkeit der Benennung als auch nach der Anordnung von Vor- und Vatersnamen in bezug auf den Familiennamen unterscheiden.[17]

Hier kollidieren also wiederum in einer einzigen Phrase, wie bereits an früheren Beispielen beobachtet, mehrere Standpunkte.

Die Benennung als Problem des Standpunkts in der Kunstprosa

Die bislang zitierten Beispiele für die Einführung unterschiedlicher Standpunkte, die sich dabei ausschließlich im Gebrauch bestimmter Benennungen äußerten, stammen aus der Umgangsrede, dem Briefstil, der Presse oder sonstigen publizistischen Texten. Auf analoge Weise können jedoch auch belletristische Texte konstruiert werden, zu deren Analyse jetzt übergegangen werden soll.

Tatsächlich wird auch in der schönen Literatur häufig ein und

34

dieselbe Person mit verschiedenen Namen bezeichnet oder überhaupt auf unterschiedliche Weise benannt, wobei die differenten Benennungen entweder im selben Satz oder im unmittelbaren Zusammenhang innerhalb eines Textes aufeinandertreffen. Beispiele:

»Trotz des riesigen Vermögens des *Grafen Bezuchov* fühlte sich *Pierre,* seit es ihm gehörte und seit sich, wie man hört, seine jährlichen Einnahmen auf fünfhunderttausend beliefen, weitaus weniger reich als zu der Zeit, da er vom Verstorbenen noch seine Zehntausend erhielt.« (Tolstoj, *Krieg und Frieden,* X/103)

»Nach Beendigung der Versammlung machte der große Meister ohne jedes Wohlwollen und voll Ironie zu *Bezuchov* gewandt eine Bemerkung über dessen hitziges Temperament und auch darüber, daß ihn nicht allein die Liebe zur Tugend, sondern auch Angriffslust in Streit geraten ließ. *Pierre* gab ihm keine Antwort.« (A.a.O., X/175)

»Sein (des Fjodor Pavlovič Karamazov. – B. U.) Gesicht war blutunterlaufen, doch war er bei Bewußtsein und horchte gierig auf *Dmitrijs* Schreie. Er war noch immer der Meinung, Grušen'ka halte sich im Hause auf. *Dmitrij Fjodorovič* warf ihm einen haßerfüllten Blick zu und trat hinaus.«

(Dostoevskij, *Die Brüder Karamazov,* IX/178)

Ganz offenkundig geht es in allen diesen Zitaten um den Gebrauch *mehrerer* Standpunkte, das heißt, der Autor bezieht bei der Benennung ein und derselben Figur verschiedene Positionen. In jedem Einzelfall steht es dem Autor frei, die Positionen bestimmter Handlungspersonen (desselben Werkes) einzunehmen, die sich zu den angesprochenen Personen in einem jeweils anderen Verhältnis befinden.

Berücksichtigt man nun, wie die übrigen Personen eine Figur benennen – was durch die Analyse der Dialoge leicht feststellbar ist –, so wird es möglich, auch rein formal zu bestimmen, *wessen* Standpunkt der Autor im jeweiligen Moment seiner Darstellung vertritt. In Dostoevskijs *Brüdern Karamazov* wird beispielsweise Dmitrij Fjodorovic Karamazov von den einzelnen Figuren folgendermaßen angeredet[18]:

1. *Dmitrij Karamazov:* so nennt man ihn vor Gericht (z. B. der Staatsanwalt), und so spricht er auch manchmal von sich selber;

2. *Bruder Dmitrij* oder *Bruder Dmitrij Fjodorovič:* so nennen ihn Aljoša und Ivan Karamazov, wenn sie mit ihm direkt verkehren, oder wenn sie von ihm in der dritten Person sprechen;

3. *Mitja, Dmitrij:* so ebenfalls seine Brüder, aber auch F. P. Karamazov, Grušen'ka u. a.;

4. *Miten'ka:* so spricht man von ihm in der Öffentlichkeit der Stadt (man vergleiche z. B., wenn sich der Seminarist Rakitin über ihn äußert, oder die Unterhaltungen des Publikums im Gerichtssaal);

5. *Dmitrij Fjodorovič:* dies ist die neutrale Benennung, die sich an keine bestimmte Figur knüpfen läßt; man könnte sie als »unpersönliche« Benennung bezeichnen.

So verfügt der Autor über die Möglichkeit, in seinem Erzählpart, also unmittelbar in der Rede *des Autors,* unter allen diesen Namen für D. F. Karamazov, mit Ausnahme vielleicht des vorletzten, zu wählen. Anders ausgedrückt: sooft der Autor eine Aktion seines Helden beschreiben will, kann er seine Einstellung verändern, indem er sich jedesmal auf den Standort einer anderen Figur begibt. Auffallenderweise apostrophiert ihn der Autor am Anfang des Romans und sehr häufig zu Beginn eines neuen Kapitels vorwiegend mit *Dmitrij Fjodorovič,* als ob er jedesmal erneut in die Rolle eines objektiven Beobachters schlüpfen wollte; erst nachdem auch der Leser mit dem Helden hinreichend *bekannt geworden* ist[19] (nachdem also D. F. Karamazov dem Leser vorgestellt wurde), sieht sich der Autor in der Lage, von ihm als von *Mitja* zu sprechen.[20] Hierbei ist aufschlußreich, daß es Dostoevskij bei der erstmaligen Verwendung des Namens »Mitja« in der Autorenrede zu Beginn des Romans – also kurz nachdem D. F. Karamazov zum ersten Mal aufgetreten ist – für nötig erachtet, diese Kurzform in Anführungsstriche zu setzen (vgl. IX/132), als ob er unterstreichen möchte, daß er nicht in seinem eigenen Namen erzählt. Im weiteren Verlauf spricht Dostoevskij von D. F. Karamazov bald vom Standpunkt Aljošas aus, auf den er häufig rekurriert (»Bruder Dmitrij«), bald von einem mehr abstrakten Standpunkt eines Dmitrij Fjodorovič sehr nahestehenden Menschen (»Mitja«) usw.

Zur Erläuterung: eine Analyse der Benennungen Napoleons in
Tolstojs »Krieg und Frieden«

Unter dem Aspekt dessen, was wir bisher über die Benennungen als Problem des Standpunkts gesagt haben, ist eine Analyse der Benennungen Napoleon Bonapartes sowohl in der Figurenrede als auch im Autorentext von *Krieg und Frieden* aufschlußreich.[21] Wenn wir bei dieser Analyse verweilen, dann vor allem, um zu zeigen, wie selbst am beschränkten Material der Benennungen einige wichtige Kompositionsgesetze in der Struktur eines Werkes als ganzem aufgedeckt werden können.

Zunächst ist festzuhalten, daß das Verhältnis der russischen Gesellschaft zur Benennung Napoleons sozusagen den gesamten Roman prägt. Die schrittweise Entfaltung dieser Einstellung spiegelt die Entwicklung der Gesellschaft in ihrem Verhältnis zu Napoleon selbst, und gerade dieser Prozeß markiert zweifellos eine der Sujetlinien von *Krieg und Frieden*. Verfolgen wir diese Entwicklung kurz in ihren wichtigsten Etappen.

Im Jahre 1805 nennt man Napoleon im Salon der Anna Pavlovna Šerer »Buonaparte«, womit seine nichtfranzösische Herkunft unterstrichen werden soll; Fürst Andrej allerdings nennt ihn »Bonaparte« (IX/23), während Pierre die ganze Zeit – im Gegensatz zur übrigen Gesellschaft – stets nur von »Napoleon« spricht.[22] Weiter: nach der Besetzung Wiens durch die Franzosen kommt es zu jener höchst bezeichnenden Äußerung Bilibins über Napoleon:

»- Aber was für eine ungewöhnliche Genialität! – rief plötzlich Fürst Andrej, indem er seine kleine Hand zur Faust ballte und damit auf den Tisch schlug. – Und was hat dieser Mensch doch für ein Glück!

– Buonaparte? – sagte Bilibin fragend, wobei er die Stirn in Falten legte und damit zu verstehen gab, daß er sogleich ›un mot‹ zum besten geben werde. –

– Buonaparte? – wiederholte er, indem er einen besonderen Akzent auf das -u- legte. Ich bin jedoch der Meinung, daß von jetzt an, wo er Österreich von Schönbrunn aus die Gesetze diktieren wird, il faut lui faire grâce de l'u. Ich wage entschlossen die Neuerung und nenne ihn künftig Bonaparte tout court.«
(IX/191)

Wenig später, in der Unterhaltung des Fürsten Dolgorukov mit dem Fürsten Andrej und Boris Drubeckoj, stößt man wieder auf das Problem der Benennung: von Napoleon war ein Brief an den Kaiser eingegangen, und der Hof sah sich in der schwierigen Lage, wie er das Antwortschreiben adressieren sollte (»Wenn schon nicht an den Konsul, dann selbstverständlich auch nicht an den Kaiser, allenfalls an den General Buonaparte«, schlägt Dulgorukov vor); zu guter Letzt einigt man sich auf Bilibins Vorschlag: »An das Haupt der französischen Regierung, au chef du gouvernement français« (IX/307). An der gleichen Stelle erfährt man auch von Bilibins Scherz, der zunächst vorgeschlagen hatte: »*An den Usurpator und Feind des Menschengeschlechts.*« Dieser Scherz findet sich nochmals in einem Brief Bilibins an den Fürsten Andrej, geschrieben bereits nach der Schlacht von Austerlitz (X/96).

Weiter: nach Napoleons militärischen Erfolgen sollen sich der russische und der französische Kaiser in Tilsit treffen, und der Leser nimmt teil an folgendem aufschlußreichen Gespräch des Boris Drubeckoj mit einem General:

»— Je voudrais voir *le grand homme* — sagte er (Boris. — B. U.), er meinte Napoleon, *den er bisher stets, wie auch alle anderen, Buonaparte genannt hatte.*

— Vouz parlez de *Buonaparte*? — entgegnete ihm mit einem Lächeln der General. Boris blickte fragend auf seinen General und begriff sofort, daß dies eine scherzhafte Prüfung sein sollte.

— Mon prince, je parle de l'empereur *Napoléon*, — antwortete er. Der General klopfte ihm lächelnd auf die Schulter.

— Du gehst etwas zu weit, — meinte er darauf . . .« (X/139) So war also Bonaparte auch offiziell zum »großen Menschen« und zu »Napoleon« geworden, was er natürlich in den Augen Andrejs und Pierres längst war — teilweise aber bereits wieder zu sein aufhörte. Gleichzeitig kann Nikolaj Rostov dies noch immer nicht begreifen (vgl. z. B. X/140), wobei Rostov wahrscheinlich überhaupt mehr den Standpunkt der Armee, der mit dem des Stabs nicht übereinstimmte, vertritt.[23] Bald jedoch erfahren wir aus einem Brief der Fürstin Mar'ja an Julie Kuragina, »[. . .] es hat den Anschein, daß der ganze Erdkreis Buonaparte selbst auf dem Kalvarienberg nicht als einen großen Menschen anerkennen würde, noch viel weniger aber als französischen Kaiser« (X/233). Damit werden wir Zeugen dessen, wie sich Napoleon in den Augen der russischen Gesellschaft entwickelt[24] – zugleich vollzieht sich vor unseren Augen die Veränderung der Einstellung zu ihm seit dem Jahre 1812. Man vergleiche beispielsweise, wie der Autor zu Beginn des Feldzugs von 1812 die öffentliche Meinung (der Hofkreise) wiedergibt: »Man sprach davon, daß ein Krieg, insbesondere mit einem solchen Genie wie Bonaparte (man nannte ihn jetzt wieder *Bonaparte*), zweifellos tiefgreifende Überlegungen erforderte.« (XI/42)

Nun wird auch der Funktionswandel der Autorenposition verständlich, wie er sich jeweils bei der Benennung Napoleons mit dem einen oder anderen Namen ausdrückt, wobei die verschiedenen Namen entweder im selben Satz zusammentreffen oder in unmittelbarer Nähe innerhalb eines Textabschnitts auftreten können. Zum Beispiel: »Im Jahre 1809 waren sich die beiden Weltbeherrscher, wie man Napoleon und Aleksander nannte, so nahe gekommen, daß, als *Napoleon* noch im selben Jahr Österreich den Krieg erklärte, ein russisches Corps die Grenze überschritt, um seinen einstigen Gegner *Bonaparte* gegen den früheren Verbündeten, den österreichischen Kaiser, zu unterstützen.« (X/152)

Sehr häufig markiert der plötzliche Namenswechsel exakt den Übergang vom einen zum anderen Standpunkt: »Beide Kaiser stiegen von den Pferden und gaben sich gegenseitig die Hand. Ein erzwungenes Lächeln im Gesicht *Napoleons* wirkte unangenehm. Aleksander redete zu ihm mit einem freundlichen Ausdruck.

Ohne die Augen abzuwenden [...] verfolgte Rostov jede der Bewegungen des Kaisers Aleksander und *Bonapartes*.« (X/147) Ganz offenkundig wird hier die Begegnung von Tilsit zunächst von einem unpersönlichen oder entfernteren Standpunkt aus dargestellt, später dann aus der Sicht Rostovs.[25]

Analog konstruiert ist die Beschreibung des Gesprächs Napoleons mit dem Kosaken Lavruška (XI/133-134): »Aber als *Napoleon* ihn plötzlich fragte, wie denn die Russen darüber dächten, ob sie *Bonaparte* besiegen könnten oder nicht« (das unvermittelte Hinüberwechseln auf den Standpunkt der Russen, speziell den Lavruškas, ist ein typischer Fall der uneigentlichen direkten Rede). Oder an derselben Stelle: »Der Übersetzer übertrug *Napoleon* diese Worte [...], und *Bonaparte* lächelte« (der Standpunkt des Übersetzers – oder eines beiläufigen Beobachters – wird plötzlich abgelöst durch den Lavruškas). Bemerkenswert ist auch folgender Satz, worin sich bei der Bezeichnung Napoleons nicht der Standpunkt einer konkreten Figur, sondern allgemein der russischen Aristokratie zu erkennen gibt: »Der Stand des politischen Thermometers [...] war folgender: wie sehr sich auch sämtliche europäischen Herrscher und Feldherrn gegen *Bonaparte* in Nachsicht üben mochten [...], unsere Meinung über *Bonaparte* läßt sich nicht ändern« (X/87).

In anderen Fällen treten der Wechsel der Autorenposition und der Übergang zum Standpunkt eines am Gespräch Beteiligten nicht so deutlich hervor, doch läßt sich Gleiches aus Analogie zu dem soeben Gesagten vermuten. Im einzelnen könnte man als Beispiel jene Szene anführen, wo auf dem Schlachtfeld bei Austerlitz Napoleon und der verwundet daliegende Fürst Andrej zusammentreffen: »Da sprengten einige Reiter heran, es war *Napoleon*, begleitet von zwei Adjutanten. *Bonaparte* besichtigte das Schlachtfeld und gab letzte Anweisungen« (IX/356). Man könnte die Stelle so interpretieren, daß es sich auch hier um den Übergang vom Standpunkt eines beiläufigen Beobachters zu dem des Fürsten Andrej handelte, was sich mit der veränderten Einstellung des Fürsten Andrej zu Napoleon deckte.[26]

Bezeichnend ist eine ähnliche Kontrastierung der Namen in einem inneren Monolog des Fürsten Andrej (allerdings erst viel später): »Der beste (unter den russischen Generälen – B. U.) war Bagration, – selbst *Napoleon* hatte dies zugegeben. Und selbst *Bonaparte!* Ich erinnere mich noch seines selbstzufriedenen und beschränkten Blicks auf dem Feld bei Austerlitz« (XI/53). Spricht Andrej vom Urteil Napoleons, so nennt er ihn »Napoleon«, also genauso wie ihn alle anderen in diesem Moment der Erzählung nennen; sobald er sich jedoch in seiner Erinnerung in die Zeit von Austerlitz zurückversetzt, als ihn alle, er nicht ausgenommen, »Bonaparte« nannten, verwendet auch er jetzt diesen Namen.

In diesem Zusammenhang läßt sich jetzt wohl angeben, welche Funktionsveränderung in jedem einzelnen Fall durch die Ersetzung des Namens Napoleons ausgelöst wurde. So schreibt Tolstoj z. B. bei der Schilderung des Standorts der Truppen zu

Anfang des Kapitels XIV im zweiten Teil des ersten Bandes von *Krieg und Frieden* (IX/206): »Falls sich Kutuzov entschlossen hätte, in Krems zu bleiben, hätte ihn *Napoleons* hundertfünfzigtausend-Mann-Armee von sämtlichen Verbindungen abgeschnitten.« Es heißt hier ausdrücklich »Napoleon«, und man darf annehmen, daß dieser Satz aus der Sicht des Autors selbst gesprochen wird: hier handelt es sich also um eine objektive Beschreibung der strategischen Möglichkeiten. Ersetzte man jedoch »Napoleon« durch »Bonaparte«, so wäre der Satz wohl eher als die subjektive Meinung Kutuzovs aufzufassen.

Fassen wir zusammen. Der Leser bleibt im Verlauf der gesamten Erzählung Zeuge der Veränderung, der die Benennung Napoleons in der russischen Gesellschaft unterliegt. Wird er zu Beginn des Romans fast kontinuierlich (insbesondere im ersten Band) »Bonaparte« genannt, so begegnet im dritten Band diese Namensform in der Personenrede nur noch selten, und wenn er vorkommt, dann gewöhnlich in der Rede solcher Figuren wie Lavruška, Makar Alekseevič; im vierten Band dagegen findet er sich überhaupt nicht mehr.[27] Auf diesem Hintergrund gewinnen nun allerdings die Abweichungen ein spezifisches Gewicht – zum Beispiel, wenn Pierre ihn, wie bereits erwähnt, beständig »Napoleon« nennt, während alle übrigen nur von »Bonaparte« reden, oder umgekehrt, wenn Graf Rastopčin ihn »Bonaparte« nennt, während die anderen von »Napoleon« sprechen.[28]

So verhält es sich jedenfalls in der Rede der an der Erzählhandlung Beteiligten; doch gleichzeitig mit dem Wandel der Benennung Napoleons in der Personenrede ändert diese sich in der *Autorenrede*. Im ersten Band von *Krieg und Frieden* wird Napoleon fast regelmäßig in der Autorenrede »Bonaparte« geheißen[29]; im zweiten Band werden die Namen »Bonaparte« und »Napoleon« ungefähr gleich häufig gebraucht; im dritten Band erscheint der Name »Bonaparte« nur noch ausnahmsweise, um im vierten Band endgültig zu verschwinden. Hieraus ist zu ersehen, daß der Autor in seiner Einstellung zu Napoleon gleichsam der von ihm beschriebenen Gesellschaft folgt.

Die Wechselbeziehung des Autoren-Worts und des Wortes des Helden

In den bisher erörterten Fällen wurde die Kombination unterschiedlicher Standpunkte sowohl in künstlerischen als auch in Gebrauchs-Texten am Sonderbeispiel der Eigennamen oder generell der Benennungen innerhalb der Erzählung durch den Autor vorgeführt. Zusammenfassend läßt sich sagen, daß das Spezifische der Autorenposition hier darin zum Ausdruck kommt, daß innerhalb des Autorentextes *Elemente eines fremden Textes* auftauchen – Elemente einer jeweils für eine bestimmte Figur charakteristischen Redeweise. Diese allgemeine Formulierung gilt selbstverständlich nicht allein für die Eigennamen. Denn gerade die Verwendung von Elementen eines Fremdtextes, die überdies von mehreren Figuren stammen können, bezeichnet eine der grundsätzlichen Ausdrucksformen unterschiedlicher Standpunkte auf der phraseologischen Ebene.

Damit kommen wir zu den verschiedenen Wiedergabemöglichkeiten eines fremden Textes, also der Kombination eines fremden mit dem Autorentext, insbesondere aber zum Problem der uneigentlichen direkten Rede.[30] Nacheinander sollen die beiden Möglichkeiten der Kontamination eines Autoren-Textes (»Autoren-Wortes«) mit dem Text einer beliebigen Figur (»fremden Wortes«) untersucht werden: *1.* die Modifizierung des Autoren-Textes unter der Einwirkung eines nicht eigentlich dem Autor zugehörigen Textes, also der Einfluß des fremden Wortes auf das Autoren-Wort; *2.* die Modifizierung eines nicht unmittelbar vom Autor selber stammenden Textes unter der Einwirkung der Autoren-Bearbeitung, also der Einfluß des Autoren-Wortes auf das fremde Wort.

Dabei sei unter *Autor* von jetzt ab stets jene Person gemeint, von der jeweils der gesamte betrachtete Text stammt; dies kann sowohl der Verfasser eines [literarischen] Werkes sein als auch jeder beliebige Sprecher, dessen Äußerung Objekt der Analyse ist und in dessen Rede sich Elemente eines beliebigen fremden Textes nachweisen lassen. Im gleichen Sinne kann man das »eigene« (d. h. vom Autor stammende) Wort und das »fremde« (in bezug auf den Autor) Wort einander gegenüberstellen.

Der Einfluß des fremden Wortes auf das Autoren-Wort

Eindeutige Beispiele für die Verwendung des fremden Wortes in einem Text

Die Verwendung des fremden Wortes tritt häufig und in zahlreichen Variationen auf. Beginnen wir mit den einfachsten Beispielen. Nimmt man wiederum *Krieg und Frieden,* so fällt sogleich auf, daß Tolstoj derartige Stellen sehr oft bewußt hervorhebt, indem sie in der Regel innerhalb des Textes *in Kursiv* erscheinen (falls es sich nicht um einen fremdsprachigen Text handelt). In den folgenden Beispielen stammen sämtliche Schreibungen in *Kursiv* vom Autor selber:

»Anna Pavlovna hustete bereits seit mehreren Tagen, sie hatte die *Grippe,* wie sie sagte (*Grippe* war damals ein neues und nur von wenigen gebrauchtes Wort).« (IX/3)

»– Lassen Sie das sein, Boris, Sie sind ja ein solcher *Diplomat* (das Wort *Diplomat* war unter den Kindern sehr beliebt . . .).« (IX/56) Oder aus einem Gespräch Pierres mit dem Fürsten Andrej: »(P'er:) – I vy . . . – On ne skazal, *čto vy,* no uže ton ego pokazyval . . .« (IX/35-36)

[Pierre: – Und Sie sind . . . – Er sagte nicht, *was er ist,* doch schon seine Stimme zeigte an . . .]

»(P'er:) – I čto ž, pravo . . . – No on ne skazal, *čto pravo.*« (IX/36)

[Pierre: Nun gut, es ist richtig . . . – Aber er sagte nicht, *was richtig ist.*]

Auffallenderweise hebt Tolstoj durch Kursivschrift ebenso jene Stellen hervor, wo Elemente der Fremdrede nicht im Autorentext, sondern in der direkten Rede der handelnden Figuren erscheinen, zum Beispiel in der Unterhaltung Natašas mit Boris Drubeckoj:

»– Boris, kommen Sie einmal her, – sagte sie . . . – Ich muß Ihnen eine Sache erzählen.

– Was ist das denn für *eine Sache?* – fragte er.« (IX/53)

Sooft Tolstoj sporadisch das fremde Wort verwendet, hält er es gleichsam für notwendig zu betonen, daß dieses Wort nicht von ihm stammt, sondern sozusagen auf Zeit aus der Rede eines anderen entlehnt ist, wobei dies sowohl im Autoren-Text als auch im Personen-Text der Fall sein kann.

Die Kombination verschiedener Standpunkte in einem komplexen Satz. Die uneigentliche direkte Rede

Kompliziertere Beispiele des Gebrauchs von Elementen eines fremden Textes liegen in den verschiedenen Formen der sogenannten »uneigentlichen direkten Rede«[31] vor, die im folgenden erörtert werden soll.

Die Überlagerung mehrerer Standpunkte ist nicht allein im Rahmen eines Erzählvorganges möglich, sondern auch innerhalb eines einzelnen Satzes; dies ist charakteristisch für die mündliche Rede, wenn sich plötzlich ein Sprecher unwillkürlich auf den Standpunkt dessen begibt, von dem er erzählt. Ein geradezu klassisches Beispiel dafür bietet eine Äußerung Osips in Gogol's *Revisor*: »Traktirščik skazal: čto ne *dam vam est'*, poka ne *zaplatite* za prežnee.«[32] (IV/27) [Der Wirt sagte, daß *ich euch nichts zu essen gebe,* bevor *ihr* das andere nicht *bezahlt.*] Zwei Äußerungen von verschiedenen Sprechern – von Osip selber, der an dieser Stelle als Autor des Satzes fungiert, und vom Wirt – werden hier im Rahmen eines einzigen Satzes kombiniert, wobei jede der beiden Äußerungen ihre grammatischen Merkmale beibehält. Ganz analog ist folgendes Beispiel: »Ego Veličestvo obratil ego (francuzskogo poslannika. – B. U.) vnimanie na grenaderskuju diviziju i ceremonial'nyj marš, i budto, poslannik nikakogo vnimanija ne obratil i budto pozvolil sebe skazat', čto *my* u sebja vo Francii na takie pustjaki ne obraščaem vnimanija.« (Tolstoj, *Krieg und Frieden,* X/307) [Seine Majestät richtete seine (des französischen Gesandten. – B. U.) Aufmerksamkeit auf die Grenadierdivision und den Parademarsch, als ob der Gesandte keine Aufmerksamkeit darauf verwendete und als ob er sich zu sagen erlaubte, *wir* verschwenden bei uns in Frankreich auf solche Kinkerlitzchen keine Zeit.] In beiden Fällen handelt es sich weder um direkte noch um indirekte Rede, sondern um eben jene »uneigentliche direkte Rede« genannte Erscheinung.

Wäre es direkte Rede, dann dürfte nicht die Konjunktion »daß« stehen [sondern Doppelpunkt und Anführungszeichen]: »... traktirščik skazal: ›ne dam vam est'‹, poka ne zaplatite ... poslannik pozvolil sebe skazat'‹: ›my u sebja vo Francii ...‹« Handelte es sich dagegen um indirekte Rede, so müßte in Haupt- und Nebensatz Nominal-Kongruenz herrschen [und im Deutschen außerdem der Konjunktiv verwendet werden]: ».. . traktirščik skazal, čto ne *dast nam est'*, poka ne zaplatim . . .« ».. . poslannik pozvolil sebe skazat', čto *oni* u sebja vo Francii . . .« [Der Wirt sagte, er *gäbe uns* nichts zu essen, solange wir nicht bezahlten . . .; . . . der Gesandte erlaubte sich zu sagen, bei ihnen in Frankreich . . .]

Bei den zitierten Stellen trifft offensichtlich weder das eine noch das andere zu, sondern es findet eine *Synthese* statt, also eine Kombination von Texten zweier verschiedener Autoren: des eigentlichen Sprechers und dessen, *über den* dieser spricht. Mit anderen Worten, hier läßt sich eine Art Weggleiten von der Position des Autors feststellen, wobei der Sprecher während des Redens unmerklich seine Position verändert.

Manche Forscher glauben, die uneigentliche direkte Rede sei in der russischen Sprache ein junges, unter dem Einfluß des Französischen entstandenes Phänomen.[33] Diese Auffassung ist jedoch leicht zu widerlegen durch Hinweise auf entsprechende Beispiele aus den [altrussischen] Chroniken: »reče že im Ol'ga, *jako jaz* uže mstila esm' muža svoego.« [Da sagte Olga zu ihnen, *ich* habe *meinen* Gatten schon gerächt.] (Aus der Hypathius-Chronik, Eintragung unter dem Jahre 6454)[34], und aus der Folklore: »Govorit Staver syn Godinovič. – *Čto ja s* toboj svaečkoj ne igryval!«[35] [Da sagt Staver, der Sohn des Godinov, das Svajka-Spiel *habe ich nie* mit Dir *gespielt!*] Vermutlich ist also das Phänomen der uneigentlichen direkten Rede in einer Sprache mit ausgeprägten hypotaktischen Formen etwas völlig Natürliches, bedingt durch die für die Redepraxis charakteristische Verlagerung der Position des Autors.

Die bisherigen Textbeispiele zeichnen sich vor allem dadurch aus, daß sich die Kombination verschiedener Standpunkte und dementsprechend die Kontamination von Texten unterschiedlicher Sprecher stets innerhalb *ein* und *derselben Phrase,* hier: eines mehrgliedrigen Satzes, vollziehen.[36] Es sind dies jedoch relativ einfache Fälle, da sich die Grenzen, wo der Text des einen Sprechers endet und der des anderen beginnt, deutlich voneinander abheben. So lassen sich in jedem der zitierten Sätze einige Wörter in Anführungszeichen setzen und das Ergebnis als Ausdruck einer zufälligen Redeinterferenz fassen, d. h. als ein Phänomen, das in den Bereich der *parole*, nicht aber zur *langue* gehört[37]: »Traktirščik skazal, čto

›ne dam vam est'‹, poka ne zaplatite ...‹« »Poslannik ...
pozvolil sebe skazat'‹, čto

›my u sebja vo Francii ...‹«[38] [»Der Wirt sagte:

›Ich gebe euch nichts zu essen, bevor ...‹« »Der Gesandte ...
erlaubte sich zu sagen:

›Bei uns in Frankreich ...‹«]

In diesem Sinne gehören diese Fälle in dieselbe Kategorie wie
die vorhin zitierten Texte von Tolstoj, weil auch dort die
Grenzen des fremden Wortes innerhalb eines Satzes deutlich
markiert werden; und auch hier ließe sich wiederum die entsprechende Operation mit Anführungszeichen vornehmen, denn
strenggenommen ist die von Tolstoj durch Kursivschrift bezeichnete Hervorhebung von Elementen des fremden Textes
ein funktionales Äquivalent der Anführungszeichen.

Im Unterschied zu einer Reihe anderer Forscher, die es für
zulässig halten, unter dem Terminus »uneigentliche direkte
Rede« auch solche Phänomene wie den »inneren Monolog«
u. ä. oder generell die verschiedenen Gebrauchsformen des
»fremden« Wortes zu begreifen, verwenden wir wie V. N.
Vološinov diesen Terminus im engen Sinne, nämlich zur Bezeichnung einer Übergangserscheinung zwischen direkter und
indirekter Rede, welche mit Hilfe bestimmter Operationen mit
mehr oder minder hohem Exaktheitsgrad sowohl in die direkte
als auch in die indirekte Rede überführbar ist. Diese Operationen lassen sich ganz allgemein auf die Formel bringen: für
die Transformation der uneigentlichen direkten Rede in die
direkte – Wegfall der Konjunktionen und Verwendung der
Anführungszeichen; für die der uneigentlichen direkten Rede
in die indirekte Rede – Herstellung von Kongruenz der grammatischen Formen [und Verwendung des Konjunktivs].[39]

*Die Kombination verschiedener Standpunkte im einfachen
Satz. Die Verbindung von Sprecher- und Hörerstandpunkt*

In den genannten Beispielen der uneigentlichen direkten Rede
erfolgte die Kombination unterschiedlicher Standpunkte im
Rahmen von zusammengesetzten Sätzen oder Satzgefügen.
Jetzt sollen Fälle untersucht werden, in denen derartige Kombinationen in einem *einfachen* Satz stattfinden. Zu dieser Kategorie können ganz allgemein auch die früheren Textbeispiele

aus Tolstoj für den sporadischen Gebrauch des fremden Wortes in einem Satz gerechnet werden; aufschlußreicher sind jedoch solche Stellen, wo derartige Elemente des »fremden« und des »eigenen« Textes in einem Satz organisch miteinander verbunden werden.

Tolstoj schreibt in *Krieg und Frieden:* »Fürst Vasilij, der immer noch dieselben wichtigen Ämter bekleidete, stellte das Verbindungsglied zwischen zwei Gesellschaftskreisen dar. Er verkehrte bei *ma* bonne amie Anna Pavlovna und dans le salon diplomatique de *ma* fille . . .« (XI/128). Der auffällige zweimalige Gebrauch des Possessivpronomens der 1. Person »ma« (= meine) – obschon von einer dritten Person die Rede ist – weist mit aller Deutlichkeit darauf hin, daß an diesen Stellen der Standpunkt des Fürsten Vasilij artikuliert ist. – In Dostoevskijs *Spieler* sagt der Titelheld zu Pauline: »Ja by, na vašem meste, nepremenno *vyšla zamuž* za angličanina.« (IV/290). [An Ihrer Stelle würde ich *mich* unbedingt mit diesem Engländer *verheiraten.*]

Obwohl der Sprecher ein Mann ist, gebraucht er die Verbalform des Femininum (was allen Gesetzen der russischen Grammatik widerspricht), weil er sich, indem er diesen Satz formuliert, für einen Augenblick auf den Standpunkt seiner Gesprächspartnerin stellt: Mit den Worten »an Ihrer Stelle« übernimmt er tatsächlich ihre Rolle, und dies drückt sich auch sprachlich aus. Aus dem Kontext herausgelöst, läßt sich diese Phrase allerdings nur als Bemerkung einer weiblichen Person auffassen. Hier also zeigt sich, wie in ein und derselben Phrase, die noch dazu in einen *einfachen* Satz eingebettet ist, zwei Standpunkte oder, anders ausgedrückt, die Elemente zweier Redesphären, die des *Sprechers* und des *Hörers*, miteinander kombiniert werden. Man könnte dies als eine *innersprachliche Zweisprachigkeit* bestimmen.

Freilich fließt hier das fremde Wort noch organisch mit in den Text ein; es läßt sich nicht so einfach ausgliedern wie in den früheren Beispielen für die uneigentliche direkte Rede. Auch wenn sich die Elemente der Fremdrede in eine direkte Rede überführen ließen (vermittels Anführungszeichen), so erforderte das erheblich mehr Anstrengungen als in den vorausgehenden Fällen[40]; im übrigen sind hier die Grenzen des fremden Wortes, anders als in den früheren Beispielen, nicht ähnlich eindeutig markiert. Und schließlich ist es *völlig unmöglich*, diesen Satz vermittels irgendwelcher vorher festgelegter Operationen in eine direkte Rede zu verwandeln. Daher kann er nicht als uneigentliche direkte Rede im strengen Wortsinn verstanden werden[41], denn die Standpunkte sind hier eng miteinander verschmolzen.

Eine derartige Kombination unterschiedlicher Standpunkte – speziell der von *Sprecher* und *Hörer* – kommt in mündlicher Rede sehr häufig vor. Genau dieser Fall tritt ein, wenn man eine in der heutigen Umgangssprache derart verbreitete Wendung gebraucht wie »ubeditel'no vas prošu« [ich bitte Sie überzeugend]; denn nur der Hörer, keinesfalls aber der Sprecher selbst, vermag hinreichend zu beurteilen, ob der Sprecher »überzeugend« oder »nicht überzeugend« bittet; der Sprecher nimmt hier ja das Urteil des Hörers vorweg und stellt sich auf dessen Standpunkt. Ein anderes Beispiel: »Vy menja, konečno, izvinite« [Sie verzeihen mir natürlich].

Ein ähnlicher Wechsel vom Standpunkt des Sprechenden zu dem des Angesprochenen bekundet sich im folgenden charakteristischen Satz (notiert bei einer Auseinandersetzung zwischen einem eiligen Studenten und einem kleinlichen Wachmann, der ihn anhält und die Ausweispapiere verlangt): »Was belästigen Sie einen, sehen Sie denn nicht – der Mann ist doch in Eile!« Als »Mann« bezeichnet sich hier der Sprecher selbst, womit er zum Ausdruck bringen möchte, daß der Wachmann eigentlich erkennnen müßte, daß »der Mann in Eile ist«, und sich in seine Situation, d. h. die des »Mannes«, versetzen sollte. Der Sprecher [Student] übernimmt dadurch, daß er von sich in der dritten Person spricht, gleichsam die Rolle des Wachmannes und legt ihm so den richtigen Standpunkt nahe. Auf die nämliche Weise läßt sich auch erklären, wenn ein Sprecher von sich selber in der unpersönlichen Form (oder in der dritten Person Plural) spricht – wenn z. B. jemand etwas herschenkt und dazu sagt: »Beri, poka dajut« [Nimm es, solange man Dir etwas gibt; ... solange sie Dir etwas geben] oder bei einer Anrede des Typs: »Komu govorjat?« [Wen möchte man sprechen / Wen möchte Sie sprechen?], wo sich der Sprecher auf den Standpunkt des (beschenkten) Partners stellt und von sich aus dessen Sicht redet, und zwar absichtlich in der (unbestimmten) Form der dritten Person Singular oder Plural.

Es bleibt zu ergänzen, daß die zitierten Beispiele für den Gebrauch des fremden Wortes in der Alltagssprache vor allem für den Vulgärstil charakteristisch sind. Das ist kein Zufall, da gerade dieser Prozeß einen der typischen Wege der Sprachentwicklung (oder konkret: der Veränderung der Wortsemantik) darstellt. Man vergleiche z. B. die Entwicklung der Wortbedeutung des russischen »navernoe« [1. wahrscheinlich, 2. sicher]: noch im ersten Drittel unseres Jahrhunderts war es gleichbedeutend mit »navernjaká« [ganz bestimmt, sicherlich], während es heute schon im Sinne von »verojatno« [wahrscheinlich] und sogar von »vozmožno« [möglich] verwendet wird, also in einem entgegengesetzten Sinne. Hierbei läßt sich beobachten, wie eine Verschiebung vom Standpunkt des Sprechers zu dem des Hörers stattgefunden hat. Gleichzeitig erweist sich in der Regel der Vulgärstil in linguistischer Hinsicht als weiter vorgerückt und beschleunigt in seinem Tempo, insofern sich hier zunächst jene Prozesse abspielen, welche die übrigen Sprachschichten gewöhnlich erst viel später erreichen.[42] So wird verständlich, wieso gerade im Vulgärstil Phänomene der uneigentlichen direkten Rede und des Gebrauchs des fremden Wortes allgemein überwiegen.

Der fremden Rede kommt es sehr nahe, wenn wir zu einem Kind sagen: »Was sind *wir* doch schön!« Wir sagen dies nämlich nicht nur von unserem Standpunkt (dem Standpunkt des Sprechers) aus, sondern auch von dem des Kindes (des Hörers), also gleichsam in seinem Namen, gleichzeitig aber auch von unserem eigenen Standpunkt aus, insofern wir ihm einen Satz in den Mund legen, der von uns stammt und nicht von ihm. Dabei sind die unterschiedlichen Standpunkte (die des Sprechers und des Hörers) hier miteinander *kombiniert,* um eine Nuance der Sympathie und der Zusammengehörigkeit, die für das Verhältnis zu einem Kind charakteristisch sind, auszudrücken.[42a]

Für die Unterhaltung mit einem Kleinkind, vor allem wenn es noch nicht sprechen gelernt hat, ist es überhaupt typisch, daß man sich auf seinen Standpunkt begibt, was sich insbesondere auf der phraseologischen Ebene manifestiert; in vielen Situationen ist ein solches Verhalten geradezu die Norm. Denn sehr viele Sätze sprechen wir tatsächlich aus der Sicht des Kindes und mit seiner Intonation, um ihm gleichsam vorzusagen, was und wie ›man‹ in dieser oder jener Situation spricht. So sagen wir beispielsweise gewöhnlich: »Komm zu mir in meine *Ärm-chen*« und nicht: »... in meine *Arme*«; wir stellen uns also nicht auf unseren eigenen Standpunkt, sondern (phraseologisch ausgedrückt) auf den des Kindes; derartige Beispiele lassen sich beliebig vermehren. Nicht weniger charakteristisch ist es, wenn sich Erwachsene in Gegenwart eines Kindes wechselseitig von dessen Standpunkt aus benennen. Es mag genügen, auf die weitverbreitete Sitte zu verweisen, wonach sich Eheleute gegenseitig »Papa« und »Mama« rufen.

Die maximale Konzentration konträrer Standpunkte im Text: Die Kombination unterschiedlicher Standpunkte in ein und demselben Wort

Weit paradoxer erscheinen Fälle, in denen sich unterschiedliche Standpunkte *in ein und demselben Wort* verbinden. Allerdings ist auch dies eher typisch für die Sphäre der *parole* als für die der *langue*, es gehört mehr zur gelegentlichen Improvisation (zum unmittelbaren Prozeß der Text-Generierung) als zur Norm. Dennoch läßt sich eine Beziehung zu literarischen Texten herstellen. So zitiert F. F. Zelinskij folgende Bemerkung eines Strafgefangenen aus Dostoevskijs *Aufzeichnungen aus einem Totenhaus:* »Kak *tilisnu* (ee) po gorlu nožom«, und fährt dann kommentierend fort: »Gibt es eine Ähnlichkeit zwischen der Mundbewegung bei der Artikulation des Wortes ›tilisnut'‹ und der Bewegung eines über den menschlichen Körper gleitenden und in ihn eindringenden Messers? Eigentlich nicht. Wohl aber entspricht die dazu nötige Artikulationsbewegung genau jener Anspannung der Gesichtsmuskeln, die rein instinktiv durch das eigenartige Gefühl eines Nervenschmerzes hervorgerufen wird, welches man bei der Vorstellung eines über die Haut gleitenden, jedoch nicht in den Körper eindringenden Messers erlebt: die Lippen ziehen sich verkrampft in die Breite, die Kehle verengt sich, die Zähne pressen sich aufeinander – eigentlich lassen sich nur noch der Vokal i und die Dentale t, l und s artikulieren, wobei sich gerade bei ihnen, nicht aber bei ihren stimmhaften Entsprechungen d, r und z ein bestimmter lautimitatorischer Effekt einstellt.«[43]

Das Bemerkenswerte an unserem Beispiel ist, daß dieses Wort von einem Strafgefangenen artikuliert wird. Gerade dadurch, daß einer, der anderen Schmerzen zugefügt hat, es artikuliert, erlebt er selber ein intensives Schmerzgefühl; das heißt: obschon er er selber bleibt, versetzt er sich gleichzeitig in die Rolle seines Opfers – und in diesem Moment vereinigen sich in ihm die Empfindungen des *Agenten* und des *Patienten*. Daher könnte man sagen, daß hier in einem einzigen Wort beide möglichen Standpunkte der an einer Aktion Beteiligten, des Handelnden und des Leidenden, verschmelzen.

Eine solche Verschmelzung der Standpunkte in ein und demselben Redeelement drückt sich nicht selten in der Mimik und Intonation aus. Erinnern wir uns an eine Situation, in der wir eine Frage stellen, obgleich wir überzeugt sind, eine positive Antwort zu bekommen: sehr häufig verbindet sich die fragende Intonation mit einer zustimmenden Mimik (einem Nicken des Kopfes). Genauso kann ein Mann, der erzählen will, wie er seinen Gegner verprügelte, synchron mit seinem Bericht von den ausgeteilten Schlägen das schmerzverzerrte Gesicht seines Opfers imitieren (eine analoge Erscheinung ist typisch für die Pantomime). Desgleichen wird jemand, der in einiger Entfernung eine Katze vorbeischleichen sieht, den Satz »Die Katze läuft ganz leise« leise, ja flüsternd sprechen, also gleichsam von deren (Katzen-)Position aus, indem er seinen eigenen Standpunkt mit dem desjenigen, von dem er spricht, organisch verbindet.

Sucht man nach Analogien in der darstellenden Kunst, so ist vor allem auf ein für die japanische Zeichnung typisches Verfahren hinzuweisen: Hier läßt der Künstler den Betrachter gleichsam die Gestik des Darstellers miterleben, indem er beispielsweise die Flüchtigkeit und Beweglichkeit des im Bilde festgehaltenen Vogelflugs in der Flüchtigkeit und Nervosität der Strichführung zum Ausdruck bringt.[44] Mit anderen Worten: der Künstler zwingt den Betrachter, an seinem schöpferischen Akt teilzunehmen; gleichzeitig kombiniert er auf dem Bilde seine Empfindungen und die charakteristischen Merkmale des von ihm dargestellten Objektes.

Relativ weniger augenscheinliche Fälle. Der innere Monolog

Alle bisher untersuchten Fälle haben das eine gemeinsam, daß sich der Autorentext auf die eine oder andere Weise unter dem Einfluß des fremden Wortes verändert oder, anders gesagt, daß sich der *Autorentext dem fremden Wort angleicht.*

Es kann aber auch das Gegenteil eintreten, das jetzt untersucht werden soll, nämlich der Fall, daß sich das *fremde Wort* (speziell die Personenrede) *dem Autoren-Wort angleicht;* anders ausgedrückt: daß es der Einwirkung des Autoren-Worts unterliegt, wobei es verschiedene Veränderungen erfahren kann.

Ziemlich deutlich tritt eine derartige Autoren-Bearbeitung des fremden Wortes dann zutage, wenn die Empfindungen und Gedanken eines Helden mitgeteilt werden, wobei der den Helden charakterisierende Text zwar erraten werden kann, über den Helden selber aber nur in der dritten Person gesprochen wird. So wird beispielsweise Petja Rostov anläßlich seines Besuches bei Alexander I. im Kreml von Tolstoj folgendermaßen beschrieben: »Petja uže ne dumal teper' o podače prošenija. Uže tol'ko emu uvidat' by Ego (to est' gosudarja. – B. U.), i to on sčital by sebja sčastlivym!« (*Krieg und Frieden,* XI/89) [Petja dachte gar nicht mehr daran, daß er ein Gesuch einreichen wollte. Wenn er Ihn nur sehen könnte, dann hielte er sich schon für glücklich!] Hier handelt es sich ganz offensichtlich um die Wiedergabe von Petjas eigener Rede, obgleich sie formal im Namen des Autors vorgetragen wird; was auffällt, sind die syntaktische Struktur des zweiten Satzes und vor allem die orthographische Hervorhebung des sich auf Alexander beziehenden Personalpronomens (Ego), wodurch die Identifikation von Autor und Held noch unterstrichen wird.[45] Ersetzt man in diesem Beispiel das Personalpronomen der 3. Person, das sich auf den Helden bezieht, durch ein solches der 1. Person, so erhält man eine ganz gewöhnliche monologische direkte Rede.[46] Demnach verhält sich die Ersetzung des Pronomens ihrer Funktion nach völlig analog zu der Operation mit den Anführungszeichen in den früheren Beispielen über die uneigentliche direkte Rede: beide Maßnahmen führen zum gleichen Resultat, aus einer indirekten Rede wird eine direkte.

So entsteht jene modifizierte Erzählweise, die man als »innere Rede« oder als »inneren Monolog« zu bezeichnen pflegt.[47]
Sehr oft können derartige Beispiele ebensogut als Ergebnis des
Einflusses des Autoren-Worts auf das Wort des Helden wie,
umgekehrt, der Veränderung der Autorenrede unter dem Einfluß des fremden Worts aufgefaßt werden. Gelegentlich reicht
jedoch die bloße Ersetzung der Pronomina nicht aus, um eine
Autorenrede wieder in eine Personenrede zurückzuverwandeln,
sofern nämlich das Personen-Wort in hohem Grade durch den
Autor bearbeitet und durch seine Intonation gefärbt werden
konnte; dann verfließen die Standpunkte des Autors und des
Helden unauflösbar im Text, so daß der Leser bei der Wahrnehmung der Erlebnisse aus der Sicht des Helden gleichzeitig
immer die Intonation des Autors mit wahrnimmt.[48]

Im allgemeinen trägt der inneren Monolog eines Helden, der
formal durchaus in der 1. Person dargeboten werden kann,
häufig deutlichere Spuren der Beeinflussung durch die Bearbeitung des Autors als eine normale, d. h. dialogische, direkte Rede derselben Figur: die Individualität, wie sie in der dialog-
haften direkten Rede zum Ausdruck kommt, wird im inneren
Monolog oft vom Autor ausgelöscht und durch dessen eigene
Worte ersetzt; der Autor tritt hier gleichsam in der Rolle eines
den Text dieser Figur bearbeitenden Redakteurs auf.

Dieser Unterschied in den Gestaltungsweisen der dialogischen
Rede und des inneren Monologs läßt sich nur so erklären, daß
einerseits die direkte Rede einer Figur ein *objektives* Faktum
darstellt und der Autor sich dabei in die Situation eines Berichterstatters versetzen kann, der das Gehörte möglichst präzise wiederzugeben hat, während andrerseits der innere Monolog die Gedanken und Überlegungen des Helden reflektiert, so
daß sich der Autor stärker auf deren Gehalt als auf ihre Form
konzentrieren muß.

Das Kunstmittel der vom Autor bearbeiteten direkten Rede
wird im allgemeinen häufig – und zwar sowohl in der Belletristik als auch in der alltäglichen Erzählung – zur Wiedergabe von Bewußtseinsprozessesen, die in der zu beschreibenden
Person hätten vorgehen müssen, benutzt; dabei gibt es nicht
selten einen Hinweis auf einen scheinbar vorhandenen inneren
Monolog, der im Grunde zwar nicht vorliegt, prinzipiell jedoch

genau so erfolgen könnte. Als Beispiel dafür kann eine Beschreibung vom Standpunkt der Fürstin Mar'ja gelten, die – im selben Satz – in eine solche aus der Sicht des kleinen Fürsten Nikolaj Bolkonskij übergeht, um schließlich erneut in eine Darstellung aus der Perspektive der Fürstin zurückzukehren: »Wie oft hatte sie sich nicht gesagt, daß sie sich nicht aufregen sollte, wenn sie den *Neffen* unterrichtete, eigentlich jedesmal, wenn sie sich mit dem Zeigestab vor die französische Fibel setzte, versuchte sie ihr Wissen möglichst rasch, möglichst angenehm aus sich in das Kind hineinzugießen, das sich bereits wieder ängstigte, die *Tante* könnte jeden Augenblick in Zorn geraten, denn bei der geringsten Unaufmerksamkeit des *Jungen* fing sie zu zittern an, sie verhaspelte sich, geriet in Eifer, die Stimme überschlug sich, und manchmal ergriff sie ihn auch bei der Hand und stellte ihn in eine Ecke.« (X/301) Hier liegt ganz offensichtlich zunächst ein Hinweis auf den Standpunkt der Fürstin, sodann auf den des jungen Fürsten und schließlich auf den abstrakten Standpunkt eines Autors bzw. Erzählers vor: es wird nicht so sehr auf bestimmte phraseologische Besonderheiten der betreffenden Figur angespielt als vielmehr auf ihre Bewußtseinslage. Trotzdem scheint es gerechtfertigt, auch diese Fälle der phraseologischen Ebene zuzuordnen, da man sie als das Resultat eines angenommenen inneren Monologs (namens der Figur) deuten kann, der sodann auf die Ebene der Autorenrede transponiert wurde.

Die eindeutigeren Fälle: der Einfluß des Autors auf die direkte Rede der handelnden Personen

Eine noch deutlichere Beeinflussung des Figuren-Worts durch das Wort des Autors findet dann statt, wenn der Autor *stellvertretend für seinen Helden spricht*. Vološinov hat dieses Phänomen als *stellvertretende direkte Rede* definiert. Zur Illustration führt er folgenden Abschnitt aus Puškins *Gefangenem im Kaukasus* an[49]:

> Sklonjas' na kop'ja, kazaki
> gljadjat na temnyj beg reki –
> i mimo ich, vo mgle černeja,
> plyvet oružie zlodeja . . .
> O čem ty dumaeš' kazak?

Vospominaeš' prežni bitvy . . .
. . . *Prostite, vol'nye stanicy,*
i dom otcov, i tichoj Don,
vojna i krasnye devicy!
K bregam pričalil tajnyj vrag,
strela vychodit iz kolčana –
Vzvilas' – i padaet kazak
s okrovavlennogo kurgana.
[Gestützt auf ihre Speere verfolgen
den schwarzen Flußlauf die Kosaken –
im Nebel dunkel schimmernd schwimmt
vorbei des Missetäters Waffe . . .
Woran, Kosake, denkst Du jetzt?
Erinnerst Du Dich früherer Gefechte . . .
. . . *Lebt wohl, ihr freien Dörfer,*
Haus der Väter, stiller Don,
Krieg, ihr schönen Jungfraun alle!
Der Feind legt heimlich an ans Ufer,
den Pfeil entnimmt er seinem Köcher –
der Pfeil schwirrt hoch – und nieder fällt
vom blutbefleckten Hügel der Kosake.]

In seiner Analyse bemerkt Vološinov: hier »tritt der Autor
vor seinen Helden und spricht an dessen Statt, was dieser hätte
sagen können oder müssen, und was der Situation genau entspricht. Puškin verabschiedet sich anstelle des Kosaken von dessen Heimat (was der Kosake selber natürlich nicht mehr tun
konnte)«.[50]

Schon aus diesem Beispiel wird klar, daß die Autorenbearbei-
tung des fremden Wortes nicht nur im Autorentext erfolgen
kann, sondern auch *in der direkten Rede der handelnden Personen.* Zum Beispiel fließen in die *Vita des Protopopen Avvakum,*
die, wie Vinogradov nachgewiesen hat[51], in hohem Maße auf
dem Parallelismus mit biblischen Motiven aufgebaut ist, die
Bibeltexte häufig unmerklich in die Rede der handelnden Figuren mit ein.[52] In Bibelzitaten redet nicht allein Avvakum
selber, was durch seine geistliche Ausbildung erklärbar wäre,
sondern auch die übrigen am Geschehen beteiligten Personen.
So legt Avvakum dem Kosakenataman Paškov, seinem ärgsten
Widersacher, die Judasworte (»Verflucht bin ich, denn ich habe
gesündigt und unschuldiges Blut vergossen«; *Mt* XXVII, 4)

in den Mund, und dem reumütigen Evfimij Stefanovič und dem Mönch Nikodim einen Spruch des verlorenen Sohnes usw.[53] Es ergreift also der Autor Avvakum an Stelle seiner Helden das Wort, allerdings nicht mehr im Kontext der Autoren-Erzählung (wie im vorhergehenden Beispiel), sondern unmittelbar in der direkten Rede der Handlungsfiguren.[54]

In anderen Fällen wiederum tritt eine derartige Bearbeitung der direkten Rede durch den Autor nicht so auffällig hervor, obgleich sie deutlich bestimmbar bleibt; die graduelle Veränderung der Autoren-Einwirkung auf das fremde Wort (wie hier auf die direkte Rede der handelnden Personen) bezeugt hier ganz augenscheinlich einen bestimmten Wechsel der Autorenposition, d. h. der Erzählperspektive.

Einige Fragen der Wiedergabe direkter Rede durch den Autor in Krieg und Frieden *im Zusammenhang mit dem Standpunktproblem. Die französische Sprache in* Krieg und Frieden *und Denisovs knarrende Aussprache des »r«*

Oben haben wir uns bereits ausführlich mit der Möglichkeit der Bearbeitung der direkten Rede handelnder Personen durch den Autor befaßt; es ging dort vorwiegend um Probleme der Wiedergabe direkter Rede in *Krieg und Frieden*. Es stellte sich heraus, daß Tolstoj zu der von ihm wiedergegebenen Rede, die sich auf ein und dieselbe Person beziehen konnte, jeweils recht unterschiedliche Positionen einnahm. In einer Reihe von Fällen ist die Position des Autors von *Krieg und Frieden* die eines *objektiven Beobachters,* der zuhört, was andere, d. h. die handelnden Figuren, sprechen, und dessen Aufgabe darin besteht, mit maximaler Exaktheit das Gehörte gleichsam protokollarisch zu fixieren. Daher rührt Tolstojs beinahe skrupelhafte Pedanterie bei der Wiedergabe phonetischer Eigenarten in der Rede der auftretenden Figuren (man denke an Denisovs knarrende Aussprache des »r«, an die Ungenauigkeiten, durch die sich das Russisch des Matrosen bei der Versammlung im Slobockij-Palais[55] auszeichnet, sowie an zahlreiche andere Beispiele)[56] und überhaupt das auffallende *Interesse des Autors an der Aussprache;* daraus läßt sich nicht zuletzt die wortgetreue Wiedergabe des Französischen in der Figurenrede innerhalb dieses Romans erklären.

Dies ist allerdings erst die eine der möglichen Einstellungen des Autors; in einem weiteren, völlig anderen Fall ließe sich seine Position gegenüber der Rede der handelnden Personen noch am ehesten mit der eines *Redakteurs* vergleichen, der das Wahrgenommene durch seinen Filter laufen läßt und die direkte Rede der Personen auf ganz bestimmte Weise entsprechend *bearbeitet*.[57] Sobald man nämlich den Gebrauch des Französischen in der direkten Rede der Handlungsfiguren von *Krieg und Frieden* näher betrachtet, zeigt sich, daß das Französisch oder Russisch in der Personenrede durchaus nicht immer dadurch bedingt ist, in welcher Sprache eine bestimmte Figur zu einem gegebenen Augenblick (in der Vorstellung des Autors) *tatsächlich* spricht, sondern daß damit auch rein funktionale, mit dem Problem des Autorenstandpunktes unmittelbar zusammenhängende Aufgaben verbunden sein können. In der Tat wird das französisch Gesprochene, also ein in der Annahme des Autors real in französisch geführtes Gespräch, häufig auf russisch (in direkter Übersetzung oder als Paraphrase) wiedergegeben, während es in anderen Fällen unmittelbar so, wie es original vorgetragen wurde, mitgeteilt wird. Diese Autoren-Bearbeitung der direkten Rede tritt in *Krieg und Frieden* paradoxerweise gleichzeitig mit der Tendenz zur äußerst exakten Fixierung der Figurenrede auf, wie sie sich bei Tolstoj an anderen Stellen dokumentiert. Es parlieren die Franzosen in *Krieg und Frieden* tatsächlich von Zeit zu Zeit russisch oder in einem Gemisch aus Russisch und Französisch, genauso wie im Roman auch die russische Aristokratie zu sprechen pflegt. In russisch wendet sich beispielsweise Napoleon an den verwundeten Fürsten Andrej, an den gefangenen Offiziersburschen Lavruška, russisch spricht er auch mit dem General Balašev und sogar mit französischen Generälen. Charakteristisch ist, daß Napoleon oft zuerst auf französisch beginnt, um später russisch fortzufahren oder französische und russische Wörter zu vermischen.

Mitunter gibt es sogar Dialoge, in denen Napoleons Adjutant französisch spricht, Napoleon jedoch russisch antwortet, oder umgekehrt:

» – Sire, le Prince ... – begann der Adjutant, – bittet um Verstärkung? – stieß Napoleon mit einer zornigen Geste hervor.« (XI/243)

Oder:

»– Unser Feuer mäht sie reihenweise nieder, aber sie stehen, sagte der Adjutant. – Ils en veulent encore! . . . – sagte Napoleon darauf mit heiserer Stimme.« (XI/259)

Aus dem Zusammenhang gelöst, ließen sich solche Stellen nur so verstehen, als sprächen Napoleon und sein Adjutant wie Bilinguisten miteinander. Genauso – also bald französisch, bald russisch – reden die übrigen Franzosen in dem Roman: Vicomte Mortemart, dem wir beim Empfang bei Anna Pavlovna Šerer begegnen, Murat (XI/19), Davoust (XI/21) u. v. a. Andererseits kann eine französisch geführte Unterhaltung russischer Adeliger vom Autor nicht französisch, sondern nur russisch wiedergegeben werden, wobei Tolstoj sogar extra hervorhebt, daß sie *in Wirklichkeit auf französisch* stattgefunden hat, zum Beispiel: »– Otčego, ja často dumaju, – zagovorila ona (malen'kaja knjaginja. – B. U.), *kak vsegda, po-francuzski* . . .« (IX/31) [– Wieso, ich denke oft daran, – begann sie (die kleine Fürstin. – B. U.), *wie immer auf französisch* . . .] Das weitere Gespräch der Fürstin wird auf russisch geführt. »– Vot, po krajnej mere, my vami teper' vpolne vospol'zuemsja, milyj knjaz', – govorila malen'kaja knjaginja, *razumeetsja po-francuzski,* – knjazju Vasil'ju . . .« (IX/272) [– Wenigstens jetzt bedienen wir uns Ihrer völlig, lieber Fürst, – sagte die kleine Fürstin, *natürlich auf französisch,* zu Fürst Vasilij . . .]

Oder:

». . . knjaz' Dolgorukov . . . *po-francuzski* obratilsja k knjazju Andreju.

– Nu, moj milyj, kakoe my vyderžali sraženie!« (IX/306) [. . . Fürst Dolgorukov . . . wandte sich *auf französisch* an Fürst Andrej.

– Nun, mein Lieber, was haben wir für ein Gefecht geliefert!] Auch hier wird das weitere Gespräch von Dolgorukov in russisch wiedergegeben. »– Gde vy – tam razvrat, zlo, – skazal P'er žene. – Anatol', pojdemte, mne nado pogovorit' s vami, – skazal on *po-francuzski.*« (X/366) [– Wo Sie sind, dort ist das Laster, das Böse, – sagte Pierre zu seiner Frau. – Anatol', kommen Sie, ich habe mit Ihnen etwas zu besprechen, – fuhr er *auf französisch* fort.] Und an derselben Stelle: »– Vy obeščali grafine Rostovoj ženit'sja na nej i choteli uvezti ee?

– Moj milyj, – otvečal Anatol' *po-francuzski (kak i šel ves' razgovor),* ja ne sčitaju sebja objazannym otvečat' na doprosy, delaemy v takom tone.

– Ja očen', očen' blagodarna vam, – skazala emu knjažnja (Mar'ja – B. U.) *po-francuzski*.« (XI/161) [– Sie haben also der Gräfin Rostova die Ehe versprochen und wollen sie uns entführen?

– Mein Lieber, – entgegnete Anatol' *auf französisch (wie übrigens die gesamte Unterhaltung verlief)*, ich fühle mich nicht verpflichtet zu antworten, wenn Sie mich in einem solchen Ton verhören.

– Ich bin Ihnen sehr, sehr dankbar, – entgegnete ihm die Fürstin (Mar'ja – B. U.) *auf französisch*.]

Doch an anderen Stellen des Romans werden die französischen Gespräche derselben Personen, also Pierres, Anatol's, der Fürstin Mar'ja, der kleinen Fürstin oder des Fürsten Dolgorukov, direkt in französischer Sprache geführt. Darüber hinaus lenkt Tolstoj, wenn er ein französisches Gespräch mit Hilfe des Russischen wiedergibt, die Aufmerksamkeit des Lesers auf Besonderheiten der Aussprache einzelner französischer Wörter – wobei diese allerdings auf russisch wiedergegeben werden:

»– Vy verite vsemu, čto vam skažut. Vam skazali . . . – Ělen zasmejalas', čto Dolochov moj ljubovnik, – *skazala ona po-francuzski, s svoeju gruboju točnost'ju reči, vygovarivaja slovo ›ljubovnik‹*.« (X/31) [– Sie glauben alles, was man Ihnen erzählt. Man hat Ihnen gesagt . . . – Hélène begann zu lächeln – Dolochov sei mein Liebhaber, – *sagte sie auf französisch, wobei sie das Wort ›Liebhaber‹ mit der ihr eigenen derben Exaktheit aussprach*.][58]

»– Ešče, možet, *dotjanetsja* do zavtrašnego utra? – sprosil nemec, *durno vygovarivaja po-francuzski*.« (IX/86) [*Zieht* es sich vielleicht bis zum nächsten Morgen? – fragte der Deutsche *mit schlechter französischer Aussprache*.] Das schlechte Französisch des deutschen Doktor ist mit den Mitteln der russischen Sprache wiedergegeben (man vergleiche den falschen Gebrauch des Wortes »dotjanetsja«).[59] Das heißt, bei der Übertragung der französischen Phrase ins Russische wird die ungenügende Beherrschung des Französischen durch eine unrichtige russische Wendung ausgedrückt (als Invariante bleibt lediglich die Unrichtigkeit als solche erhalten).

Man vergleiche auch folgendes Gespräch Napoleons mit Lavruška:

»Napoleon velel emu echat' rjadom s soboj i načal sprašivat':
– *Vy kazak?* – Kazak-s, vaše blagorodie.« (XI/133) [Napoleon winkte ihn zu sich heran und begann zu fragen: – *Ihr seid
ein Kosake?* – Ja, ein Kosake, Eure Majestät.] Napoleon
spricht nur scheinbar dieselbe Sprache wie Lavruška, denn das
von ihm verwendete Personalpronomen »Vy« ist ungemein
aufschlußreich: es ist die genaue Entsprechung zum französischen »Vous« (ein russischer Offizier hätte in dieser Situation
»ty« [Du] gebraucht).[59a] Ein weiteres Beispiel dieser Art:

»– Vy negodjaj i merzavec, i ne znaju, čtó menja vozderživaet ot udovol'stvija razmožžit' vam golovu vot ètim, – govoril P'er, – *vyražajas' tak iskusstvenno potomu, čto on govoril po-francuzski.*« (X/366) [– Sie sind ein Lump und ein
Schurke, und ich weiß nicht, was mich eigentlich von dem Vergnügen zurückhält, Ihnen mit dem da den Kopf zu zerschmettern, sagte Pierre, *wobei er sich deswegen so gekünstelt ausdrückte, weil er französisch sprach.*]

Wie im vorhergehenden Beispiel wird auch hier die französiche Rede einer Figur mit russischen Worten wiedergegeben;
gleichzeitig jedoch stellt der russische Text eine gekünstelte
wörtliche Übertragung aus dem Französischen dar, wodurch
gewisse formale Charakteristika des ursprünglichen französischen Textes erhalten bleiben.[59b]

So kann also ein in Wirklichkeit französisch geführtes Gespräch in *Krieg und Frieden* entweder direkt in französisch
oder in russischer Übersetzung oder aber in einer Mischung aus
Russisch und Französisch dargeboten werden. Infolgedessen
darf angenommen werden, daß jene außerordentlich zahlreichen Stellen in *Krieg und Frieden,* wo das Französische mit
dem Russischen durchsetzt ist, nicht unbedingt durch die Tendenz zur authentischen Wiedergabe in der Vorstellung des Autors motiviert, sondern ein Resultat spezieller kompositionstechnischer Aufgaben sind. Daraus läßt sich folgern, daß an
jenen Stellen, wo eine direkte Rede im Roman auf russisch
(oder als gemischtes russisch-französisches Gespräch) wiedergegeben wird und dabei nicht durch eine spezielle Bemerkung des
Autors über die sprachliche Form gekennzeichnet ist, der Leser
grundsätzlich nicht entscheiden kann, in welcher Sprache der
entsprechende Satz in der [fiktionalen] Wirklichkeit vorgetragen wurde. Wo dagegen unmittelbar der französische Text an-

geführt wird, weiß der Leser in jedem Fall, daß dieser Text tatsächlich französisch gesprochen wurde. Somit könnte man sagen, daß in *Krieg und Frieden* die Opposition ›französische und russische Sprache‹ neutralisiert werden kann, wobei das Französische als das markierte Glied der Opposition auftritt.

Aufschlußreich in diesem Zusammenhang ist ein Selbstzeugnis Tolstojs, der (in der Notiz *Einige Worte aus Anlaß von ›Krieg und Frieden‹*) geschrieben hat: »... Weshalb sprechen bei mir nicht nur Russen, sondern auch Franzosen teils russisch, teils französisch? Der Vorwurf, daß in einem russischen Buch Personen französisch sprechen und schreiben, liegt auf der gleichen Ebene, wie wenn jemand bei der Betrachtung eines Bildes auf ihm schwarze Flecken (Schattierungen) entdeckt, die es in der Wirklichkeit nicht gibt. Den Mohr trifft keine Schuld, wenn jemandem die Schattierung, die er auf einem Bilde dem Gesicht gegeben hat, wie ein schwarzer Fleck erscheint; beschuldigen könnte man ihn nur, sofern diese Schatten unzutreffend und grob wären ... Ohne leugnen zu wollen, daß die von mir aufgetragenen Schattierungen vielleicht unzutreffend und übertrieben sind, möchte ich doch, daß diejenigen, denen es sehr lächerlich vorkommt, daß Napoleon bald russisch, bald französisch spricht, wissen, daß es ihnen nur deswegen so vorkommt, weil sie, genau wie der Betrachter eines Gemäldes, nicht ein Gesicht mit Lichtern und Schatten sehen, sondern einen dunklen Fleck unter der Nase.« (XVI/7-9) Das heißt: der Autor von *Krieg und Frieden* gebraucht die französische Sprache nicht so sehr zur Herstellung einer Wechselbeziehung zwischen einer realen Wirklichkeit und der im Werk beschriebenen, sondern als *technisches* Darstellungs-*Verfahren*.[60] Tolstoj benutzt das Französische in erster Linie als Instrument zur Wiedergabe des individuellen Stils eines Sprechers (neben anderen Mitteln zur Redecharakteristik, wie z. B. Lieblingswörter usw.), das heißt als Schlüssel zu der für einen bestimmten Sprecher charakteristischen Redeweise. Im weiteren Verlauf jedoch, nachdem sich der Leser einen allgemeinen Eindruck von der Sprechweise bilden konnte, erübrigt sich für den Autor eine solche pedantische Reproduktion des Gesprächs.

Eine Bemerkung muß noch zu Denisovs knarrender Aussprache des »r« gemacht werden. Denisovs knarrende Aussprache des »r« wurde von Tolstoj, wenn auch nicht immer konsequent, in der ersten und zweiten Ausgabe von *Krieg und Frieden* reproduziert, aber in der dritten Ausgabe vom Jahre 1873 weggelassen, also gerade in der Auflage, in der die Passagen in französischer Sprache durch russische ersetzt wurden. Dies ist kein Zufall: vermutlich erfüllt Denisovs Artikulation des »r« im allgemeinen eine ähnliche Funktion wie die französische Sprechweise der Handlungsfiguren. Und aus diesem Grunde erfolgt die Wiedergabe dieser Artikulation des »r« nicht ganz konsequent, sie ist nicht minder inkonsequent wie die Wiedergabe französischer Gespräche. Denn ebenso wie dort erscheint es dem Autor in diesem Fall weniger wichtig, die phonetischen Besonderheiten sämtlicher von Denisov gesprochenen Sätze mit authentischer Präzision zu reproduzieren, als vielmehr dem Leser einen allgemeinen Eindruck von dessen Art, sich auszudrücken, zu vermitteln und ihn von Zeit zu Zeit wieder daran zu erinnern.[61]

»Innen-« und »Außen-«Standort des Autors auf der Ebene der Phraseologie

Es lassen sich also bei der Wiedergabe des Französischen, der Artikulation des »r« von Denisov und generell aller möglichen Irregularitäten der Figurenrede im Prinzip zwei Autorenpositionen unterscheiden. Die naturalistische Reproduktion einer fremdsprachigen oder ungeordneten Rede unterstreicht die Distanz zwischen dem Standort der sprechenden Handlungsfigur und dem des sie beschreibenden Beobachters, von dessen Position aus in dem Augenblick gerade erzählt wird; mit anderen Worten, es wird ausdrücklich die Inkongruenz und die Isoliertheit dieser beiden Standorte betont, mitunter sogar eine gewisse »Exzentrizität« der Sprecherposition aus der Sicht des beschreibenden Autors.

Sehr aufschlußreich ist in dieser Hinsicht ein Vergleich der Übertragungsweisen französischer Rede bei Tolstoj und in der Prosa Puškins. Tomaševskij bemerkt dazu: »Puškin, der sich in seinem persönlichen Leben ungleich häufiger (als Tolstoj – B. U.) dazu gezwungen sah, sich in mündlicher und schriftlicher Rede des Französischen zu bedienen, tendiert überhaupt nicht zur Wiedergabe fremdsprachiger Rede der Handlungsfiguren.«[62] Abgesehen von den unterschiedlichen stilistischen Verfahren beider Autoren läßt sich dies ohne Zweifel auch daraus erklären, daß zu Puškins Zeiten der Gebrauch des Französischen nicht markiert, also derart alltäglich war, daß es keiner besonderen Hervorhebung bedurfte, während Tolstoj zwar dieselbe Epoche wie Puškin, jedoch *von anderen Standorten* aus darstellte: aus der Sicht einer späteren Zeit, als der Gebrauch des Französischen bereits bis zu einem gewissen Grade merkmalhaltig war.[63]

Auffallenderweise werden indes auch in Fällen, in denen es Puškin nötig schien – beispielsweise zur bewußten Kontrastierung des französischen und russischen Sprachgebrauchs der Handlungsfiguren – auch von ihm französische Sätze dokumentarisch reproduziert (zur Illustration sei auf den Dialog Deforge-Dubrovskijs mit dem Gutsbesitzer Spicyn im X. Kapital von *Dubrovskij* hingewiesen, worin ersterer französisch, letzterer russisch spricht); offensichtlich ist hier die französische Rede markiert. Somit könnte man sagen, daß immer dann, wenn der Autor fremdsprachige oder unkorrekte Redeweise naturalistisch reproduziert, er im Hinblick auf die beschriebene Figur bewußt einen *Außen-Standpunkt* bezieht, er also gleichsam einen Außenseiter-Eindruck (die Position eines abseitigen Beobachters) nutzt. Der Autor legt in Wirklichkeit den Nachdruck auf das, was ihm ins Auge *fällt;* Auffälligkeiten solcher Art ergeben sich jedoch nur für einen distanzierten Beobachter, während ein hinreichend nahestehender und informierter Mensch derlei Besonderheiten überhaupt nicht wahrnimmt. Der Autor gibt hier also nur äußere [und äußerliche] Eigentümlichkeiten wieder.

Dort jedoch, wo sich ein Schriftsteller nicht auf äußere Merkmale einer Rede, sondern auf das ihr Wesentliche konzentriert, sozusagen nicht auf das »Wie«, sondern auf das »Was« – wobei er die erwähnten spezifischen Erscheinungen auf die Ebene einer neutralen Phraseologie verlagert –, nähert sich auch der phraseologische Standort des Beschreibenden dem der beschriebenen (sprechenden) Figur. (Einen extremen Fall einer solchen Konzentration auf das Wesentliche und nicht auf die Form bildet der innere Monolog – die Rede des Helden schließt sich eng an die Autorenrede an; wie bereits gesagt, ist für den inneren Monolog daher der Verzicht auf das Spezifische des Ausdrucks charakteristisch.) Dementsprechend läßt sich im Gegensatz zum oben beschriebenen *Außen*-Standpunkt hier von einem *Innen*-Standpunkt reden.

Es ist klar, daß sich die Annäherung der phraseologischen Positionen des Beschreibenden (des Autors oder des Erzählers) und des Beschriebenen (der Handlungsfigur) um so überzeugender nachweisen läßt, je geringer beide Male die phraseologischen Differenzen sind. Als polare Gegensätze erweisen sich hier einerseits die Wiedergabe spezifischer Merkmale der Personenrede (maximale Differenz) und andererseits der innere Monolog (minimale Differenz).

Die naturalistische Reproduktion äußerlicher Redemerkmale wird nicht selten [zunächst] dazu benutzt, um dem Leser eine allgemeine Vorstellung von der für die beschriebene Person typischen Sprechweise zu vermitteln, worauf dann im weiteren aber kein besonderer Wert mehr gelegt wird; dies gilt beispielsweise für die Beschreibung des deutschen Generals von Orenburg in der *Hauptmannstochter*.[64] Um ihn zu charakterisieren, wird auf seinen [auffälligen] deutschen Akzent hingewiesen, der in seiner direkten Rede deutlich vernehmbar wird und sich in der stimmlosen Aussprache [stimmhafter] Konsonanten, insbesondere im Anlaut, äußert: »*Po*že moj – skazal on. – *T*avno li, kažetsja, Andrej Petrovič byl ešče tvoich let, a teper' vot uš kakoj u nego mo*lo*tec! Ach, *f*remja, *f*remja!« [statt »Bože ... davno ... molodec ... vremja.«] Später jedoch hört der Autor mit dieser Ausspracheimitation auf und gibt die Rede des Generals in normalem Russisch wieder. Der Leser ist damit gleichsam in die dargestellte [Sprech-]Handlung eingetreten; er nimmt sie nicht länger von außen, sondern von innen wahr: er hört auf, den Akzent des Generals wahrzunehmen. (In ähnlicher Weise werden wir auf die unkorrekte Aussprache von Liquiden [im Russischen] bei einem uns fremden Menschen aufmerksam; während wir diese Besonderheit in dem Moment vergessen, wo wir uns näher kennenlernen.)

Hier wird also zunächst ein in Hinsicht auf den Sprecher *äußerer* Standort bezogen, d. h. gleichsam der Eindruck vermittelt, als gäbe es eine Distanz zwischen einem Beobachter und dem Gespräch einer bestimmten Person, der später – entweder zeitweise oder für immer – durch einen *inneren* Standort ersetzt werden kann: der Leser hat gleichsam die Sprechweise kennengelernt und kann es sich jetzt erlauben, von den äußerlichen Ausdrucksmitteln Abstand zu nehmen, um sich auf das Wesentliche der Mitteilung zu konzentrieren.[65]

Wurden bisher nur Beispiele zitiert, wo der Autor zur Wiedergabe der direkten Rede einer Handlungsfigur entweder die »Außen-« oder die »Innen-«Position bezieht, so sind natürlich auch Übergänge vom einen zum anderen Standpunkt im Fortgang des Erzählens möglich. Es ist jedoch zu beachten, daß sich diese Standorte in einem Text auch synthetisch kombinieren lassen, so daß sie in der Rede der dargestellten Person fast gleichzeitig zum Ausdruck kommen; dies kann zur Folge haben, daß der Standort des Darstellenden (des Autors) nahezu jede Bestimmtheit verliert: entweder er spaltet sich oder er wird sogar irreal.

Als Illustration dieses Sachverhalts kann wieder ein französisch geführtes Gespräch in *Krieg und Frieden* dienen. Dabei ist charakteristisch, daß in der Wiedergabe eines französisch geführten Gesprächs durch russische Darstellungsmittel trotzdem einige französische Worte gegeben werden, zum Beispiel bei Napoleon: »Pravda li, čto Moscou nazyvajut Moscou la sainte? Skol'ko cerkvej v Moscou?« (XI/30) [Trifft es zu, daß man Moscou auch Moscou la sainte nennt? Wie viele Kirchen gibt es in Moscou?] Hier wird mit einem einzigen Wort auf Napoleons Bewußtsein angespielt: Für ihn ist Moskau einfach »Moscou«, und Tolstoj hält es für nötig, auf die tatsächliche Aussprache dieses Wortes hinzuweisen, auch wenn er alle übrigen Worte dieses Textes von einem anderen Standort aus wiedergibt.[66]

Die Erzeugung solcher Sätze läßt sich interpretieren als Resultat einer Synthese (d. h. einer nicht mehr auflösbaren Verbindung) aus einem in Wirklichkeit französisch gesprochenen Satz und seiner russischen Übersetzung. In anderen Fällen werden der tatsächlich gesprochene Satz und seine Übersetzung nicht synthetisch in einem Text miteinander verwoben, sondern aneinander gereiht. So fühlt sich Tolstoj bei der Wiedergabe eines Gesprächs von Franzosen in russischer Sprache bisweilen veranlaßt, russische Worte unmittelbar im Text durch ihre französischen Entsprechungen zu *doublieren*. Einige Beispiele (aus Gesprächen Napoleons):

»– Podnjat' ètogo molodogo čeloveka, ce jeune homme, i snesti na perevjazočnyj punkt!« (IX/357) [– Man sollte diesen jungen Menschen, ce jeune homme, aufheben und zum Verbandsplatz bringen.]

»– Et vous, jeune homme? Nu a vy, molodoj čelovek?« (IX/358) [– Et vous, jeune homme? Und Sie, junger Mann?]

»–... daju vam čestnoe slovo... daju vam ma parole d'honneur« (XI/27) [– ... ich gebe Ihnen mein Ehrenwort... ich gebe Ihnen ma parole d'honneur.]

Aus einem Gespräch Alexanders I.:

»– Kakaja užasnaja vešč' vojna, kakaja užasnaja vešč'! Quelle terrible chose que la guerre!« (IX/312) [– Was ist der Krieg für eine schreckliche Sache, für eine schreckliche Sache! Quelle terrible chose que la guerre!]

Aus einem Gespräch des Freimaurers Graf Villarskij:

»– Ešče odin vopros, graf... na kotoryj ja vas ne kak buduščego masona, no kak čestnogo čeloveka (galant homme) prošu so vseju iskrennost'ju otvečat' me.« (X/73) [– Noch eine Frage, Graf... die ich Sie nicht als künftigen Freimaurer, sondern als ehrlichen Menschen (galant homme) mit aller Offenheit zu beantworten bitte.][67]

Der Autor kombiniert hier jeweils auf eine ganz bestimmte Weise eine real ausgesprochene Phrase mit deren Übersetzung. Dadurch tritt er gleichsam als Übersetzer auf, der es trotz der Übersetzung noch für notwendig erachtet, auf den Originaltext hinzuweisen, als ob der Autor dem Leser helfen möchte, indem er ihn von Zeit zu Zeit auf die *tatsächlichen* Bedingungen bei der Aussprache einer Phrase aufmerksam macht.

Solche aus der Kombination mehrerer Autoren-Standorte sich ergebenden Phrasen kommen natürlich im normalen Gespräch nicht vor, sie erheben auch nicht den Anspruch, eindeutig mit den realen Verhältnissen in Beziehung gebracht zu werden. Der Sinn dieses Verfahrens liegt vielmehr in der Anspielung auf die allgemeinen Satzartikulationsbedingungen oder aber auf das individuelle Sprecherbewußtsein.

Übertragungsweisen dieser Art – zum Zweck der Anspielung auf bestimmte individuelle Wahrnehmungsformen – finden sich in *Krieg und Frieden* jedoch nicht nur bei der Wiedergabe direkter Rede, sondern auch unmittelbar im Autorentext: »Als er auf der gegenüberliegenden Seite die Kosaken (les Cosaques) und die sich unendlich weit hinziehenden Steppen (les Steppes) erblickte, in deren Mitte Moscou la ville sainte lag, die Hauptstadt dieses Reiches, das dem Skythenreich glich, wohin einst Alexander der Große gezogen war, – da gab Napoleon für alle unerwartet ... den Befehl zum Angriff ...« (XI/8) Hier wird eindeutig mit den in den russischen Text eingebetteten französischen Wörtern, die Elemente des fremden Worts, der inneren Rede innerhalb des Autorentextes, darstellen, auf Napoleons Bewußtsein angespielt, wobei der Autor jeweils unmittelbar nach dem russischen Wort (»stepi« [»die Steppen«]) dessen französische Übersetzung (les Steppes) anfügt, um die reale Wahrnehmungsform Napoleons anzuzeigen.[68] Wir haben hier also den Fall der *Übertragung* des Autorentextes in die individuelle Sprache der Figur.

Auch das Gegenstück dazu kommt vor, wenn der Autor unter Verwendung von Elementen des fremden Worts aus der Sprache der individuellen in die Sprache der objektiven Darstellung übersetzt. »Man einigte sich, Il'ja Andreevič solle nicht fahren, falls aber Luiza Ivanovna (m-me Schoss) führe ...« (XI/281) »Seine Majestät in festlicher Uniform, in weißen Wildlederhosen und hohen Kanonenstiefeln, mit einem Stern, den Rostov noch nicht kannte (es war die légion d'honneur).« (X/147) Beide Male wird die individuelle Wahrnehmung auf die Ebene der Autorenrede transponiert. Besonders instruktiv ist in diesem Zusammenhang die Beschreibung einer Jagd in Otradnoe, die sozusagen gleichzeitig von zwei Standpunkten aus erfolgt: aus der Sicht eines Jägers (einem in Hinblick auf das dargestellte Geschehen *inneren* Standort, der mit dem der Jagdteilnehmer identisch ist) und aus einer gewöhnlichen oder neutralen Sicht (einem im Hinblick auf das dargestellte Geschehen *äußeren* Standort, der dem eines abseits stehenden Zuschauers entspricht). Die Schilderung hält sich an die Fachsprache der Jäger, doch wird die Terminologie jedesmal [sofort] in eine neutrale Sprache *übertragen*, genauso wie in *Krieg und Frieden* die französischen Ausdrücke ins Russische übersetzt werden können. »Rusak uže do poloviny *zatersja (perelinjal).*« (X/244) [Der Grauhase hatte sich schon zur Hälfte *verfärbt* (die *Farbe verloren*).] »... borzaja sobaka ... stremitel'no brosilas' k kryl'cu i, podnjav *pravílo (chvost),* stala teret'sja o nogi Nikolaja.« (X/245) [... der Windhund ...

stürzte auf die Freitreppe zu und begann, indem er seine *Rute (Schwanz)* hob, sich an Nikolajs Bein zu reiben.] »Volk . . . prygnul raz, drugoj i, motnuv *polenom (chvostom)*, skrylsja v opušku . . . vsja staja poneslas' po polju, po tomu samomu mestu, gde *prolez (probežal)* volk.« (X/251) [Der Wolf . . . machte noch ein paar Sätze und verschwand, indem er mit der *Rute (Schweif)* wedelte, im Wald . . . die ganze Meute rannte über das Feld hin, an die Stelle, wo der Wolf sich *eingeschlichen (hineingelaufen)* hatte]. »On znal, čto v ostrove byli *pribylye (molodye) i materye (starye)* volki.« (X/252) [Er wußte, auf der Insel gab es *Welpen* und *Alttiere (junge* und *alte* Wölfe).] ». . . volk pokosilsja na Karaja, ešče dal'še sprjatav *poleno (chvost)* meždu nog i nadal skoku.« (X/254) [. . . der Wolf schielte nach Karaj, zog seine *Rute (Schwanz)* noch mehr zwischen die Beine und machte plötzlich einen Satz.] ». . . vot krugami stala viljat' lisica meždu nimi, vse čašče i čašče delaja ėti krugi i obvodja vokrug sebja pušistoju *truboj (chvostom)*.« (X/256) [. . . Der Fuchs begann zwischen ihnen zu kreisen, er lief immer schneller, wobei er mit der *Lunte (Schwanz)* um sich schlug.] ». . . (Nikolaj. – B. U.) skazal čto on daet rubl' tomu, kto *podózrit, to est' najdet ležačego zajca*.« (X/259) [. . . (Nikolaj) versprach dem einen Rubel, der einen liegenden Hasen *aufspürte (fände)*.]

Die Jagdterminologie kommt hier ihrer Funktion nach den französischen Worten sehr nahe: beide Male handelt es sich um einen Wechsel der Autorenposition, der sich auf das Nacheinander von »Innen« und »Außen-«Standpunkt zurückführen läßt.

III Der »Standpunkt« auf der Ebene
der Raum-Zeit-Charakteristik

In bestimmten Fällen kann der Standpunkt des Erzählers mit
mehr oder minder großer Exaktheit im Raum oder in der Zeit
fixiert werden, das heißt: der Leser kann den durch die Raum-
Zeit-Koordinaten festgelegten Ort erraten, von dem aus das
Erzählen erfolgt. In einem noch zu erläuternden Sonderfall
kann der Standort des Erzählers zusammenfallen mit dem
einer konkreten Figur innerhalb eines Werkes, so daß der
Autor gleichsam eine Reportage gibt von der Stelle aus, an der
sich diese Person befindet. In einer anderen Terminologie
könnte man in diesem Zusammenhang auch von der Raum-
oder Zeit-*Perspektive* im Aufbau der Erzählung sprechen, wobei die Analogie zur perspektivischen [Bild-]Konstruktion
freilich mehr als eine bloße Metapher ist.
  Unter Perspektive im weitesten Sinne läßt sich generell jedes
Darstellungssystem zur Wiedergabe eines drei- oder vierdi-
mensionalen Raumes im Rahmen der gestalterischen Verfahren einer bestimmten Kunstart verstehen; im Falle der klassischen oder linearen Perspektive gilt als Richtpunkt der Standort jener Person, welche die Beschreibung oder Darstellung
unmittelbar vornimmt. In der darstellenden Kunst geht es um
die Wiedergabe eines realen mehrdimensionalen Raumes auf
der zweidimensionalen Bildebene; der eigene Standort des
Künstlers bildet den Orientierungspunkt; in der Wortkunst
handelt es sich um die verbale Fixierung der Raum-Zeit-Rela-
tionen des beschriebenen Ereignisses zum beschreibenden Subjekt (Autor).
  Es sollen zunächst einige Beispiele für die Fixierung des
Autoren-Standpunktes im dreidimensionalen Raum untersucht
werden, sodann solche für seine Fixierung in der Zeit.

Der Raum. Gemeinsamer Standort für Erzähler
und Figur

Der Standort des Erzählers oder Beobachters kann, wie gesagt,
mit dem einer bestimmten Handlungsfigur im Werk identisch

sein oder nicht. Wenden wir uns zunächst dem ersten Fall zu. In der Tat läßt sich immer wieder feststellen, daß sich ein Erzähler auf demselben Punkt im Raum befindet wie eine bestimmte Figur – er »heftet sich« zeitweise oder für die gesamte Dauer des Erzählens gleichsam an ihre Fersen. Betritt diese Figur beispielsweise einen Raum, so wird dieser Raum beschrieben; tritt sie aus dem Haus auf die Straße, so wird die Straße beschrieben, usw. Bisweilen *verkörpert sich* der Autor völlig in dieser Person, d. h. er übernimmt im gegebenen Augenblick ihre Ideologie, ihre Phraseologie und Psychologie usw.; somit kommt der vom Autor bei der Beschreibung eingenommene Standpunkt auf allen Ebenen zum Ausdruck. In anderen Fällen wird der Autor dieser Figur zwar *folgen,* aber nicht ihre Gestalt annehmen; dementsprechend wird die Beschreibung durch den Autor nicht subjektiv, sondern ›überpersönlich‹ sein. Das heißt, daß der Standort des Autors mit dem einer bestimmten Figur auf der Ebene der räumlichen Charakteristik zusammenfällt, auf den Ebenen der Ideologie, der Phraseologie usw. jedoch abweicht. Sofern sich der Autor nicht in dieser Person verkörpert, sondern sich gleichsam zu deren Begleiter macht, kann er von ihr eine äußere Beschreibung geben, was nicht möglich wäre, wenn er sich gänzlich deren Wahrnehmungssystem zu eigen machte.[1]

Die Beispiele dafür, daß sich der Autor seinem Helden im Raum aufs engste zugesellt, sind überaus zahlreich. So heftet sich etwa der Autor (der Erzähler) in Dostoevskijs *Dämonen* über weite Strecken seines Erzählens an Stavrogin, obgleich er die Vorgänge und Ereignisse gerade nicht – oder, besser gesagt, nicht ausschließlich – von dessen Standpunkt aus beschreibt.[2] Auch in den *Brüdern Karamazov* wird der Erzähler über große Perioden zum unsichtbaren Begleiter Aljošas, Mitjas usw. Und nicht selten bildet gerade der Umstand, daß der Autor seinem Helden folgt, den *Anlaß,* ein bestimmtes Ereignis zu beschreiben (allerdings nicht unbedingt vom Standpunkt dieses Helden aus). So gerät der Leser im Gefolge Pierres (in *Krieg und Frieden*) mitten in die Schlacht von Borodino und wird so zum Augenzeugen (freilich wird der Leser von Pierre nur nach Borodino *geführt;* auf dem Schlachtfeld angekommen, bleibt er nicht länger mit ihm verbunden: er vermag sich von ihm zu lösen und einen anderen Standort im Raum zu wählen).

Mitunter läßt sich die Position des Erzählers nur annähernd bestimmen: er gesellt sich z. B. nicht einer einzelnen Figur, sondern einer ganzen Gruppe von Leuten zu; trotzdem kann der Leser seine Anwesenheit an einem ganz bestimmten Ort feststellen. Man prüfe unter diesem Aspekt zum Beispiel die Beschreibung einer Abendgesellschaft bei den Rostovs in *Krieg und Frieden*. Die Jugendlichen (Nataša, Sonja und Nikolaj) sitzen im Salon und tauschen Kindheitserinnerungen aus; die Beschreibung ist an keinen konkreten Standpunkt geknüpft: »– Ėduard Karlyč, spielen Sie doch bitte meine Lieblings-Nocturne des Messieur Field, – *sagte die Stimme* der alten Gräfin aus dem Gästezimmer.« (X/278) Dimmler erfüllt die Bitte der Gräfin; er spielt Harfe. »– Nataša! Jetzt bist Du an der Reihe. Sing mir ein Lied, – *hörte man die Stimme* der Gräfin sagen.« (X/279) Tolstoj hätte auch einfach schreiben können, daß die Gräfin die erwähnten Sätze aus dem Gästezimmer *hinüberrief;* dann wäre allerdings die räumliche Fixierung der Erzählerposition nicht eindeutig gewesen. Dennoch wäre eine solche Phrase durchaus möglich gewesen und hätte sich ohne weiteres in den Kontext gefügt; denn wenn Tolstoj wenig später schreibt: »Graf Il'ja Andreevič hörte aus seinem Arbeitszimmer, wo er sich mit Mitin'ka unterhielt, ihren (Natašas. – B. U.) Gesang« (X/280), dann geht er von einem räumlich konkret festgelegten Standort zu einem räumlich unbestimmten Standpunkt über; er gibt zu verstehen, daß er nicht nur weiß und sieht, was in einem Raum geschieht, sondern auch, was gleichzeitig im gesamten Haus oder an anderen Orten vor sich geht.

Andrerseits hätte der Autor schreiben können, Nataša, Sonja oder Nikolaj *hörten* die Stimme der Gräfin; er hätte also auf deren Wahrnehmung hindeuten können. Dies wäre freilich Ausdruck des »psychologischen« Standpunkts gewesen, dessen Gebrauch übrigens für Tolstoj bezeichnend ist.[3] Aufschlußreich ist, daß der Autor hier dieses Kunstmittel gerade nicht benutzt; statt dessen wählt er die Rolle eines Beobachters, der unsichtbar im Zimmer anwesend ist und lediglich beschreibt, was er sieht.

Wir haben bislang Beispiele betrachtet, bei denen der Standpunkt, von dem aus erzählt wird, mit dem Standort einer bestimmten Handlungsfigur (oder einer Personengruppe) räumlich übereinstimmt. Es gibt auch gegenläufige Beispiele, wenngleich hier der vom Erzähler bezogene Standort im Raum ebenfalls exakt bestimmbar bleibt. Im folgenden werden einige Formen solchen Erzählens erörtert.

Der schweifende Blick vom einen zum andern

Bisweilen wandert der Erzählerstandpunkt von einer Figur zur andern, von einem Detail zum nächsten, so daß es dem Leser überlassen bleibt, die Teilbeschreibungen zu einem einheitlichen und geschlossenen Bild *zu montieren.* Hier läßt sich die Mobilität der Autorenperspektive mit dem bewegten Objektiv einer Kamera in einer filmischen Erzählung vergleichen, die eine bestimmte Szene schrittweise überblickt und aufnimmt. Genauso beschreibt Gogol' in *Taras Bul'ba* ein Gefecht: nacheinander greift der Autor mit seinem Objektiv bald diesen, bald jenen Zweikampf aus der Masse der Kämpfenden heraus. Dabei bewegt sich das Objektiv des Autors durchaus nicht willkürlich: es bleibt nur so lange auf eine bestimmte Figur gerichtet, bis diese tot niedersinkt, dann richtet sie sich auf dessen Besieger und verharrt bei ihm, bis dieser seinerseits bezwungen ist, usw. Der Blickpunkt des Autors wechselt wie eine Trophäe jedesmal vom Besiegten zum Sieger.

Die Beschreibung durch den Autor ist indes alles andere als unpersönlich: der Autor befindet sich stets in nächster Nähe eines der Teilnehmer an der Schlacht (der wiederholte Wechsel von einer Figur zur andern wird ja nur durch deren unmittelbaren Kontakt ermöglicht: das Objektiv des Autors ist keineswegs selbständig, es läßt sich mit einer Stafette vergleichen, die einer dem anderen weiterreicht). Auf diese Weise bleibt bis zu einem gewissen Grade der räumliche Kontakt zwischen Erzähler und seiner Figur, die Abhängigkeit der Position des Autors vom Standort der Handlungsfigur, gewährleistet. In anderen Fällen dagegen ist die Beweglichkeit des Autoren-Standpunkts nicht mehr mit der Ortsveränderung einer Handlungsfigur verknüpft, der Standpunkt des Autors ist in seiner Bewegung völlig frei und unabhängig. Man vergleiche dazu ein entsprechendes Verfahren bei der Darstellung eines Diners bei den Rostovs in *Krieg und Frieden:* »Der *Graf* blickte hinter Kristall, Flaschen und Obstschalen hervor auf seine Gemahlin und deren spitzes Häubchen mit den blauen Bändern, er füllte eifrig die Gläser seiner Nachbarn mit Wein, wobei er auch sich selber nicht vergaß. Desgleichen warf die *Gräfin,* ohne ihre Pflichten als Gastgeberin zu vergessen, hinter der Ananasschale manch bedeutsamen Blick auf ihren Gatten, dessen Glatze und Gesicht, wie ihr schien, durch ihre Röte sich noch deutlicher von den grauen Haaren abhoben. *Auf der Seite der Damen* hatte sich ein gleichförmiges Gemurmel erhoben; *bei den Herren* wurden die Stimmen immer lauter, besonders deutlich war die des Husarenobersten vernehmbar, der, ständig röter werdend, so viel aß und trank, daß ihn der Graf seinen übrigen Gästen schon als Beispiel hinstellte. *Berg* unterhielt sich zärtlich lächelnd mit Vera über die Liebe, die kein irdisches, sondern ein himmlisches Gefühl wäre. *Boris* nannte seinem neuen Freund Pierre die Namen der bei Tisch versammelten Gäste und wechselte mit der ihm gegenübersitzenden Nataša manchen Blick. *Pierre* redete nur wenig, er betrachtete die neuen Gesichter und langte tüchtig zu ... *Nataša,* die ihm gegenübersaß, schaute auf Boris, so wie dreizehnjährige Mädchen auf einen Jungen blicken, dem sie soeben den ersten Kuß gaben und in den sie sehr verliebt sind ... *Nikolaj* saß weitab von Sonja neben Julie Kuragina und unterhielt sich ... *Sonja* hatte ihr Paradelächeln aufgesetzt, doch wurde sie ganz offensichtlich von Eifersucht gequält: sie wurde abwechselnd blaß und rot und strengte sich mit aller Kraft an, um zu hören, was sich Nikolaj und Julie zu sagen hatten. Die *Gouvernante* blickte unruhig um sich, als ob sie sich zur Wehr setzen wollte, falls jemand auf den Gedanken käme, die Kinder zu beleidigen. *Der deutsche Hauslehrer* war bemüht, sämtliche Sorten von Speisen, Desserts und Weinen im Kopf zu behalten, um alles im nächsten Brief an seine Angehörigen in Deutschland genau beschreiben zu können, und er war überaus gekränkt, als ihn der Haushofmeister mit der serviettenumwickelten Flasche überging.« (IX/75-76) Das Objektiv des Autors schwenkt gleichsam von einem

Tischgast zum nächsten, bis es beim letzten der zum Diner Geladenen angelangt ist; alle Einzelszenen fügen sich schließlich zu einem einzigen Gesamtbild zusammen – ein analoges Verfahren findet man sehr häufig im Film. Das Gleiten von Person zu Person und damit fast gleichzeitige Erfassen aller am Geschehen Beteiligten ist um so auffälliger, als es an die Stelle der bei Tolstoj häufigen engen Bindung an eine oder mehrere Handlungsfiguren in jeder einzelnen fixierten Darstellungsphase tritt; daraus erklärt sich indes der bei einem solchen raschen Wechsel der Autorenposition entstehende Zeitraffungs-Effekt. Die schrittweise erfolgende Betrachtung der Tischgäste imitiert sozusagen die Augenbewegung eines Menschen, der eine solche Bildszene beobachtet. Diese Augenbewegung aber ist nicht die einer der am Geschehen beteiligten Personen, sondern ausschließlich des Autors selber, der gleichsam unsichtbar am Handlungsort gegenwärtig ist.

Dasselbe Verfahren verwendet Tolstoj zur Beschreibung einer Abendgesellschaft beim Fürsten Vasilij anläßlich von Hélènes Namenstag (vor der Verlobung Hélènes und Pierres; IX/257). Allerdings wird hier der räumliche Standort des Autors relativ wirklichkeitsnah angegeben, als ob er sich sozusagen mitten unter den beschriebenen Handlungsfiguren befände.

In anderen Fällen ist die Position des Autors nicht durch gleiche räumliche Bestimmtheit ausgezeichnet: der Autor gibt eine Übersicht über Personen, die sich an verschiedenen, nicht von einem einzigen Standort aus überschaubaren Orten aufhalten. So skizziert Tolstoj beispielsweise in jener Episode, als sich nach Anatol' Kuragins Ankunft in Lysye Gory, wo er um die Fürstin Mar'ja wirbt, bereits alle auf ihre Zimmer zurückgezogen haben, nacheinander alle Handlungsfiguren: er beschreibt streng der Reihe nach, was Anatol', die Fürstin Mar'ja, Mademoiselle Bourienne, die kleine Fürstin und der alte Fürst gerade tun (vgl. IX/278-279)[4] – analog zum oben zitierten Beispiel, freilich mit dem Unterschied, daß die beschriebenen Figuren hier nicht an ein und demselben tatsächlich überschaubaren Ort versammelt sind. Die räumliche Verlagerung des Autorenstandortes ist offenkundig: der Autor geht sozusagen von einem Zimmer des Hauses zum anderen, um der Reihe nach auf jede Figur einen kurzen Blick zu werfen. Die typologischen Analogien zum Verfahren der *gleitenden Kamera* sowie dem der Montage im Film bedürfen keines weiteren Kommentars.

Weitere Fälle des mobilen Betrachter-Standorts

Bisher war von Fällen die Rede, in denen die Beschreibung von einem veränderlichen Standort aus erfolgte; mit anderen Worten, der beschreibende Beobachter wechselt seinen Standort im Raum, er bewegt sich sozusagen auf der Szenerie seiner Beschreibung. Dabei zerfällt in allen genannten Beispielen die Darstellung in eine Serie von Einzelszenen, von denen jede aus einem jeweils anderen räumlichen Blickwinkel aufgenommen wird; erst alle Szenen zusammen vermitteln einen Eindruck von Bewegung – ebenso wie beim Film die Bewegung erst durch die Gesamtheit der »laufenden Bilder« erzeugt wird, während jedes einzelne für sich genommen unbewegt ist.

Die Standortverlagerung des beschreibenden Beobachters kann indes auch auf völlig andere Weise wiedergegeben werden – nicht in Form einzelner nacheinander fixierter Szenen, die durch ihre Summierung den Eindruck von Bewegung hervorrufen, sondern in Gestalt einer einzigen Szene, die von einem beweglichen Standort aus aufgefaßt wird, wobei allerdings die Gegenstände einige durch die Bewegung bedingte charakteristische Deformationen erfahren. Von parallelen Erscheinungen aus dem Bereich der visuellen Kommunikationsmedien (Zeichnung, Photographie usw.) wissen wir, daß die Bewegtheit einer bestimmten Figur entweder durch Addierung verschiedener Einzelszenen erzeugt werden kann, indem diese Figur in verschiedenen Positionen aufgenommen wird (hier bleibt es dem Betrachter überlassen, sich durch gedankliche Summierung der einzelnen Positionen eine bewegte Figur vorzustellen), oder aber durch eine *einzige* Szene, wobei es infolge dieses Bewegungsprozesses zu formalen Deformationen kommt. Soll beispielsweise ein bewegtes Objekt photographiert und dabei insbesondere seine Bewegung wiedergegeben werden, so kann man es entweder mehrere Male nacheinander mit äußerst kurzen Belichtungszeiten aufnehmen (in diesem Falle erhält man eine Bildfolge, die zusammengenommen die Bewegtheit des Objekts zu rekonstruieren gestattet) oder man wählt eine längere Belichtungszeit und dann wird die Bewegtheit des Objekts durch eine gewisse Verzerrung der Aufnahme (Unschärfe usw.) widergespiegelt. Diese beiden unterschiedlichen Prinzipien lassen sich ebenfalls bei der Bewegungswiedergabe in der darstellenden Kunst beobachten[5], aber auch in der Literatur; in diesem Zusammenhang ist natürlich zunächst die Bewegung des Erzählerstandpunkts von Interesse. Das erste Verfahren haben wir bereits durch die Beispiele der »gleitenden Einzelbetrachtung« illustriert; zur Veranschaulichung des zweiten sei auf die vor einigen Jahren erschienene überzeugende Untersuchung des künstlerisch gestalteten Raums bei Gogol' von J. M. Lotman verwiesen[6], der anhand einer Serie von Textstellen einen bewegten Standort in Gogol's Beschreibungen nachweist. Hieraus zwei Beispiele: »Serye stoga sena i zolotye snopy chleba stanom raspolagajutsja v pole i *kočujut* po ego neizmerimosti.« (I/111) [Graue Heuhaufen und goldene Getreidegarben sind wie Figuren auf dem Felde aufgestellt und *nomadisieren* durch seine unermeßliche Weite.] Und: »Teni ot derev i kustov, *kak komety*, ostrymi klinami padali na otloguju ravninu.« (II/186) [Die Schatten der Bäume und Sträucher fielen *wie Kometen* als spitze Keile auf die sanft geneigte Fläche.]

Die letzte Stelle interpretiert Lotman folgendermaßen: Wenn das Bild »ein Schatten wie ein spitzer Keil« ganz entschieden auf die Beschreibung eines von oben herabblickenden Betrachters verweist, so ist wiederum im Bild »der Schatten wie ein Komet« die für einen Kometen typische Bahnkrümmung bedingt durch seine verzerrend-verschwommene Abbildung unter dem Einfluß der geschwinden Bewegung des betrachtenden Beobachters.[7] Begreiflicherweise tritt ein solcher Gebrauch eines bewegten Betrachterblickwinkels nicht häufig auf, so daß es Schwierigkeiten bereitet, viele Beispiele beizubringen; im Grunde genügt es jedoch, grundsätzlich auf die Möglichkeit einer so konstruierten Beschreibung hinzuweisen.

Der allgemeine (allesumfassende) Standpunkt:
die »Vogelperspektive«

Sobald eine umfassende Beschreibung einer bestimmten Szene geboten erscheint, kommt in der Regel weder die gleitende Einzelbetrachtung noch überhaupt ein bewegter Beobachterstandort zum Zuge, sondern ein gleichzeitiges Erfassen der Szene von einem einzigen universalen Standpunkt aus; eine solche Stelle im Raum setzt gewöhnlich einen hinreichend weiten Blickwinkel voraus, weshalb man bedingt von einer »Vogelperspektive« sprechen könnte.

Natürlich erfordert eine derartige breite Erfassung der Gesamtszene, daß der Betrachter eine »hohe Warte« wählt. Man beachte folgendes Beispiel eines erhöhten Standorts in Gogol's *Taras Bul'ba:* »I kozaki, prilegši neskol'ko k konjam, propali v trave. Uže i černych šapok nel'zja bylo videt'; odna tol'ko bystraja molnija sžimaemoj travy pokazyvala beg ich.« (II/58) [Auch die Kosaken waren, halb auf ihren Pferden liegend, im hohen Gras verschwunden. Selbst ihre schwarzen Mützen waren nicht mehr zu sehen; allein der flüchtige Blitz des zusammengedrückten Grases verriet ihren Lauf.] Hier ist charakteristisch, daß der Beobachter einen *bestimmten,* also keinen abstrakten, sondern einen völlig realen Standort einnimmt; dabei findet auch das Erwähnung, was der Beobachter von seinem Standort aus *nicht* sehen *konnte.*[8]

Häufig wird die »Vogelperspektive« zu Beginn oder am Ende der Beschreibung einer Szene oder der Erzählung insgesamt angewendet: So wird beispielsweise bei der Beschreibung einer Szene mit einem großen Aufgebot an Figuren zunächst oft die ganze Szenerie mit einem einzigen Blick erfaßt, also eine generelle summarische Darstellung dieser Szene sozusagen aus der Vogelperspektive gegeben; erst dann geht der Autor zur Einzeldarstellung der Handlungsfiguren über, begibt er sich auf eingeengte und weniger umfassende Aussichtspunkte. Dasselbe Verfahren ist natürlich auch am Schluß einer Beschreibung anwendbar. Auf diese Weise kann der Standpunkt der »Vogelperspektive« die Erzählung insgesamt einrahmen. Als Beispiel ließe sich der Schlußabschnitt von *Taras Bul'ba* zitieren.[9] Taras stirbt eines qualvollen Todes; daran knüpft der Erzähler eine Beschreibung des Dnestrs, die ganz eindeutig aus einem ›unpersönlichen‹, jedoch durch einen weiten Blickwinkel ausgezeichneten Standpunkt erfolgt: »Der Fluß Dnestr ist breit, und es gibt dort viele kleine Buchten, Stellen mit dichtem Schilf, Sandbänken und Strudeln; der Wasserspiegel glitzert, lautes Schnattern der Schwäne deckt ihn zu, der stolze Erpel fliegt rasch darüber hinweg, und im Röhricht und Ufergebüsch hausen viele Schlammläufer, rotkröpfige und andere Vögel. Die Kosaken schwammen rasch dahin in ihren schmalen zweisitzigen Booten, ihr Ruderschlag war gleichmäßig, vorsichtig umschifften sie die Sandbänke, wobei sie die Vögel aufschreckten, und sie sprachen noch lange von ihrem Ataman.« (II/172)

Die »stumme Szene«

Ein Sonderfall der summarischen Beschreibung von einem relativ entfernten Standpunkt aus ist die sogenannte »stumme Szene«, die insbesondere für das Werk Tolstojs charakteristisch ist.[10] Damit ist eine Situation gemeint, in der das Verhalten der Handlungsfiguren als Pantomime dargestellt wird: wiedergegeben werden nur ihre Gesten, nicht ihre Worte. Eine Vorstellung davon vermittelt der Beginn der Beschreibung einer Truppenbesichtigung bei Braunau in *Krieg und Frieden:* »Hinter Kutuzov ... gingen etwa zwanzig Mann Gefolge. Die Herren des Gefolges unterhielten sich, wobei sie mitunter in Gelächter ausbrachen. Dem Oberkommandierenden am nächsten ging ein gutaussehender Adjutant. Es war Fürst Bolkonskij, neben ihm sein Freund Nesvickij, ein hoher Stabsoffizier ... Nesvickij konnte nur mit Mühe ein Lachen unterdrücken, wozu ihn ein dunkel aussehender Husarenoffizier neben ihm immer wieder reizte. Ohne zu lächeln oder den Ausdruck in seinen starren Augen zu verändern, blickte der Husarenoffizier mit ernstem Gesicht auf den Rücken des Regimentskommandeurs und äffte jede seiner Bewegungen nach. Jedesmal, wenn der Regimentskommissar zusammenzuckte und sich nach vorne neigte, zuckte auch der Husarenoffizier und beugte sich seinerseits nach vorn ... Zuletzt lachte auch Nesvickij und stieß die anderen an.« (IX, 142-143)

Die »stumme Szene« verweist auf einen entfernten Standort des Betrachters: wegen des großen Abstandes erreichen ihn sozusagen die Stimmen der beschriebenen Figuren nicht, so daß er nur ihre Bewegungen registrieren kann. Eine derart distanzierte Position erlaubt eine relativ summarische Schilderung.

Die Zeit

So wie in einem Text häufig der Standort des Erzählers im dreidimensionalen Raum fixierbar ist, kann in einer Reihe von Fällen auch seine Position in der *Zeit* bestimmt werden.[11] Dabei kann die Zeitzählung (die Chronologie der Ereignisse) vom Autor entweder aus der Perspektive einer bestimmten Figur oder von seinen eigenen wechselnden Positionen aus vorgenommen werden. Im ersten Fall fällt die Zeit des Autors, die dem Erzählen zugrunde liegt, mit der subjektiven Aufzählung der Ereignisse durch die eine oder andere Handlungsfigur zusammen. Wie V. V. Vinogradov nachgewiesen hat[12], ist beispielsweise in Puškins *Pique Dame* die Zeitzählung anfangs an die Position der Lizaveta Ivanovna gebunden, die ihre Zählung mit dem Tage beginnen läßt, als sie Hermanns Brief erhalten hatte. Der Erzähler bedient sich ihres Zeiterlebnisses bis zur Darstellung des Todes der alten Dame. Sobald dann die Erzählung auf Hermann übergeht, übernimmt der Erzähler Hermanns Standpunkt, das heißt, er macht sich dessen Zeitzählung zu eigen: diese aber beginnt an dem Tage, an dem er erstmals die Anekdote von den drei Karten hört. Auf diese Weise modifiziert der Erzähler mehrmals seine Position, indem er sich nacheinander bald auf den Standpunkt der einen, bald auf den der andern Figur stellt; gleichzeitig aber bedient sich der Autor noch seiner eigenen Perspektive, und erst in diesem Falle gebraucht er im eigentlichen Sinne die Zeit des Autors, die mit keinem individuellen Zeitgefühl irgendeiner der Handlungsfiguren zusammengeht.

Durch die unterschiedliche Kombination von Autoren- und Figurenpositionen im Werk ergibt sich eine Vielzahl von komplizierten Kompositionsstrukturen. In erster Linie sind für uns solche Fälle von Interesse, in denen innerhalb eines Werkes *mehrere* Standpunkte, hier also mehrere Zeitpositionen, auftauchen.

Mehrere Zeitpositionen in einem Werk. Der kombinierte Standpunkt

Die Pluralität zeitlicher Positionen kann in einem Werk auf mehrfache Weise zum Ausdruck kommen; anders ausgedrückt:

die unterschiedlichen Zeitpositionen können verschieden miteinander kombiniert werden. *Einerseits* kann ein Erzähler seine Positionen *nacheinander* verändern, die Ereignisse also erst von einem, dann von einem anderen Standpunkt aus beschreiben (dies können sowohl die Standpunkte verschiedener Handlungsfiguren in einem Werk als auch die eigene Position des Erzählers sein). Ein solcher Fall wurde soeben am Beispiel von Puškins *Pique Dame* vorgeführt. Es überlagern sich dann mitunter die von verschiedenen zeitlichen Positionen her beschriebenen Ereignisse (das heißt, ein und dieselben Ereignisse werden im Verlauf des Erzählens aus der Sicht mehrerer und unterschiedlicher Standpunkte dargeboten), während in anderen Fällen die Geschehnisse vom Erzähler »nahtlos« aneinandergereiht werden (das heißt, es wird streng der Reihe nach erzählt, wobei in den einzelnen Darstellungsphasen die Standpunkte verschiedener Handlungsfiguren einander ablösen). Beide Arten des Erzählens weisen jedoch im allgemeinen eine relativ elementare Kompositionsstruktur auf. *Andererseits* kann die Darstellung ein und derselben Episode *gleichzeitig* von mehreren Positionen aus geschehen, wobei es sich dann nicht um das Ergebnis einer Addition, sondern einer Synthese, einer Verschmelzung verschiedener Perspektiven, handelt. Es erfolgt die Beschreibung sozusagen mit doppelter Belichtung. Rein formal läßt sich eine Kombination mehrerer Standpunkte realisieren, beispielsweise durch Zwischenbemerkungen, durch begleitende Kommentare oder durch eine Einleitung zur nächsten Episode, die dann einen Hintergrund bildet, vor dem sich die nachfolgende Darstellung abhebt. So kann etwa die Erzählung aus der zeitlichen Perspektive einer Figur (oder mehrerer am Geschehen beteiligter Personen) und gleichzeitig in der Sicht des Autors selber erfolgen, dessen eigener Standort auf der Zeitebene natürlich ganz entschieden von dem einer mitwirkenden Figur abweicht; dem Autor ist bekannt, was diese Figur noch nicht wissen kann, er kennt den »Ausgang« der Geschichte. Mit anderen Worten, hier ergibt sich eine doppelte Perspektive, ein zweifacher Erzählerstandort. Im ersten Fall ist der Standpunkt des Autors mit dem seiner Figur *synchron*, er versetzt sich auf den Standpunkt ihrer *Gegenwart*; im zweiten Fall ist der Standpunkt des Autors *retrospektiv*, der Autor blickt gleichsam zurück aus ihrer *Zukunft*. Anders ausgedrückt:

im ersten Fall liegt der Standpunkt des Autors – und der entsprechenden Figur – *innerhalb* der Erzählung, der Autor blickt gleichsam aus dem Innern der dargestellten Lebenswirklichkeit und übernimmt daher die einer bestimmten Figur auferlegten Beschränkungen im Wissen von der Zukunft; im zweiten Fall liegt der Standort des Autors *außerhalb* der Erzählung, der Autor blickt sozusagen von der Seite auf die beschriebenen Ereignisse, wobei ihm immer schon im voraus bekannt ist, was die dargestellten Handlungsfiguren noch nicht wissen können. Hier sind also Fälle gemeint, in denen der Autor zwar auf der Position einer bestimmten Figur verweilt (die Darstellung von ihrem Standpunkt aus weiterführt), gleichzeitig aber *vorauseilt*, um dem Leser plötzlich aufzudecken, was diese Figur – als Träger des Autoren-Standpunkts – überhaupt nicht wissen kann (und was sie erst viel später, nach Ablauf einer bestimmten Zeit, erfahren darf). Beispiele dafür ließen sich in großer Zahl anführen[13], so daß die folgenden zwangsläufig einen rein zufälligen Charakter haben.

In Dostoevskijs *Die Brüder Karamazov* konzentriert sich die Aufmerksamkeit von Autor und Leser zu einem großen Teil auf Dmitrij Karamazov, der überdies als Träger des Autoren-Standpunkts auftritt; dies manifestiert sich auf den verschiedenen Ebenen (vgl. beispielsweise das achte Kapitel des Romans). Im einzelnen beschreibt der Autor (genauer: der Erzähler, in dessen Namen der Autor berichtet; doch ist diese Unterscheidung hier nicht wesentlich) sehr ausführlich dessen Wahrnehmungen (wodurch er sich übrigens auf dessen psychologischen Standpunkt begibt[14]); mitunter verwendet der Autor sogar dessen Phraseologie (wenn er zum inneren Monolog übergeht – man beachte beispielsweise IX/465), d. h. er nimmt auch auf der phraseologischen Ebene dessen Position ein; ferner stellt sich der Autor auf Karamazovs räumlichen Standort (indem er ihm bei allen Ortsveränderungen auf den Fersen bleibt); schließlich gibt der Autor die Abfolge der Ereignisse im großen und ganzen in genau der Reihenfolge wieder, wie sie Mitja wahrnimmt, also exakt in dessen Sicht. Dennoch scheint der Autor in einigen Episoden vorauszueilen, dann nämlich, wenn er dem Leser mitteilt, *wie* eine bestimmte Episode *enden wird*, was Mitja selber unter keinen Umständen wissen kann. Ein geradezu typisches Beispiel dafür ist die Episode mit der

Fahrt zu Ljagovoj, dem er den kleinen Wald seines Vaters verkaufen möchte, zu deren Beginn aber dem Leser bereits klargemacht wird, daß der Unternehmung kein Erfolg beschieden sein wird. Als Folge davon verschiebt sich gleichsam der Standpunkt des Lesers: einerseits verweilt er in Mitjas Nähe und teilt dessen Wahrnehmung – der Leser lebt in dessen *Gegenwart;* andrerseits faßt der Leser die Vorgänge schon anders auf als jener, da er aus Mitjas *Zukunft* zurückblicken kann (er teilt bereits nicht mehr Mitjas, sondern den speziellen Standpunkt des Erzählers).

Dies bedeutet, daß die Überlagerung der verschiedenen Zeitebenen durch Kombination erstens mit dem Standpunkt der *beschriebenen* Person (hier: einer Figur [im Roman]) und zweitens mit dem der *beschreibenden* Person (des Autors oder des Erzählers) zustande kommt. Diese Erscheinung ist sowohl in der Literatur als auch in der alltäglichen Erzählung sehr verbreitet. Wesentlich ist, daß eine Überlagerung verschiedener Zeitebenen im Prinzip auch dann stattfinden kann, wenn beschreibendes und beschriebenes Subjekt in *einer* Person zusammenfallen – also bei der sogenannten »Ich-Erzählung«. In Autobiographien ist dies beinahe die Regel: hier sind die Positionen im beschriebenen Augenblick und im Augenblick des Beschreibens identisch. Das läßt sich z. B. an der *Vita des Protopopen Avvakum* verdeutlichen. Einerseits erzählt Avvakum die Ereignisse in zeitlicher Reihenfolge, wobei seine Zeitauffassung freilich, wie D. S. Lichačev richtig bemerkte, ziemlich subjektiv ist und sich »mehr auf das Nacheinander der Ereignisse als auf ihre objektive zeitliche Fixierung« konzentriert.[15] Andrerseits aber, und darauf machte Lichačev ebenfalls aufmerksam, ist Avvakums Darstellung der Ereignisse mit der Zeit verknüpft, in der er gerade an seiner Vita schreibt; Hinweise darauf finden sich auf Schritt und Tritt. Lichačev meint dazu: »Avvakum betrachtet sein Leben gleichsam aus einem ganz bestimmten Zeitpunkt seiner Gegenwart, und dieser zeitliche Standort ist für sein Erzählen ungemein wichtig. Damit wird genau das getroffen, was man mit *Zeitperspektive* umschreiben könnte und was sein Werk nicht einfach zu einer Erzählung über sein Leben macht, sondern zu einer Erzählung, die seine augenblickliche Situation im Zeitpunkt der Niederschrift reflektiert.«[16] Richtete sich im Falle Mitja Karamazovs der Blick des Lesers aus dessen *Gegenwart* in dessen *Zukunft*, so blickt er zusammen mit Avvakum aus der *Gegenwart* zurück in die *Vergangenheit*.[17]

Gleichzeitig freilich fällt Avvakum über seine Gegenwart wie über seine Vergangenheit ein *Urteil*, und zwar aus der Sicht der *Zukunft*, nämlich vom Standpunkt des künftigen Lebens nach dem Tode.[18] Damit erweist sich die Zeitperspektive wirksam nicht allein auf der Ebene unmittelbarer Kompositionsaufgaben im Rahmen der Darstellung, sondern, unabhängig davon, auch auf der Ebene der ideologischen Wertung, so wie phraseologische Verfahren entweder selbständige Kompositionsaufgaben erfüllen oder als Hilfsmittel zur Darstellung eines ideologischen Standpunkts (vgl. dazu oben[19]) dienen können. Allerdings müssen in einem Werk die einzelnen Standpunkte nicht zwangsläufig zusammenfallen. Auf der Ebene der ideologischen Wertung können sich die zeitlichen Perspektiven sehr unterschiedlich äußern: im einen Fall lassen sich Fakten der Gegenwart und der Vergangenheit aus der Sicht der Zukunft beurteilen, in einem anderen Fakten der Gegenwart und Zukunft aus der Vergangenheit, in einem dritten Fall schließlich wird alles aus einer gegenwärtigen Position heraus erfaßt.[20]

Die Tempus- und Aspektformen und die Zeitposition des Autors

In vielen Fällen dienen die Tempusformen zur Darstellung des Erzähl-Zeitpunktes. Damit dokumentieren die verbalen Aspekt- und Tempusformen nicht nur ihre linguistische, sondern auch ihre poetische Funktion; wie später noch zu zeigen sein wird, können diese grammatischen Formen im Rahmen der Poetik sogar eine ganz spezielle Bedeutung annehmen.

Doch zunächst wiederum einige Beispiele. Unter dem Aspekt des Verbalformen-Gebrauchs eignet sich zur Illustration vorzüglich N. S. Leskovs *Lady Macbeth aus dem Bezirk Mcensk*, weil dort das Erzählpräteritum ständig mit dem (beschreibenden) Präsens wechselt, so etwa zu Beginn des sechsten Kapitels: »Katerina L'vovna *zakryla* okno ... da i *legla. ... Spit i ne spit* Katerina L'vovna, a tol'ko tak ee i *omarivaet*, tak lico potom i *oblivaetsja*, i *dyšitsja* ej ... *Čuvstvujet* Katerina L'vovna ... Nakonec kucharka *podošla* i v dver' *postučala*:

»Samovar« – *govorit.* ... Katerina L'vovna ... nasilu *proki-nulas'* ... A kot ... *tretsja* ... Katerina L'vovna *zavorošilas'* ... a on ... *lezet.*« (I/106) [Katerina L'vovna *schloß* das Fenster ... und *legte sich* schlafen. ... Katerina L'vovna *schläft* und *schläft* nicht, sie *wird* krebsrot, ihr Gesicht *trieft* nur so von Schweiß, und sie *atmet* schwer ... Katerina L'vovna *fühlt* ... Schließlich *näherte sich* die Köchin und *klopfte* an die Türe: »Der Samovar« – *sagt* sie. ... Katerina L'vovna ... *wäre* beinahe gestürzt. Und der Kater *reibt sich* ... Katerina L'vovna *drehte sich* um ... er *schmiegte sich an.*] Es verändert sich fast in jedem Satz die Tempusform: stand im ersten das Präteritum, so folgt im nächsten das Präsens, oder umgekehrt. In einem anderen Abschnitt desselben Werkes wechseln sich Präteritum und Präsens in der gleichen Weise ab, allerdings in größeren Abständen: das Tempus wandelt sich nicht nach jedem einzelnen Satz, sondern jeweils erst nach größeren Erzählperioden: »*Prosnulsja* Sergej, *uspokoil* ... i ... *zasnul.* ... *Ležit* ona s otkrytymi glazami i vdrug *slyšit* ... Vot i sobaki *metnulis'*, bylo, da i stichli.« [Sergej *wurde wach,* er *beruhigte sich* und ... *schlief* wieder ein. ... Sie *liegt* mit offenen Augen und *hört* plötzlich ... Schon *wollten* auch die Hunde unruhig werden, doch sie beruhigten sich wieder.] Darauf folgen wieder mehrere Absätze im Präteritum; dann geht es wieder ins Präsens über: »Katerina L'vovna tem vremem *slyšit* ... no ne žalost', a szloj smech *razbiraet* Katerinu L'vovnu. ›Išči včerašnego dnja‹ – *dumaet* ona ... Ėto *prodolžalos'* minut desjat.« [K. L. *hört* unterdessen ... doch nicht Mitleid, sondern ein böses Lachen *packt* K. L. ›Such' Dir den gestrigen Tag‹ – *denkt* sie ... Dies *dauerte* etwa zehn Minuten.] Dann folgt wiederum ein ziemlich langer Abschnitt, in dem sämtliche Verben im Präteritum stehen: unter fortwährender Verwendung präteritaler Verbalformen wird beschrieben, wie Katerina L'vovna ihren Gatten Zinovij Borisyč hereinläßt, wie sie sich mit ihm unterhält, wie sie läuft, Sergej aufzusuchen, ihren Geliebten, der sich auf dem Flur verborgen hält. Danach geht die Beschreibung völlig unerwartet wieder ins Präsens über. »A Sergeju ... vse slyšno ... On *slyšit* ...« [Für Sergej ... war alles vernehmbar. Er *hört* ...]

Sodann wird beschrieben, was Sergej hört.

»– Čto ty tam vozilas' dolgo? – *sprašivaet* ... Zinovij Borisyč.

   – Samovar stavila, – *otvečaet* ona.«

[– Was hast du so lange gemacht? *fragt* Zinovij Borisyč.

   – Den Samovar aufgestellt, *antwortet* sie.] Von hier ab stehen wieder für längere Zeit alle Verben im Präsens, bis sie wieder vom Präteritum abgelöst werden (vgl. I /114-115). Die Beispiele ließen sich leicht mehren.

Offensichtlich bezeichnet das Präsens die Fixierung des Standpunkts, von dem aus die Beschreibung stattfindet: man könnte auch sagen, sooft das Verbum im Präsens gebraucht wird, handelt es sich um einen *synchronen* Standpunkt des Autors, das heißt, der Autor befindet sich am gleichen Zeitpunkt wie die dargestellte Figur. Indes markieren die Verben im Präteritum jeweils die Übergänge zu jeder neuen Darstellung aus synchroner Position, das heißt zur jeweils nächstfolgenden Fixierung des Standpunkts.[21] Die Verben im Präteritum schildern sozusagen die notwendigen Bedingungen für eine mögliche Wahrnehmung der Darstellung aus synchroner Position. Mit anderen Worten: hier löst sich die gesamte Erzählung in eine Reihe von Einzelszenen auf, von denen eine jede von einem synchronen Standpunkt aus dargeboten wird. Innerhalb dieser Szenen wird der Zeitfluß angehalten.[22] Dagegen schildern die Verben im Präteritum jene Veränderungen, die in jeder neuen Szene vor sich gehen (sie stellen folglich den Kontext her, in dem diese wahrgenommen werden muß).

Ein derartiger Erzählaufbau ließe sich am ehesten mit einer Vorführung von Diapositiven vergleichen, die eine gemeinsame Sujetlinie verbindet: solange jeweils ein Diapositiv gezeigt wird, bleibt die Zeit gleichsam stehen, während sie in den Zwischenphasen des Bildwechsels ungewöhnlich verdichtet wird und folglich sehr rasch weiterläuft.[23] Mit anderen Worten: der ununterbrochene Zeitstrom stellt sich hier in Form diskreter Quanten dar, zwischen denen die Zeit aufs äußerste gerafft wird.

Eine ähnliche Verwendung des Präsens ist charakteristisch für die gewöhnliche Erzählung im Alltag. Man denke an eine so typische Wendung (und zwar innerhalb einer Erzählung über Vergangenes, wo deshalb das Präteritum vorherrscht) wie diese: »... da *sagt* er plötzlich zu mir ...« Sehr häufig wird das

Präsens auch auf dem Höhepunkt einer Erzählung verwendet (Typus: »Ich trat ein und sehe ...«). Dieses Verfahren dient eindeutig dazu, den Hörer mitten in die Erzählhandlung hinein zu versetzen, ihn auf denselben *Platz* zu stellen, auf dem der Held der Erzählung steht.

Nicht selten findet der Tempuswechsel im selben Satz statt, wodurch eine plötzliche Veränderung des Standpunkts signalisiert werden soll, zum Beispiel beim Protopopen Avvakum: »On menja *laet,* a ja emu *rekl:* ›blagodat' v ustnech tvoich, Ivan Rodionovič, da budet.‹«[24] [Er bellt mich an, ich aber sprach zu ihm: »Segen sei auf deinen Lippen, Ivan Rodionovič.«] Die Kontrastierung verschiedener Verbformen erlaubt überdies, das Verhältnis der Aktionen in der realen Zeit wiederzugeben: dann stehen sich nicht nur die Formen des Präteritums und Präsens gegenüber, sondern auch die des vollendeten und unvollendeten Aspekts; daraus resultiert der Gegensatz der einmaligen (»sprach«) und der durativen (»anbellen«) Handlung. Ein analoger Zusammenprall der Tempora und Aspekte im Satz ist für Chlebnikovs Dichtung typisch:

>»*Skakala* veselo knjažna,
>
>*Zvenjat* žemčužnye strekozy.«
>
>[Lustig *hüpfte* die Prinzessin,
>
>Es *klingen* die Perlenlibellen.]

Oder:

>I *p'et* zadumčiv russkij kvas
>
>On *zamolčal* i tich *kuril* ...[25]
>
>[Und nachdenklich *trinkt* er russischen Kvas,
>
>Er *verstummte* und *rauchte* still ...]

Das Präsens ist jedoch nicht die einzige grammatische Form, die es erlaubt, einen bestimmten Zeitmoment zu fixieren und die Synchronie der Erzählerposition wiederzugeben.[26] Unter bestimmten Bedingungen kann in analoger Funktion auch die Präteritalform des unvollendeten Aspekts auftreten. Am deutlichsten und konsequentesten zeigt sich dies in der Folklore, zum Beispiel:

>»Vladimir knjaz' stal p'janešinek i veselešinek
>
>*Vychodil* na seredka kirpiščat pol
>
>S nogi na nogu *perestupyval*
>
>Iz rečej sam *vygovarival.*

Vstaval Potyk na rezvy nogi,
Vychodil na seredka kirpiščat pol
I vsem čelom *bil*, nizko *klanjalsja.*

Pribegali žareb'cy da k konju dobromu . . .«
usw.[27]
  [Fürst Vladimir ist lustig und trunken.
        Er *stellte sich* mitten auf den Ziegelboden,
        Trat immer vom einen Bein aufs andere,
        Trug selber seine Reden vor.
        Potyk *stellte sich* auf die flinken Beine,
        Er *stellte sich* mitten auf den Ziegelboden,
        Er *machte* eine Verbeugung, verneigte sich tief.
        Die Fohlen *liefen* heran zum braven Pferd . . .]
  Es kann in folkloristischen Texten in derselben Funktion –
und beinahe sogar in gleichen Situationen – auch die präsenti-
sche Form verwendet werden, zum Beispiel:
      »I ottul'-de Ivan skoro povorot *daet,*
      On *vychodit*-de skoro von na julicu,
      On *prichodit*-de skoro k konju dobromu,
      On kak *skačet*-de skoro na dobra konja.
      Opet' *skačet* ego da non'ce dobroj kon'
      On-de s gor-de non'ce *skacet* non'ce na goru.
      On s ukatistoj-to *skacet* na uvalistu,
      Yščě gory – u doly promež nog *beret*
      Po podnebes'ju *letit* on kak jasen sokol.
      Priežžat-de ko gorodu ko Kievu,
      A *ežžaet* on tut do ko bož'ej čerkvi,
      On soskakival tut skoro so dobra konja . . .«[28]
  [Und dort *macht* Ivan rasch kehrt,
      Er *tritt* rasch hinaus auf die Straße,
      Er *kommt* rasch zum braven Pferd,
      Wie *springt* er rasch auf das brave Pferd.
      Wieder *springt* jetzt das brave Pferd mit ihm.
      Er *springt* jetzt bergauf-bergab.
      Er *galoppiert*
      Nimmt Berge, Täler zwischen die Beine
      Fliegt himmelwärts wie ein flinker Falke,
      Erreicht die Stadt Kiev,
      Begibt sich hier zur Kirche Gottes,

Und *sprang* hier rasch herab vom Pferd.]

Mit einem gewissen Vorbehalt könnte man sagen, daß das Präteritum des unvollendeten Aspekts seiner kompositorischen Bedeutung nach eine Art »Präsens im Präteritum« bezeichnet. Ebenso wie die Präsensform in den weiter oben genannten Beispielen erlaubt diese Form eine Beschreibung gleichsam aus der Handlung selbst heraus – also aus einer synchronen und nicht einer retrospektiven Position –, wobei der Leser unmittelbar ins Zentrum der Handlung versetzt wird. Noch exakter: hier findet eine Synthese des retrospektiven und des synchronen Standpunktes statt. Die jeweilige Verbalform läßt erkennen, daß die gesamte Handlung eigentlich in der Vergangenheit abläuft, daß der Erzähler aber in dieser Vergangenheit eine synchrone Position einnimmt. So kann man zu Recht annehmen, daß hier zwei Erzählertypen miteinander kombiniert werden, die zwei verschiedenen Standpunkten entsprechen: ein allgemeiner Erzähler, der in der gesamten Erzählung operiert und für den sich die Handlung als vergangene darstellt, und ein spezieller Erzähler, der jeweils nur in einer ganz konkreten Szene in Funktion tritt und für den das Geschehen in seiner Gegenwart abläuft. Die Kombination dieser beiden Standpunkte ergibt jene Bedeutung, die sich hier durch die präteritale Form des unvollendeten Aspekts ausdrücken läßt – eben die Bedeutung des »Präsens im Präteritum«. Vom komplexen (kombinierten) Standpunkt wird in Kapitel V noch ausführlicher zu reden sein.

Außerhalb der Folkloreliteratur begegnet ein derartiger Gebrauch des unvollendeten Aspekts im Präteritum nur in einem sehr eingeschränkten Bereich, nämlich in Phrasen zur Einleitung einer direkten Rede und, vor allem, nach den sogenannten *verba dicendi*, so zum Beispiel bei Leskov in *Lady Macbeth vom Bezirk Mcensk:*

»– Čego ėto vy tak raduetes'? – sprosila Katerina L'vovna svekrovych prikazčikov.

– A vot, matuška Katerina Il'vovna, svin'ju živuju vešali, – *otvečal* ej staryj prikazčik.

– Kakuju svin'ju?

– A vot svin'ju Aksin'ju . . . – smelo i veselo *rasskazyval* molodec . . .

– Čerti, d'javoly gladkie, – *rugalas'* kucharka.

– Vosem' pudov do obeda tjanet . . . – opjat' *ob-jasnjal* krasivyj molodec . . .« (I/99)

[– Worüber freut ihr euch denn so? fragte Katerina L'vovna die Kommis ihres Schwiegervaters.

– Da haben sie doch, Mütterchen Katerina Il'vovna, ein lebendiges Schwein abgewogen, – *antwortete* ihr der alte Kommis.

– Welches Schwein?

– Nun, das Schwein Aksinja . . . – *plauderte* munter und lustig der Junge . . .

– Diese Teufel, diese abgefeimten Burschen, – *fluchte* die Köchin.

– Acht Pud wiegt es vor dem Fressen . . . – *erklärte* der hübsche junge Bursche . . .]

Ein derartiger Gebrauch des unvollendeten Aspekts (bei den *verba dicendi*) läßt sich nun allerdings nicht durch den Hinweis auf einen archaischen Stil erklären; er ist auch heute noch lebendig und findet durchaus Anwendung in der Gegenwartsliteratur. Trotzdem wäre es nach den Gepflogenheiten der russischen *Umgangssprache* in jedem der zitierten Fälle korrekter, den vollendeten Aspekt zu gebrauchen, d. h. ein russischer Sprecher würde, wenn es sich wirklich um ein mündliches Gespräch und nicht um schriftlich fixierte Rede handelte, statt »ob-jasnjal molodec« sagen »ob-jasnil . . .« und statt »otvečal prikažčik« »otvetil« usw.

Die Form des unvollendeten Aspekts ist allein im Erzählzusammenhang und nur unter den speziellen Bedingungen schriftlicher (literarischer) Rede möglich; in jedem anderen Kontext wirkte sie ungewöhnlich und unmotiviert. Tatsächlich ist hier, rein logisch, der unvollendete Aspekt so gut wie unverständlich: es ist im Grunde unverständlich, wieso die Form »otvečal« (statt »otvetil«) benutzt wird [nachdem doch der Kommis die Antwort bereits gegeben hatte]. In der Alltagsrede könnte eine solche Form so aufgefaßt werden, als sollte sie eine mehrmalige Wiederholung einer Handlung oder aber ihre ungewöhnlich lange Dauer zum Ausdruck bringen; doch weder die eine noch die andere Bedeutung ist in schriftlicher Rede beabsichtigt. Es kann sich daher nur um ein *konventionelles* System innerhalb eines bestimmten Erzählvorgangs handeln. Kurz gesagt, die präteritale Form des unvollendeten Aspekts findet sich in solcher Bedeutung ausschließlich in schriftlicher Rede, wo sie als spezielle Erzählform zu begreifen ist. Deswegen kann sie zu Recht mit den spezifischen Verbalformen des Erzählens verglichen werden, wie sie in einer ganzen Reihe von Sprachen vorkommen (etwa vom Typ des französischen Passé simple).

Welches ist nun aber ganz konkret die poetische Bedeutung dieser Form des unvollendeten Aspekts? Die Form des unvollendeten Aspekts drückt, im Gegensatz zu der des vollendeten, insbesondere auf der Ebene der Beobachterposition ein bestimmtes Verhältnis zur jeweiligen Handlung (Sprechhandlung) aus. Sie erzeugt einen Effekt der Zeitdehnung – der Leser wird gleichsam in eine bestimmte Handlung hineinversetzt und damit zu deren synchronem Zeugen (wie oben ausgeführt worden war, kann dieselbe Wirkung auch durch das Präsens hervorgerufen werden).[29] Mit anderen Worten, die Gegenüberstellung der grammatischen Aspektformen erscheint im Rahmen der Poetik als Kontrastierung einer synchronen und einer retrospektiven Position des Autors.

Der Bestimmtheits- (Konkretheits-) grad des raum-zeitlichen Standpunkts. Die Ebene der Raum-Zeit-Charakteristik in den einzelnen Kunstarten

Die Untersuchung des Standpunktproblems unter raum-zeitlichem Aspekt ist eng verknüpft mit der Betrachtung grundlegender spezifischer Merkmale künstlerischer Raumgestaltung im Rahmen der Analyse einzelner Werke. Man kann in der Tat voraussetzen, daß die Formen der Raum-Zeit-Charakteristik der zur Darstellung kommenden Realität in den verschiedenen Kunstwerken grundsätzlich nicht identisch sind. Dabei geht es hier nicht einmal so sehr um die Relativität dargestellten Raumes und dargestellter Zeit an sich[30] als vielmehr um den *Grad der Konkretheit* raum-zeitlicher Weltdarstellung.

Zunächst ist anzumerken, daß das Maß der Konkretheit für die Modellierung von Raum-Zeit-Charakteristiken in einem literarischen Werk in erster Linie bestimmt wird durch die spezifischen Merkmale der Literatur als besonderer Kunstform. Dabei darf nicht außer acht gelassen werden, daß *gerade auf*

der Ebene der Raum-Zeit-Charakteristik die meisten Analo-
gien zwischen der Literatur und den übrigen (repräsentierenden)
Kunstgattungen zu finden sind: wenn alle übrigen Ebenen, auf
denen der Standpunkt nachweisbar ist, mehr oder minder deutlich ein Merkmal vor allem der Wortkunst sind, dann ist es
das Problem von Raum und Zeit, welches die verbalen und die
darstellenden Künste verbindet. Gleichzeitig aber sind es die
spezifischen Bedingungen für die künstlerische Gestaltung eines
Textes in den verschiedenen Kunstarten, welche die größere
oder geringere Relevanz bestimmter Charakterisierungen des
Raum-Zeit-Kontinuums bestimmen und dementsprechend auch
für deren jeweiligen Bestimmtheitsgrad bei der Wiedergabe
den Ausschlag geben.

Wenn die bildende Kunst ihrem Wesen nach über die größere
Konkretheit bei der Wiedergabe der eigentlichen *räumlichen*
Charakterisierung von dargestellter Welt verfügt[31], gleichzeitig aber in den *zeitlichen* Charakteristiken völlige Unbestimmtheit zuläßt, so ist umgekehrt die Literatur in erster Linie nicht
mit dem Raum, sondern mit der Zeit verknüpft: ein literarisches Werk ist in aller Regel zeitlich ziemlich konkret fixiert,
bei der Wiedergabe des Raums dagegen kann es Unbestimmtheit zulassen. Dies letztere Merkmal zeichnet bereits die natürliche Sprache aus, also das Material der Literatur: in einer Reihe von semiotischen Systemen ist das spezifisch Sprachliche
durch den fundamentalen Umstand bestimmt, daß der verbale Ausdruck den Raum in Zeit *übersetzt.* In der Tat wird
(wie dies auch Foucault bemerkte)[32] die verbale Beschreibung
einer beliebigen unserem Blick sich darbietenden räumlichen
Beziehung oder überhaupt jedes realen Bildes zwangsläufig als
eine in der Zeit sich erstreckende Abfolge gefaßt. Andererseits ist der aufgezeigte Unterschied auch durch die besonderen
Wahrnehmungsbedingungen des künstlerischen Textes in den
beiden genannten Fällen bedingt: im Falle der bildenden
Kunst geht die Wahrnehmung vor allem im Raum und nicht
unbedingt in der Zeit vor sich, während im Fall der Literatur
und Dichtung die Wahrnehmung in erster Linie im zeitlichen
Nacheinander erfolgt (Theater und Film haben indes auf diesen beiden Ebenen offensichtlich einen relativ einheitlichen
Konkretheitsgrad)[33].

Im einzelnen ist darauf hinzuweisen, daß bei der Rezeption

eines literarischen Werkes das *Gedächtnis* unmittelbar beteiligt ist (die Eigenart des menschlichen Erinnerungsvermögens erlegt einem literarischen Werk eine Reihe von Beschränkungen auf, die allerdings gerade zu seiner Aufnahme unerläßlich sind), während die Rezeption eines Werkes der bildenden Kunst nicht unbedingt der Einschaltung der Erinnerung bedarf. Dabei ist der unmittelbare Zusammenhang zwischen Gedächtnis und Zeit ohne weiteres einsichtig.[34]

Andererseits ist aufschlußreich, daß, wenn bei einem Werk der bildenden Kunst die Zeit zum Ausdruck kommen soll – etwa in Form einer bestimmten Szenenfolge, wo beispielsweise dieselben Figuren[35] in immer der gleichen Reihenfolge von links nach rechts auftreten –, die *Freiheit der Zeitwahl* wesentlich größer ist als in den übrigen Kunstgattungen: Tatsächlich läßt sich ein Bild, sagen wir, von links nach rechts lesen, wobei sich dann eine direkte Zeitfolge ergibt, oder umgekehrt von rechts nach links, wobei sich auch die Zeitordnung umkehrt (was sich mit einem rückwärtslaufenden Film – vom Ende zum Anfang[36] – vergleichen läßt); schließlich läßt sich als Ausgangspunkt eine beliebige Szene auf einem Bild wählen, von der aus man sich willkürlich in jede Richtung wegbewegen kann, was ebenfalls eine völlig andere Zeitordnung ergibt. Gerade dies ist in den anderen Kunstformen (wie Literatur, Film usw.) ausgeschlossen, wo die Zeitrichtung vorgegeben ist. Offenbar ist die genannte Freiheit eine unmittelbare Folge der relativ geringeren Bedeutung der Zeitdimension für die bildende Kunst.

In diesem Kontext könnte man auf jenen für die bildende Kunst typischen Umstand verweisen, der mit den beschränkten Möglichkeiten zusammenhängt, Zeit auszudrücken: während des Prozesses der Bild- (oder Darstellungs-) Wahrnehmung entstehen neue *Zeichen* entweder nicht oder in geringer Zahl (was überhaupt bei der Rezeption eines literarischen Werkes sehr häufig der Fall ist). Mit anderen Worten, hier ist ein *Wechselspiel* zwischen dem Autor (Künstler) und dem Adressaten (hier: dem Betrachter) des Werkes weit weniger charakteristisch (vgl. unten Kapitel VI).

Die spezifische Raumwiedergabe in einem bestimmten literarischen Werk ist also durch den Konkretheitsgrad räumlicher

Charakteristika bedingt. Handelt es sich um einen ziemlich hohen Grad (ist ein Werk räumlich hinreichend fixiert), so ist auch eine konkrete Raumvorstellung des dargebotenen Inhalts möglich, und dementsprechend ist dann die *Übertragung* dieses Inhalts aus der Literatur in die Malerei, aufs Theater usw. möglich. Freilich ist eine derartige Übertragung nicht immer zulässig, da die räumliche Fixierung nicht in jedem Fall Bestandteil der Kompositionsaufgaben eines Autors ist. In seiner Analyse von Gogol's *Nase* bemerkt J. M. Lotman zu Recht: »Daß die Nase ein Gesicht hat, gehen, sich verbeugen, die Treppe hinauflaufen, eine goldbestickte Uniform mit hochgeschlossenem Kragen tragen, ›mit dem Ausdruck innigster Frömmigkeit beten‹ kann, entzieht sich jeglicher räumlicher (sinnlich faßbarer) Vorstellung«.[37] Es ist in der Tat ohne weiteres einsichtig, daß ein Werk dieser Art nicht inszeniert oder verfilmt werden kann, so wenig wie ein Märchen adäquat verfilmbar ist: das spezifisch Theatralische (oder Filmische) erfordert die Konkretisierung charakteristischer Merkmale, die in einem literarischen Werk als irrelevant gelten könnten. Das Beispiel aus Gogol's *Nase* ist deswegen so anschaulich, weil die Verwandlungen der »Nase« ins Auge stechen; darüber hinaus geht es hier nicht nur um räumliche Unbestimmtheit, sondern auch um Verschwommenheit auf den unterschiedlichsten Ebenen.

In anderen Fällen tritt das Fehlen einer räumlichen Fixierung nicht so deutlich zutage, sondern offenbart sich erst aufmerksamer Lektüre; mit anderen Worten, erst wenn man sich in den Text eingelesen hat, läßt sich feststellen, ob die eine oder andere Figur im Vergleich zu den sie umgebenden Gestalten oder Objekten ihre Dimensionen verändert – oder, umgekehrt, daß sich die Dimension der letzteren im Vergleich zur ersten Figur gewandelt hat.

In eben diesem Sinne fehlt beispielsweise der Gestalt des Katers in Michail Bulgakovs Roman *Der Meister und Margarita* jede räumlich[-visuelle] Bestimmtheit. Im Laufe der Erzählung ändert sich freilich die Korrelation zwischen ihren Ausmaßen und denen der übrigen Figuren und Dinge, obwohl sich dies nur aus indirekten Angaben erschließen läßt. Mitunter meint man, seine Figur habe das Ausmaß einer gewöhnlichen Katze; in anderen Fällen aber führt sie Handlungen aus, wozu einfach größere Dimensionen nötig sind: sie tritt an den Tisch, gießt aus einer Karaffe Wasser, löst beim Schaffner eine Fahrkarte usw.

Genauso können sich die Dimensionen der Helden in der Volksdichtung verändern[38], wobei diese Unterschiede durchaus nicht besonders hervorgehoben werden müssen, im Gegenteil, meist wird keinerlei Aufmerksamkeit auf sie gelenkt. Es geht also nicht so sehr um irgendeine phantastische Verwandlung, sondern eher um das Fehlen räumlicher Bestimmtheit: das Verhältnis der Dimensionen zueinander braucht für den Erzähler überhaupt nicht relevant zu sein.

In diesem Zusammenhang ist auf die bekannten Fälle unkoordinierter Beschreibung bei Gogol' hinzuweisen (in den *Toten Seelen* fährt Čičikov mitten im Sommer im Pelz aus, Manilov trägt Pelzmantel und Ohrenmütze; in der *Nase* erblickt Kovalev im März in Petersburg ein Mädchen im weißen Kleid, die Nase geht nur in Uniform aus usw.[39], die man als Beispiel mangelnder räumlicher Koordination verstehen könnte (die natürlich nicht als solche beabsichtigt, sondern allein dadurch bedingt ist, daß für den Autor die räumliche Konkretisierung irrelevant ist).

Alle bisher genannten und alle ähnlichen Beispiele können als Fälle *unterbliebener räumlicher Fixierung des Erzähler- (Betrachter-) Standortes* interpretiert werden. In einer Reihe anderer Fälle ließe sich vermuten, daß die verschiedenartigen Figuren in einer Erzählung unterschiedliche – miteinander nicht in Verbindung stehende – Beobachter haben, deren abweichende Beobachtungsergebnisse nachträglich vom Autor zusammenmontiert wurden.[40] (Eine typologische Analogie dazu findet sich bei der »umgekehrten Perspektive«.)

Im Zusammenhang mit dem bisher Erläuterten wird auch verständlich, weshalb *zeitliche* Unbestimmtheit[41] für Werke der Literatur weit weniger charakteristisch ist als räumliche Unbestimmtheit; das Umgekehrte läßt sich in der bildenden Kunst beobachten.

IV Der »Standpunkt« auf der Ebene der Psychologie

Bei der Gestaltung seiner Erzählung stehen einem Autor im allgemeinen zwei Möglichkeiten offen; er kann entweder in seiner Darstellung bewußt einen *subjektiven* Standpunkt beziehen oder aber die Ereignisse möglichst *objektiv* beschreiben. Anders ausgedrückt, er kann bald mit den *Bewußtseins*daten eines oder mehrerer Wahrnehmungssubjekte, bald mit den eigenen *Erfahrungstatsachen* operieren. (Denn selbstverständlich sind auch hier wieder vielfache Kombinationen dieser beiden Prinzipien möglich, also ein mehrmaliger Wechsel der Autorenposition im angegebenen Sinne.)

Das gilt für Literatur und Dichtung ebenso wie für umgangssprachliche Erzählung und Bericht. Denn so oft man von einem bestimmten Ereignis, dessen Zeuge man war, berichten möchte, stößt man zwangsläufig auf folgendes Dilemma: soll man ausschließlich das erzählen, was man unmittelbar gesehen hat, also *Fakten*, oder soll man auch die innere Verfassung der beteiligten Personen rekonstruieren, die Motive, die sie bei ihren Handlungen leiteten, die einer oberflächlichen Betrachtung von außen aber nicht zugänglich sind, d. h. also auch ihren eigenen (inneren) Standpunkt in Betracht ziehen. (Gewöhnlich verwendet man in einer Erzählung beide Verfahren in einer entsprechenden Kombination.) Dasselbe geschieht nun in den Werken der Wortkunst: Figurenbeschreibungen erfolgen sowohl vom ersten als auch vom zweiten Standpunkt aus.

In den Fällen, in denen sich der Standpunkt des Autors auf ein ganz bestimmtes individuelles Bewußtsein (eine Wahrnehmung) stützt, soll von jetzt an vom *psychologischen* Standpunkt die Rede sein; entsprechend sei die Ebene, auf der eine entsprechende Unterscheidung der Standpunkte vorzunehmen ist, mit Vorbehalt *Ebene der Psychologie* genannt.

Es bot sich bereits im Zusammenhang mit der Analyse der Ebene der Phraseologie die Gelegenheit, die Anspielung auf ein bestimmtes subjektives Bewußtsein bei der Darstellung zu bestimmen. Tatsächlich ist beispielsweise ein Phänomen wie die uneigentliche direkte Rede meist nichts anderes als die Anwendung einer subjektiven Perspektive, also eine Anspielung auf das Bewußtsein einer beliebigen Figur, was sodann phraseologisch zum Ausdruck kommt. Manchmal könnte man sogar annehmen, daß sich die psychologische Ebene durch phraseologische Mittel darstellen läßt – etwa so, wie sich die Ebene der Ideologie teils durch die Phraseologie[1], teils durch die Position des Erzählers in der Zeit[2] ausdrücken läßt.

Hier jedoch sollen die Ebene der Psychologie an sich sowie die spezifischen Mittel und Verfahren zum Ausdruck verschiedener Standpunkte auf dieser Ebene im Zentrum des Interesses stehen.

An einem konkreten Beispiel lassen sich die Möglichkeiten der »subjektiven« (also unter Verwendung einer bestimmten individuellen Auffassung, eines psychologischen Standpunkts) und der »objektiven« Ereignisdarstellung leicht demonstrieren. Im *Idiot* beschreibt Dostoevskij die Szene mit Rogožins Mordanschlag auf das Leben des Fürsten folgendermaßen: »Rogožins Augen flackerten, und das Lächeln eines Wahnsinnigen verzerrte sein Gesicht. Als sich seine rechte Hand hob, blitzte *etwas* darin auf; der Fürst dachte nicht daran, sie abzuwehren.« (VI/266) Zwei Absätze weiter wird derselbe Vorgang von einem völlig anderen Standpunkt aus beschrieben: »Es ist anzunehmen«, schreibt der Autor, »daß ... der Eindruck einer plötzlichen Angst, zusammen mit allen übrigen schrecklichen Eindrücken dieses Augenblicks, Rogožin plötzlich auf der Stelle erstarren ließen und dadurch den Fürsten vor dem unausweichlichen und bereits gegen ihn geführten Stoß mit dem *Messer* retteten.« Erst hier erfährt der Leser, daß der in Rogožins Hand aufblitzende Gegenstand ein Messer war.

Es wird also ein und dasselbe Ereignis auf zwei prinzipiell verschiedene Weisen dargestellt. Im einen Fall handelt es sich um eine subjektive Beschreibung, um einen Hinweis auf die Wahrnehmung des Fürsten, also um die Ausnutzung seines psychologischen Standpunkts; entsprechend wird vom Messer als von einem »etwas« gesprochen, d. h. offensichtlich so, wie der Fürst es in diesem Moment wahrnehmen konnte; dem Autor ist gleichsam noch unbekannt, um welchen Gegenstand es sich wirklich handelt, er begibt sich in diesem Augenblick völlig auf den Standpunkt des Fürsten (daraus resultiert auch die charakteristische Synchronität des Standpunkts, von dem aus erzählt wird: vom Messer wird gerade deswegen als von einem»etwas« gesprochen, weil der Fürst – und mit ihm der Autor – *noch nicht weiß*, was es ist; einen Augenblick später ist alles klar). Im zweiten Fall geht die Beschreibung des Mordversuchs von objektiven Positionen aus, d. h. es werden Fakten und nicht Eindrücke vermittelt; hier verläßt sich der Autor auf seinen eigenen Standpunkt und nicht auf den des Fürsten (deswegen erzählt er auch dieses Mal retrospektiv und nicht synchron). Ein wenig überspitzt ließe sich sogar sagen, daß im ersten Fall ein phraseologisches Element zur Wiedergabe des psychologischen Standpunkts benutzt wird; das Wort »etwas« wäre dann als eine Art Einschub aus einem zwar nicht wirklich vorgetragenen, aber doch vorgestellten inneren Monolog zu begreifen.

Im nächsten Abschnitt wollen wir Fälle analysieren, in denen der psychologische Standpunkt ganz bewußt in keinem Zusammenhang mit der phraseologischen Ebene steht, wo also die Ebene der Psychologie in ihrer reinsten Form hervortritt; alle auf dieser Ebene vorkommenden Standpunkte lassen sich durch ihre speziellen Ausdrucksmittel charakterisieren.

Beschreibungsformen menschlichen Verhaltens im
Zusammenhang mit der Ebene der Psychologie

Menschliches Verhalten kann im allgemeinen auf zwei prinzipiell unterschiedliche Weisen wiedergegeben werden:

1. vom Standpunkt eines *abseits stehenden Beobachters* aus (dessen Standort in einem Werk entweder exakt bestimmt werden oder unfixiert bleiben kann). Dabei können nur solche Verhaltensformen zur Darstellung kommen, die einer Beobachtung aus einer gewissen Entfernung noch zugänglich sind;

2. vom *eigenen* Standpunkt oder von dem eines allwissenden Beobachters aus, dem ein Zugang zu seiner inneren Verfassung möglich ist. Hierbei werden Prozesse (Gefühle, Gedanken, Empfindungen, Erlebnisse usw.) beschrieben, die einer Betrachtung aus der Ferne prinzipiell verschlossen sind und die ein abseits stehender Beobachter allenfalls erraten kann, indem er äußerliche Verhaltensweisen eines anderen auf seine eigene subjektive Erfahrung projiziert. Mit anderen Worten, hier

geht es um einen (in bezug auf die dargestellte Person) *inneren* Standpunkt.

Dementsprechend läßt sich im Hinblick auf ein Beschreibungsobjekt jeweils von einem *Innen-* und *Außen*-Standpunkt sprechen.[3] Es ist jedoch sogleich anzumerken, daß der Gegensatz von innerem und äußerem (eigenem und fremdem) Standpunkt einen viel allgemeineren Charakter besitzt und keinesfalls auf die Ebene der Psychologie eingeengt werden darf.[4] Zum Teil haben wir diesen Gegensatz auf phraseologischer Ebene und anderswo bereits erörtert. Weiter unten wird die Opposition von Außen- und Innen-Standpunkt in einem besonderen Abschnitt generalisiert werden.

Im folgenden werden die Termini »Außen-« und »Innen-« Standpunkt ausschließlich in jenem engeren Sinn gebraucht, welchen dieses Gegensatzpaar auf psychologischer Ebene gewinnt, und zwar in der Absicht, in einem späteren Kapitel (VII) den allgemeineren Charakter der beiden Termini zu erläutern.

Erster Typ der Verhaltensbeschreibung: der Außen-Standpunkt

Wendet man sich zunächst der ersten der beiden genannten Möglichkeiten zu, so läßt sich menschliches Verhalten beschreiben

a) unter Anspielung auf bestimmte, nicht vom beschreibenden Subjekt abhängige Fakten (hierbei wird der Betrachterstandort grundsätzlich nicht fixiert und trägt die Beschreibung unpersönlichen oder, wenn man so will, überpersönlichen Charakter) – beispielsweise in Verhaltensbeschreibungen im Rahmen eines Gerichtsprotokolls[5], wobei Phrasen des folgenden Typs: »Er machte ...«, »Er sagte ...« (oder sogar »Er erklärte ...«, um die Objektivität einer Darstellung und die Distanz des beschreibenden Autors zum Geschehen hervorzuheben), keinesfalls jedoch »Er dachte ...«, »Er fühlte ...« oder »Er schämte sich ...« usw. Verwendung finden können;

b) unter Anspielung auf die *Meinung* eines bestimmten Beobachters (»Er *schien* anzunehmen ...«, »Er wußte *offenbar* ...«, »*als ob* er sich schämte ...« usw.). Hierbei kann die Position des Beobachters – vor allem in einem Kunstwerk – entweder *konstant* (beispielsweise der eines Erzählers, der an einer Handlung teilnehmen kann oder auch nicht) oder *veränderlich* sein (wenn im Gang der Darstellung bald der Standpunkt der einen, bald der einer anderen Figur bezogen wird: z. B. wenn nach einem »Dem Fürsten schien, daß . . .« die Beschreibung des Fürsten durch das Wahrnehmungsprisma seines Gesprächspartners gebrochen wird).

Wird das Verhalten der einen Person vom Standpunkt einer anderen Person desselben Werks beschrieben, so wird diese zweite Figur (als Rollenträger) grundsätzlich anders dargestellt als die erste – nämlich durch die Form der Innenbeschreibung (Darstellung der inneren Verfassung). Das heißt, wenn das Verhalten einer Figur A vermittels der Wahrnehmung einer Figur B beschrieben wird (wobei A und B Figuren desselben Werkes seien), dann wird A »von außen« (also nach der ersten der oben genannten Verhaltensbeschreibungen) und B »von innen« (also auf die zweite Weise) erfaßt.

Zweiter Typ der Verhaltensbeschreibung: der Innen-Standpunkt. Formale Merkmale beider Beschreibungstypen

Im zweiten der genannten Fälle wird das Verhalten eines Menschen unter Berücksichtigung seiner inneren Verfassung beschrieben, welches im allgemeinen einem abseits stehenden Beboachter nicht erkennbar ist; dadurch kann, wie bereits angedeutet, dieser entweder in seiner eigenen Sicht oder von einem Außenstandpunkt aus erfaßt werden, sofern sich ein Schriftsteller in die Situation eines allwissenden Betrachters begibt. In diesem Zusammenhang treten in der Schilderung insbesondere *verba sentiendi* auf u. a.: »Er dachte . . .«, »Er fühlte . . .«, »Ihm kam vor . . .«, »Er wußte . . .«, »Er erinnerte sich . . .« usw. Deshalb ist ein formales Merkmal dieses Darstellungstyps (d. h. des Innen-Standpunkts) der Gebrauch spezieller Verben, die die »innere Verfassung« der Figur bezeichnen. Wörter dieses Typs sind in jeder Sprache deutlich markiert und können in einer relativ kurzen Liste erfaßt werden, was die formale Strukturbeschreibung eines literarischen Werkes unter diesem Aspekt erleichtert.

Andererseits kann als Erkennungsmerkmal zur Feststellung des konträren Beschreibungstyps (Dominanz des Standpunkts eines abseits stehenden Beobachters) der Gebrauch besonderer

Modalwörter in einem Text gelten, z. B.: »offensichtlich«, »augenscheinlich«, »als ob«, »anscheinend« usw. Tatsächlich kommen Wörter dieses Typs in einem Text immer dann gehäuft vor, wenn der Erzähler etwas beschreibt, was er nicht mit Sicherheit wissen kann (Gedanken, Gefühle oder unbewußte Tatmotive). Hier handelt es sich also um den Fall, daß eine Figur des Werkes von außen (z. B. durch die Wahrnehmungsweise eines Dritten) geschildert wird; dennoch möchte der Autor auch den inneren Zustand dieser Person wiedergeben. Daher ist die Personenbeschreibung von Wörtern des bezeichneten Typs begleitet (es heißt also: »Er *schien* zu glauben . . .«; »*als ob* N. N. wollte . . .« usw.). Diese übernehmen sozusagen die Rolle spezieller *Operatoren*, die es erlauben, Ausdrücke, die einen inneren Zustand umschreiben, auf eine objektive Beschreibungsebene zu *übertragen* (oder, anders gesagt, eine Beschreibung von innen in eine solche von außen zu transformieren). Die erwähnten Wort-Operatoren werden vom Autor als ein ganz bestimmtes Kunstmittel eingesetzt, und zwar mit der Funktion, den Gebrauch von Verben der inneren Zustandsschilderung zur Charakterisierung einer Person, die im allgemeinen von einem abseits liegenden (»verfremdeten«) Punkt aus beschrieben werden soll, zu rechtfertigen[6]; man könnte sie deswegen »Verfremdungs-Wörter« nennen. Als Beispiel mögen einige Stellen aus *Krieg und Frieden* dienen (eine Szene im Haus der Rostovs am Geburtstag der Gräfin, während gerade die Kinder in den Salon laufen): ». . . alle verteilten sich im Salon und waren *offenbar* bemüht, ihre Lebhaftigkeit und Heiterkeit, wovon jeder ihrer Züge sprach, in den Grenzen des Anstands zu halten.« (IX/48) Oder: ». . . ein dicker Junge lief verärgert hinterdrein, als sei er ungehalten über die Unordnung, die ihn bei seinem Tun störte.« (IX/49)

Dieses Darstellungsverfahren ist für Tolstoj ungemein charakteristisch (worauf später nochmals zurückzukommen sein wird). Wesentlich ist, daß er in jedem der zitierten Fälle das Einschubwort auch hätte weglassen können, ohne dadurch das Bild der dargestellten Personen zu beeinträchtigen. Der Autor verwendet diese Wörter freilich nicht deshalb, weil er von den tatsächlichen Empfindungen seiner Figuren nicht überzeugt wäre, sondern allein um auf den Standpunkt, von dem aus erzählt wird, hinzuweisen. Dies kann beispielsweise der Standpunkt eines der Gäste der Gräfin oder aber der eines beliebigen Beobachters am Rande sein, den man sich als unsichtbar im Raume anwesend vorstellen mag (und aus dessen Sicht die Verfremdung erfolgt). Ein Hinweis auf einen »fremden« Standpunkt ist nicht weniger charakteristisch als beispielsweise ein individueller Ausdruck im Autoren-Kontext, welcher die Fixierung eines bestimmten Standpunkts auf der phraseologischen Ebene gestattet. Beide Verfahren haben im allgemeinen eine gleichartige Funktion, nur gehören sie verschiedenen Ebenen an. Es ist jedoch unbedingt zu ergänzen, daß derlei Wörter eindeutig auf einen *synchronen,* am Ort der Handlung anwesenden Beobachter verweisen[7]; somit könnte man auch sagen, daß sie nicht nur den psychologischen, sondern auch einen raum-zeitlichen Standort fixieren.

Kommen also in einem Text Ausdrücke vor, die eine innere Verfassung ohne die speziellen Vorbehalte des oben bezeichneten Typs beschreiben, so deutet dies unverkennbar auf einen Innen-Standpunkt hin; entsprechend ist als Merkmal des Außen-Standpunkts das Fehlen solcher Ausdrücke oder aber der Gebrauch spezieller Wort-Operatoren (»Verfremdungswörter«) im Text anzusehen.

In einer rein formalen Analyse ist natürlich auch eine mögliche Ellipse des entsprechenden »Verfremdungsworts« in Betracht zu ziehen (besonders in Fällen, wo sein Auftreten durch den allgemeinen Kontext ohnehin vorweggenommen scheint). Man lese zum Beispiel folgende Stelle aus den *Brüdern Karamazov:* »Fjodor Pavlovič ... folgte mit einem spöttischen Lächeln seinem Nachbarn Pjotr Aleksandrovič und freute sich *offensichtlich* über dessen leichte Erregbarkeit. Schon lange hatte er eine Gelegenheit gesucht, ihm etwas heimzuzahlen, und so wollte er sie sich dieses Mal nicht entgehen lassen.« (IX/78) Man darf annehmen, daß das Wort »offensichtlich« im zweiten Satz nur deswegen fehlt, weil es bereits im vorhergehenden Satz steht, also aus rein stilistischen, nicht aber aus kompositorischen Gründen.

Typologie der kompositorischen Verwendung unterschiedlicher
Standpunkte auf der Ebene der Psychologie

Es lassen sich also zwei Prinzipien, zwei Beschreibungsverfahren unterscheiden, die bedingt als Beschreibung »von innen« und Beschreibung »von außen« definiert werden könnten (dabei ist zu beachten, daß diese Gegenüberstellung im Augenblick ausschließlich auf der psychologischen Ebene vor sich geht). Die Bauformen literarischer Werke sind unter gleichem Aspekt klassifizierbar; im einzelnen können dazu folgende Fälle aufgezählt werden:

Gleichbleibender Standort eines Autors beim Erzählen
Fall 1

Im (vom Standpunkt der Komposition) einfachsten Fall wird konsequent die Außendarstellung verwendet. Alle Ereignisse werden in einer Terminologie objektiver Vorgänge ohne jede Anspielung auf die innere Verfassung beteiligter Personen geschildert. Daher fehlen hier grundsätzlich Verben, die einen inneren Zustand ausdrücken.

Ein solcher Erzählaufbau zeichnet insbesondere das Epos aus (man vergleiche die für epische Werke so ungemein typische äußere Unmotiviertheit von Handlungen, die sich in einem hohen Maße dadurch erklären läßt, daß die Innenwelt der agierenden Personen vor dem Leser verschlossen bleibt).

Fall 2

Hierbei wird die gesamte Handlung eines Werkes konsequent von einem *einzigen* Standpunkt aus dargestellt, also durch das Wahrnehmungsprisma einer einzelnen Person. Folglich ist die Beschreibung der inneren Vorgänge nur im Hinblick auf diese eine Person zulässig, während alle übrigen Figuren nur »von außen« gesehen werden dürfen.

Das Erzählen kann in diesem Fall entweder aus der Perspektive eines Erzählers (wird in der ersten Person erzählt, so handelt es sich um eine »Ich-Erzählung«) oder einer bestimmten Figur des Werkes selber erfolgen (wobei in der *dritten* Person erzählt wird); letzteres ist eine Sonderform einer variierten »Ich-

Erzählung«.

Gerade dieser Erzählaufbau ist in der Literatur weit verbreitet, besonders in relativ kleinen Novellen.[8] Ein Beispiel bietet Dostoevskijs *Ewiger Gatte,* wo sämtliche Vorgänge durch die Wahrnehmung Vel'čaninovs gespiegelt werden. Dem entspricht, daß die Handlungen und Beziehungen aller übrigen Personen von einem Außen-Standpunkt wiedergegeben werden. Wird ausschließlich vom Standpunkt eines bestimmten Menschen aus erzählt (gleichgültig, ob es sich um ein »Ich« oder eine »Person X« handelt), dann tritt dieser meist in der Rolle des Haupthelden auf; der Autor – und mit ihm auch der Leser – solidarisiert sich gleichsam mit ihm und »lebt sich« selber in seine Rolle »ein«. Mitunter stellt sich als Nebeneffekt einer solchen Komposition die Schilderung dieses Menschen (»Ich« oder »X«) aus der Sicht eines distanzierten Beobachters ein. Mit anderen Worten: die Darstellung dieses Menschen erfolgt zwar »von innen«, der Erzählvorgang insgesamt ist jedoch darauf gerichtet, dem Leser einen Blick auf ihn mit den Augen anderer zu ermöglichen, also einen Blick »von außen« auf ihn zu werfen. (Einige Werke Hemingways sind so angelegt und in der ersten Person geschrieben.)[9] In anderen Fällen fungiert als Haupt-held nicht die Person, deren Eindrücke und Erlebnisse im Werk beschrieben werden, sondern jemand anderer (beispielsweise Nathalie in Bunins gleichnamiger Erzählung oder Pavel Pavlovič in Dostoevskijs *Ewigem Gatten,* usw.). Hierbei kann der Held zwar in der Form der Außenbeschreibung vorgeführt werden, die eigentliche Aufgabe ist es aber, den Leser zu veranlassen, sich ihn »von innen heraus« vorzustellen; indes kann die Person, welche die Erzählung vermittelt (und die vom Innen-Standpunkt aus dargestellt wird), als reine Hilfs-figur in Erscheinung treten, ohne eine bestimmte Gestalt anzu-nehmen (so läßt sich beispielsweise nur schwerlich eine nähere Vorstellung vom Erzähler in Dostoevskijs *Dämonen,* Anton Lavrent'evič G-v, gewinnen, obgleich er selber einen gewissen Anteil am Geschehen nimmt).

In den Fällen 1 und 2 – man könnte sie auch als Formen »konsequenter Darstellung« bezeichnen – ist der Standort des Beobachters, aus dessen Sicht die Darstellung erfolgt, *im Prin-zip real.* Der Autor schildert das Verhalten seiner Helden genauso, wie man üblicherweise das Verhalten eines Menschen in einer normalen Situation beschreiben würde, d. h. im einzelnen so, wie auch einer seiner Helden das Verhalten eines anderen beschreiben könnte. Damit stellt sich der Autor auf eine Ebene mit seinen Figuren, ohne sich von ihnen abzuheben. Er kann die Vorfälle entweder aus seiner eigenen Sicht darstellen oder aber sich mit einer bestimmten Figur, aus deren Sicht die Darstellung erfolgen soll, verbinden und mit ihr verschmelzen. Wesentlich bleibt, daß der Autor hier im gleichen Maße am Geschehen Anteil nehmen kann wie jeder beliebige seiner Helden.

In den nun zu betrachtenden Fällen 3 und 4 ist die Position des Autors in weit geringerem Maße konsequent und real; sie unterscheidet sich wesentlich von der Position eines alltäglichen Betrachters. Der Autor bezieht nämlich bei seiner Darstellung nicht einen, sondern *mehrere* Standorte, wobei diese entweder nacheinander im Verlaufe des Erzählens (Fall 3) oder gleichzeitig eingenommen werden können (Fall 4).

Pluralität der Standpunkte beim Erzählen.
Standortwechsel des Autors
Fall 3

Folgen in einem Werk mehrere Standpunkte aufeinander, so wird zwar jede einzelne Szene jeweils von einer bestimmten Position aus beschrieben, die verschiedenen einander ablösenden Szenen jedoch aus der Perspektive verschiedener Helden: Figur A z. B. aus der Sicht einer Figur B, danach B wiederum vermittels der Wahrnehmung von A[10]. Wichtig ist, daß die innere Verfassung von A und B nicht gleichzeitig in ein und derselben Situation (Mikroszene) beschreibbar ist; dies wäre bereits der Fall 4. Typisch für dieses Verfahren ist, daß der Autor gleichsam jedesmal den Standpunkt einer der handelnden Figuren übernimmt, er tritt sozusagen selber in die Handlung ein, indem er beim Erzählen von einer zur anderen Position weiterschreitet (wobei er neben den Standpunkten der beteiligten Figuren in einem bestimmten Moment auch seinen eigenen, also einen Autorenstandpunkt, beziehen kann).[11]

Jeder der einander ablösenden Repräsentanten der Autorenperspektive kann Verben der inneren Zustandsschilderung anwenden, während die Handlungen der übrigen am Geschehen

Beteiligten so, wie sie der jeweilige Rollenträger sieht, erzählt werden. So bildet beispielsweise der Erzählprozeß in *Krieg und Frieden* eine wechselnde Folge von Standpunkten Pierres, Natašas, Nikolajs und anderer. In der Regel ist der Standpunktwechsel ausgelöst und bedingt durch die einzelnen Sujetabschnitte innerhalb des Erzählvorgangs; das heißt, die eine Szene wird aus der Sicht der einen Figur dargeboten, die nächste aus der Sicht einer zweiten, usw. Manchmal findet jedoch der fällige Standpunktwechsel, je nachdem, wie sich die Ereignisse entfalten, in ein und derselben Szene statt. Ein Beispiel dafür findet sich in der Beschreibung eines Abends im Haus der Rostovs, nachdem Nikolaj beim Kartenspiel verloren hatte – während Nataša singt, hört Nikolaj ihr zu; hier wechseln sich die Standpunkte Natašas und Nikolajs in einem fort ab (X/58-59); gleichzeitig beschleunigt sich der Rhythmus der kompositorischen Übergänge: der Standpunktwechsel, der im Roman sonst nach jeweils ziemlich langen Erzählabschnitten erfolgt, findet in sehr kurzen Zeitabständen statt (dieses beschleunigte Tempo entspricht in hohem Maße dem, was gleichzeitig in Nikolajs Seele vor sich geht).[12]

Bei einem derart strukturierten Erzählprozeß *zerfällt* der Text gleichsam *in Einzelbeschreibungen* aus der Sicht mehrerer Personen, der unter dem uns interessierenden Aspekt eine Summierung der Einzeltexte, nicht aber ihre Synthese ist. Eine solche Textorganisation ergibt sich übrigens auch dann, wenn man mehrere Berichte und Erzählungen in der ersten Person der Reihe nach umgestaltet, indem man in diesen Erzählungen die erste Person jeweils durch die dritte ersetzt, so daß sich zuletzt der Text des Gesamtwerkes aus den herausgehobenen Abschnitten dieser Einzelbeschreibungen zusammensetzt. Am deutlichsten äußert sich dieses Prinzip in dem reichlich trivialen Falle, wo die einzelnen Textabschnitte im Namen verschiedener Helden vorgetragen werden, von denen jeder unmittelbar in der ersten Person erzählt (z. B. in W. Collins *Moonstone* oder in V. Kaverins *Zwei Kapitäne*); eine solche Kompositionsform geht ohne Zweifel auf den Briefroman zurück. Im Vergleich dazu läßt sich die soeben betrachtete Situation, worin in verschiedenen Szenen jeweils andere Figuren der Reihe nach sozusagen zu Stellvertretern des Erzählers werden, als nächste Stufe in der schrittweisen Komplizierung der Kompositionsstruktur fassen (angefangen bei der »Ich-Erzählung« als elementarster kompositorischer Möglichkeit).

Natürlich kann die Verwendung verschiedener Handlungsfiguren mit der Funktion, den Autorenstandpunkt zu vertreten, in einem Werk auch verknüpft werden mit dem Autoren-»Ich«, was bedeutet, daß sowohl der Autor selber (der in seinem eigenen Namen und dementsprechend aus seiner eigenen Sicht oder von einem speziellen Standort aus erzählt) als auch gelegentliche Vertreter des Autorenstandpunktes (in der Gestalt bestimmter Personen dieses Werkes) zu Wort kommen. Eine solche Kombination findet sich nicht selten bei Dostoevskij (etwa in den *Brüdern Karamazov*).

Es bleibt zu ergänzen, daß der Standort des Erzählers im eben betrachteten Fall *relativ real* ist, insofern der Autor hier sozusagen unsichtbar am Geschehen teilnimmt und gleichsam eine Direktreportage vom Tatort liefert, so daß seine Position jedesmal ziemlich exakt in den Raum-Zeit-Koordinaten fixierbar ist. (Freilich ist hier die Positionsangabe des Autors weniger real und konsequent als in den Fällen 1 und 2, sicherlich aber ist sie realer als im Fall 4, wovon später die Rede sein wird.)

Betrachtet man die typologischen Möglichkeiten der Kompositionsstrukturierung vermittels mehrerer nacheinander sich abwechselnder Standpunkte, so ist die Aufmerksamkeit in erster Linie darauf zu richten, daß der Kreis der Personen, aus deren Sicht erzählt werden soll, funktional beschränkt werden kann. Mit anderen Worten, der Autor *lebt sich ein* in die Rollen einzelner Figuren, er nimmt auf Zeit ihre Gestalt an; man könnte ihn mit einem Schauspieler vergleichen, der die Rollen dieser Leute spielt und sich völlig in ihre Lage versetzt, d. h. ihre innere Verfassung ausdrückt.

Kann sich also ein Autor einerseits in manchen seiner Gestalten vorübergehend verkörpern, so bleiben andererseits andere für ihn nur äußerlich faßbar: zwar zeichnet er ihr Porträt, er teilt aber nicht ihre Situation. Anders ausgedrückt: im einen Fall spielen die Gestalten des Werkes die Rolle des *Subjekts* der Autorenwahrnehmung, im anderen Falle sind sie ausschließlich deren *Objekt*.

Natürlich übernehmen in aller Regel die Stellvertreter des Autorenstandpunkts die Funktion der Hauptfiguren, während die weniger wichtigen oder episodisch bleibenden Figuren den Hintergrund bilden (sozusagen als Statisten) und nicht für würdig erachtet werden, ihren inneren Zustand zu vermitteln: sie werden von einem Außen-Standpunkt aus dargestellt. Dies muß jedoch nicht immer so sein: in bestimmten Fällen mag es dem Autor wichtiger erscheinen, seinen Helden mit den Augen anderer zu sehen; so kann er es dem Leser überlassen, die Gefühle und Gedanken seines bis zu einem gewissen Grade *verschlüsselt* dargestellten Helden zu erraten. Daher ist das Verfahren der Darstellung »aus der Distanz«, wie paradox es auch klingen mag, sowohl in dem Falle anwendbar, wo eine Figur für den Autor uninteressant erscheint, als auch im anderen, wo die jeweilige Person für ihn Gegenstand eines besonderen Interesses ist.

Dieser letztere Fall läßt sich illustrieren an der Beschreibung solcher Figuren wie Platon Karataevs bei Tolstoj oder des Paters Zosima bei Dostoevskij. Denn was immer der eine oder der andere tun mag, es wird stets von einem Außen-Standpunkt her erfaßt – also so, wie andere Leute (Pierre, Aljoša) sie wahrnehmen: sooft sich Verben der inneren Zustandsschilderung auf sie beziehen oder eine Motivierung ihrer Handlungen erfolgt, werden spezielle Verfremdungswörter in die Darstellung eingeschoben (»offenbar«, »anscheinend«, usw.). So heißt es beispielsweise von Zosima: »Er wollte *offensichtlich* nicht« (IX/78); »er war *anscheinend* müde« (IX/92); »manchmal hörte er ganz zu sprechen auf, *als ob* er seine Kräfte sammeln wollte, er verschnaufte, und trotzdem war er *gleichsam wie* in Verzückung« (IX/206). Und von Karataev: »Er war *offensichtlich* betrübt« (XII/47); »die abschlägige Antwort betrübte Pierre *offensichtlich*« (ibid.); »er hatte *offensichtlich* noch nie daran gedacht ...« (XII/49) usw.[13]

Was Tolstoj angeht, so steht dieses Darstellungsprinzip im klaren Kontrast zu Pierres Beschreibung in *Krieg und Frieden*, wo der Autor beständig verzeichnet, was Pierre jeweils denkt oder fühlt. Es liegt auf der Hand, daß Karataev für Tolstoj in erster Linie als Beschreibungs*objekt* von Bedeutung ist, als eine Art *Rätsel*, das Pierre lösen muß; das gleiche gilt für Zosima bei Dostoevskij.

Auf analoge Weise wird Smerdjakov in den *Brüdern Karamazov* geschildert. Auch er wird vom Autor als eine Art Rätsel vorgeführt (wenngleich von einer ganz anderen Art als Karataev und Zosima), dessen Auflösung nicht unmittelbar dem Autor selber obliegt (indem er sich z. B. einen Zugang zum Bewußtsein dieser von ihm beschriebenen Figur verschafft), sondern den übrigen Romanfiguren.

Das gleiche Darstellungsprinzip wendet schließlich Dostoevskij bei Ivan in den *Brüdern Karamazov* an – und zwar in einem recht beträchtlichen Teil seiner Erzählung. Zunächst wird Ivan ausschließlich von außen beschrieben, durch sein Verhalten und im Meinungsbild seiner Umgebung: dadurch bleibt er, »dieses hauptstädtische Monster«, sowohl für den Leser wie für die Bewohner von Skotoprigon'evsk lange Zeit ein Rätsel. Bezeichnenderweise hält es der Autor in der Romanexposition, wo er dem Leser die Familie Karamazov vorstellt, nicht für möglich, eine nähere Charakterisierung von Ivan zu geben, obgleich er sehr genaue Informationen über den Charakter der anderen Brüder Karamazov mitteilt, sondern er zählt nur, und zwar ziemlich trocken und fast protokollhaft, einige formale Daten aus seinem Leben auf; Ivan wird nur durch sein dem Leser meist unverständliches Verhalten und im Meinungsbild anderer Figuren greifbar. Dieses Beschreibungsprinzip ist im Werk offen mit der Beschreibung der anderen Brüder kontrastiert, deren Gedanken und Gefühle dem Leser bekannt sind. Erst nachdem Ivan Karamazov [seinem Bruder] Aljoša die *Legende vom Großinquisitor* vorgelesen hat, gewährt der Autor dem Leser von Zeit zu Zeit (wenngleich zunächst noch immer sehr sporadisch) einen Blick in Ivans Psyche (z. B. IX/ 333 ff.). Die *Legende vom Großinquisitor* bildet also einen Wendepunkt in der Beschreibung Ivans (und damit auch im Verhältnis der Leser zu ihm). Der Grund dafür liegt auf der Hand: dies ist eine Art Beichte Ivans, die ihn dem Leser näherbringt (und es ihm außerdem ermöglicht, Ivan nicht länger durch das Meinungsbild dritter, sondern unmittelbar kennenzulernen). Aufschlußreich ist eine Phrase, mit der Dostoevskij – ganz zu Anfang – für einen kurzen Moment den Vorhang vor Ivans Gedanken und Gefühlen beiseite zieht. Nachdem der Autor nach Ivans Unterredung mit Smerdjakov auf seine innere Verfassung zu sprechen kommt, unterbricht er sich mit folgender Bemerkung: »Wir wollen aber nicht den ganzen Fluß seiner Gedanken wiedergeben, *auch ist es noch nicht an der Zeit, in diese Seele einzudringen: diese Seele ist noch nicht an der Reihe.«* (IX/346)[14] Hier gibt der Autor sozusagen zu erkennen, daß die Darstellung der inneren Verfassung seines Helden mit den gesetzten Kompositiosaufgaben des Gesamtwerkes noch nicht in Einklang zu bringen ist; doch kaum hat er an die Erlebnisse des Helden erinnert, als auch der Erzähler (dessen Existenz der Leser fast schon vergessen hat) wieder in die Szene eintritt und seine *uneingeschränkt retrospektive* Position unterstreicht (die zum vorausgehenden Beschreibungsverfahren, das sich nur von einem synchronen Standort aus erklären läßt, in klarem Gegensatz steht). Gerade hierdurch wird hervorgehoben, daß vom Standpunkt »der Gegenwart« Ivans der Erzähler noch nicht wissen kann, was dieser fühlt, obwohl er es dem Leser bereits im Vorgriff, d. h. von einem »in der Zukunft liegenden« Standpunkt aus, vermitteln kann.[15]

Im Fall Ivan Karamazov liegt also in bezug auf den Helden ein Wechsel des Autorenstandpunkts vor, der sich im selben Maße, wie der Leser Ivan allmählich kennenlernt, von der Außendarstellung weg und auf eine Innendarstellung zu bewegt. In anderen Fällen kann ein solcher Wechsel auch in umgekehrter Richtung erfolgen, wobei sogar die paradoxe Situation eintreten kann, daß die bereits bis ins einzelne gehende Vertrautheit des Lesers mit der Gefühls- und Gedankenwelt einer Figur abrupt abgelöst wird durch deren Darstellung von einer Außenposition. Der Leser, eben noch der engste Vertraute dieser Person, eingeweiht in ihre Erlebnisse und bekannt mit den Motiven ihrer Handlungen, sieht sich plötzlich in die Rolle eines Fremden versetzt, der sich in einer total anderen Position befindet.[16] Dies kann zu einem gewissen logischen Widerspruch führen, nämlich dann, wenn der Leser über den Helden, dem er schon sehr nahegekommen war, völlig unerwartet und recht beiläufig etwas ungemein Wichtiges erfährt, etwas, das er bereits seit langem wissen müßte, nachdem er in dessen Erlebniswelt eingeweiht worden war. Als elementares (und absichtlich vereinfachtes) Beispiel könnte man sich einen Detektiv vorstellen auf der Suche nach dem Mörder; am Ende wird der als Mörder entlarvt, der im Verlauf der ganzen Geschichte als Vertreter des (psychologischen) Autorenstandpunkts auftrat und in dessen Gedanken- und Erfahrungswelt der Leser hinreichend eingeführt war. Es ist verständlich, wenn eine derartige Komposition mißlingt; sie findet sich jedoch in weniger offensichtlicher Form nicht gerade selten.

So ist es z. B. typisch, wenn zu Dimitrij Karamazov, dessen seelische Verfassung derart häufig und ausführlich beschrieben wird, daß dem Leser aus einer Erlebniswelt fast nichts mehr verborgen scheint, völlig unerwartet ein kleines Detail nachgetragen wird: er habe nicht das gesamte Geld seiner Braut veruntreut, sondern eine Hälfte in seinem Amulett verborgen, in der Absicht, es später wieder zurückzugeben. Wie sich später herausstellte, habe ihn dieser Gedanke bereits *die ganze Zeit über* beschäftigt, und er sieht darin eine Ehrenrettung. Selbstverständlich erhebt sich hier die Frage: Warum hat, wenn schon Dimitrij so viel und so häufig daran denkt, der Leser nie etwas davon erfahren, der doch sonst von seinen geheimsten Regungen wußte. Hier liegt also ein gewisser Widerspruch vor. Er ließe sich als Ergebnis einer Überlagerung zweier Kompositionsaufgaben im Erzählvorgang auflösen: a) aus Dimitrijs (psychologischer) Sicht zu erzählen, und b) die einzelnen Informationen effektvoll zu verteilen und dem Leser bestimmte Fakten zunächst vorzuenthalten, um sie später und mit desto größerer Wirkung völlig unerwartet aufzutischen (dieses Verfahren ist typisch für die Kompositionsstruktur von Detektivgeschichten).[17]

Die beiden erwähnten Tendenzen lassen sich auch im alltäglichen Erzählen nachweisen. In einem Bericht über bestimmte Vorfälle, die der Berichterstatter selber miterlebte, wird entweder alles der Reihe nach erzählt, genauso wie der Erzähler die einzelnen Ereignisse nacheinder wahrnahm, oder aber das Vorgefallene wird dem Zuhörer in einer völlig reorganisierten Form dargeboten, und zwar zu dem Zweck, die einzelnen Informationen in möglichst effektvoller Neuverteilung zu präsentieren.

Auf diese Weise lassen sich folgende Figurentypen in einem Werk unterscheiden:

1. Personen, die (in einem bestimmten Werk) niemals als Vertreter eines psychologischen Standpunkts auftreten können, auf die also nie die Beschreibung »von innen« anwendbar ist (sondern die stets vom Standpunkt eines aus ihrer Sicht abseits stehenden Beobachters dargestellt werden).

2. Personen, die (in einem bestimmten Werk) nie mit den Augen eines distanzierten Betrachters beschrieben werden können, auf die also nicht die bekannten Signale einer Beschreibung »von außen« (Wörter vom Typ »offensichtlich«, »als ob«, usw.) anwendbar sind. Allerdings gilt hier die Einschränkung, daß man sinnvollerweise Anfang und Ende einer solchen Darstellung, wo die Signale für eine Außendarstellung die Funktion der »Rahmung« übernehmen können (dazu ausführlicher weiter unten), aus der Betrachtung ausnehmen sollte.

3. Figuren, die in einem Werk sowohl von ihrem eigenen Standpunkt aus als auch von dem eines abseits stehenden Betrachters dargestellt werden können. Dadurch kann eine solche Figur sowohl Träger als auch Objekt der Autorenwahrnehmung sein.

4. Personen, die, nachdem sie einmal »von innen« beschrieben wurden, nicht länger vom Standpunkt eines distanzierten Betrachters dargestellt werden können; und so weiter.

In verschiedenen literarischen Texten können unterschiedliche Kombinationen der genannten Typen (manche Typen können natürlich auch völlig fehlen) vorgenommen werden. Selbstverständlich ist die Verwendung eines bestimmten Figurentyps jeweils bedingt durch die allgemeinen Kompositionsaufgaben des Werkes, so daß die Personencharakteristik unter diesem Aspekt ein geeignetes Mittel zur Charakterisierung der jeweiligen Werkkomposition bildet.

Fall 4

Schließlich ist auch eine Kombination unterschiedlicher Beschreibungsstandpunkte denkbar, in der ein und dieselbe Szene von mehreren Standorten aus dargestellt wird.[18] Auf der hier in Frage stehenden Ebene äußert sich dies darin, daß *mehrere* an derselben Szene Beteiligte nicht nur in ihren Handlungen, sondern auch in ihrem Denken und Fühlen vorgestellt werden; mit anderen Worten, es wird von den verschiedenen Figuren *gleichzeitig* die innere Verfassung geschildert, die jedoch selbst bei einer Reihe sich nacheinander abwechselnder Beobachter einer Betrachtung von außen nicht zugänglich sein könnte. Somit können hier, wie schon im vorhergehenden Fall, entweder alle an einer Szene Beteiligten oder aber ein ausgewählter Personenkreis auf die gleiche Weise dargestellt werden, während die Beschreibungen der »Statisten« von außen erfolgen. Dabei zerfällt der Erzähltext nicht unbedingt, wie im vorigen Fall, in vereinzelte, aus der Sicht mehrerer Personen dargebotene Stücke, sondern hier bildet das Erzählte als Ganzes eine *Synthese*, keine bloße Addierung von Einzelbeschreibungen aus verschiedenen Blickwinkeln. Wenn sich der Fall 3 vergleichen läßt mit einer Verwendung mehrerer Lichtquellen, von denen jede einen ihr genau zugewiesenen und begrenzten Raumabschnitt ausleuchtet, so könnte man den Fall 4 am ehesten mit einer diffusen Beleuchtung vergleichen als Folge einer gleichzeitigen Verwendung mehrerer beliebig angeordneter Lichtquellen.[19]

Im zuletzt beschriebenen Fall befindet sich der Autor nicht in der Situation eines unmittelbar am Geschehen beteiligten Beobachters, sondern er steht gleichsam *über dem Geschehen;* er bezieht eine Stellung, von der aus er nicht nur alle Vorgänge überblicken kann, sondern auch Zugang zu sämtlichen Gedanken und Empfindungen hat. Man kann eine solche Position des Autors auch irreal nennen, da sie die eines allwissenden und alles sehenden Betrachters ist. Andrerseits könnte sie unter Umständen auch als *retrospektiv* interpretiert werden: der Autor erzählt gleichsam von längst vergangenen Dingen (das heißt, nachdem er sich post factum ausführlich über alle Einzelheiten informieren konnte und durch eine klare Vorstellung von den Erfahrungen eines jeden einzelnen die innere Verfassung aller Beteiligten exakt zu rekonstruieren vermag).[20]

Genau dieses Beschreibungsverfahren benutzt Dostoevskij in den *Brüdern Karamazov,* einmal im Kapitel *Lukovka* (IX/428 ff.), wo die Darstellung aus der Sicht des Erzählers, Aljošas, Grušen'kas und Rakitins erfolgt, dann im Kapitel *Ein plötzlicher Entschluß* (IX/492 ff.), wo aus der Perspektive Mitjas, Fenjas und Pjotr Il'ič Perchotins erzählt wird. Hier ist der Standpunkt des Autors gleichsam verteilt, sein Objektiv gleitet sozusagen in ungeordneter Bewegung umher und gesellt sich bald der einen, bald der anderen Figur in der Szene zu. Man könnte sogar annehmen, daß es sich um einen regelrechten Wechsel von einer Figur zur andern handelt (wie es im Fall 3 dargelegt wurde), allerdings in so verdichteter und beschleunigter Form, daß die Grenzen zwischen den von einzelnen fixierten Standpunkten aus vorgenommenen Mikrobeschreibungen verwischen und die Beschreibungen dadurch zu einem Ganzen verschmelzen. Man könnte es auch so ausdrücken: der kompositorische Werkrhythmus, der durch die Häufigkeit des Übergangs von einem zum andern Standpunkt bestimmt wird, nähert sich seinem oberen Grenzwert – was unter Umständen wiederum der inneren Verfassung der am Geschehen beteiligten Helden entspricht. Tatsächlich gebraucht Dostoevskij dieses Verfahren gerade in Augenblicken, die einen inneren Umbruch, einen Kulminationspunkt der inneren Spannung markieren. So spiegelt sich im Kapitel *Lukovka* ein plötzlicher Wandel sowohl in der Psyche Aljošas (nach dem Tode des Pater Zosima) als auch Grušen'kas (Ankunft des Polen und wachsende Liebe zu Mitja). Das Kapitel *Ein plötzlicher Entschluß* handelt von Mitjas seelischer Krise (er erfährt von Grušen'kas Abreise, glaubt, den alten Grigorij getötet zu haben, und beschließt, Selbstmord zu begehen).

So hat denn gerade bei Dostoevskij der allgemeine (oder synthetische) Standpunkt eine äußerst exakt bestimmbare Funktionsbedeutung.

Möglichkeiten einer transformationellen Vorstellung der bisher betrachteten Fälle

Es ist zu ergänzen, daß sich die drei letzten Fälle der betrachteten Organisationstypen des Erzählens (also jene, die mit dem Innen-Standpunkt einer oder mehrerer Personen zusammenhängen) auch mittels Kombination schrittweise sich komplizierender Transformationen aus der »Ich-Erzählung« ableiten lassen. So kann Fall 2, dem die schrittweise Beschreibung der inneren Verfassung einer bestimmten Figur zugrunde liegt (während alle übrigen Personen ausschließlich durch deren Bewußtseinsfilter vermittelt werden), entweder als typisches Muster der Ich-Erzählung aufgefaßt oder auf diese zurückgeführt werden, insofern nur das Pronomen der ersten Person im Text durch einen Eigennamen oder eine beschreibende Benennung ausgewechselt ist. Ferner: in Fall 3, der von einem Wechsel der Autorenposition ausgeht (wo es zwar mehrere Standpunkte gibt, wo aber jedes Erzählfragment der Reihe nach jeweils aus einem ganz bestimmten Blickwinkel dargeboten wird), zerfällt die Erzählung in einzelne Stücke, von denen jedes nach Typ 2 konstruiert ist, letztlich also wieder auf die Ich-Erzählung zurückführbar ist. Fall 4 schließlich stellt, wie erwähnt, keine Addierung, sondern die Synthese aus den nach Typ 2 gebauten Beschreibungen dar: verschiedene Darstellungen (ein und derselben Szene), vermittelt aus mehreren Standorten, werden hier ineinander verwoben.

Das Problem des psychologischen Standpunkts als die Frage nach dem Wissen des Autors

Der soeben erörterte methodische Ansatz, der von der Analyse der tatsächlichen oder der unterbliebenen Verwendung von Verben zur Schilderung der inneren Verfassung bestimmter Figuren ausging, demonstriert zwar die Möglichkeit einer formalen Analyse im genannten Bereich, er erschöpft jedoch nicht die Erscheinungsformen der auf der psychologischen Ebene möglichen Standpunkte. Es sind nämlich noch weitere Arten der Anspielung auf bestimmte subjektive Bewußtseinsformen möglich, die in keinem Zusammenhang mit Verben zur Schilderung des inneren Zustands stehen.

Auf ein derartiges Beispiel wurde bereits hingewiesen: wenn Dostoevskij das Messer in Rogožins Hand als einen blitzenden Gegenstand beschreibt – wodurch er auf die Wahrnehmungsweise des Fürsten Myškin anspielt, dem in diesem Moment noch nicht bewußt sein konnte, daß es sich dabei um ein Messer handelte.[21] Ein anderer, im Prinzip aber ähnlicher Fall findet sich in *Krieg und Frieden*: »Eine Woche nach seiner (Pierres. – B. U.) Ankunft trat eines Abends der junge polnische Graf Villarskij, den Pierre aus seinem Umgang in der Petersburger Gesellschaft flüchtig kannte, in sein Zimmer, und zwar *in jener offiziellen und feierlichen Haltung, in der auch Dolochovs Sekundant eingetreten war.*« (X/73) Hier wird ohne Zweifel auf Pierres Bewußtsein angespielt, ohne daß freilich ein einziges Verb zur Beschreibung des inneren Zustands gebraucht würde. Dem Leser sagt die Assoziation wenig, um so weniger, als ihm zuvor nicht mitgeteilt worden war, in welcher Haltung Dolochovs Sekundant bei Pierre tatsächlich eingetreten war. Die Assoziation ist deswegen nur für Pierre selber von Aktualität. Es wird hier also nicht so sehr beschrieben, in welcher Haltung Graf Villarskij das Zimmer betrat, als vielmehr, was Pierre damit assoziierte – letztlich seine innere Verfassung. Infolgedessen muß auch dieses Beispiel auf die psychologische Ebene bezogen werden.

Verallgemeinert man nun alle möglichen Erscheinungsformen der Standpunkte auf psychologischer Ebene, so rückt die Frage nach dem *Wissen des Autors* und nach dessen Quellen in den Mittelpunkt. Mit anderen Worten: es geht darum, ob sich der Autor in die Lage eines Menschen versetzt, der praktisch über alle beschriebenen Ereignisse genau Bescheid weiß, oder ob er seinem Wissen gewisse *Beschränkungen* auferlegt. In diesem Falle ist von Interesse, wodurch diese Beschränkungen bedingt sind. Im einzelnen könnten sie davon herrühren, daß sich der Autor auf den Standpunkt einer bestimmten Handlungsfigur stellt. Andererseits sind aber auch Beschränkungen des Autorenwissens vorstellbar, die nichts mit der Übernahme des Standpunkts irgendeiner Person zu tun haben; in diesem Falle kann man von einem besonderen Erzähler in einem Werk sprechen (gerade diese Situation ist charakteristisch für den sogenannten »skaz«). Eine Bemerkung G. A. Gukovskijs mag diesen Gedanken erläutern: »Ein abstrakter universaler Autor . . . nimmt sich das Recht heraus, alles zu wissen – sowohl das, was mit jedem einzelnen seiner Helden passiert, als auch, was sie denken und empfinden; dieses Recht oder dieser Rechtsanspruch stellt wohl eines der ernstesten und vielleicht schwierigsten Probleme der Literaturforschung dar, sowohl in dem Sinne, woraus sich für den Leser die Überzeugung von der Allwissenheit des Autors herleitet, als auch in dem anderen, welche objektive ideologische Bedeutung diese Allwissenheit beim Wirklichkeitsverständnis haben kann . . .«[22]

Es ist leicht einzusehen, daß dieses für die psychologische Ebene zentrale Problem des Autorenwissens auch für die Ebene der Raum-Zeit-Charakteristik aktuell werden kann; indes ist es gewiß nicht von Bedeutung für die übrigen, in den ersten Kapiteln behandelten, Ebenen.[23]

Spezifische Unterscheidungsmerkmale der Standpunkte auf der psychologischen Ebene

Wenn auf der phraseologischen Ebene die Unterscheidung von Standpunkten für die verschiedenen literarischen Gattungen und Werkformen gilt, so ist auf der psychologischen Ebene eine solche Unterscheidung beispielsweise auf das Drama nicht anwendbar. Bekanntlich besteht ein Dramentext aus direkter Rede und den szenischen Zwischenbemerkungen; die gesamte psychologische Charakterisierung ist auf die Anmerkungen des Autors verwiesen. Auf der Bühne erscheint nur das »objektive« Verhalten der Dramenfiguren, ihre Worte und Handlungen, während über ihre psychischen Dispositionen nur insoweit Schlüsse gezogen werden können, als sie sich in diesem objektiven Verhalten niederschlagen (umgekehrt wird nur bei der Lektüre – nicht aber während der Aufführung in einem Theater – die in den Autorenbemerkungen enthaltene psychologische Personencharakteristik zugänglich). Daher müssen alle Vorgänge im Drama, die ihrer Natur nach in den Bereich des subjektiven Verhaltens gehören (und die deswegen nur vermittels einer Darstellung »von innen« fixierbar sind), zwangsläufig auf eine objektive Ebene transponiert werden, das heißt in den Bereich äußerlicher Verhaltensformen; anders ausgedrückt: im Drama fallen diese beiden Ebenen oder Bereiche zusammen.

Daraus ergibt sich eine Reihe typisch theatralischer Konventionen. Der innere Monolog unterscheidet sich hier nicht vom normalen Monolog, und wenn eine Figur auf der Bühne etwas »für sich« oder »beiseite« spricht, dann darf dies eine unmittelbar daneben stehende Figur nicht bewußt hören. Indes lassen sich auf der Bühne auch Situationen entdecken, in denen eine Figur leise etwas vor sich hinspricht und eine andere sie *belauscht*[24] (wobei eine sonst unerläßliche Konvention der Bühnenhandlung mißbraucht wird). Freilich sind beide Situationen rein konventionell, denn beide sind hervorgerufen durch die für das Theater typische Einheit von subjektivem und objektivem Verhalten.

V Das wechselseitige Verhältnis der Standpunkte auf den verschiedenen Ebenen eines Werkes. Der komplexe Standpunkt

Bisher galt unsere Aufmerksamkeit dem Problem, *wie* Positionen, von denen aus erzählt werden kann, *überhaupt* in einem Kunstwerk *in Erscheinung treten können*. Es wurde gezeigt, daß sie im einzelnen auf den Ebenen der ideologischen Wertung (der Ebene der Ideologie), der phraseologischen Charakteristik, der Raum-Zeit-Perspektive und der Psychologie (Subjektivität/Objektivität) der Darstellung sich manifestieren. Allerdings wird sich *in der Regel* ein bestimmter Standpunkt gleichzeitig auf sämtlichen oder wenigstens mehreren dieser Ebenen auswirken. So kann z. B. ein Autor ausschließlich in seinem eigenen Namen erzählen (dies ist der Fall der »Ich-Erzählung«), ohne daß er ein einziges Mal in irgendeinem der erwähnten Aspekte einen fremden Standort bezöge, obwohl dies durchaus keine notwendige Folge der Ich-Erzählung ist. Es sind andere Fälle denkbar, in denen ein Autor entschieden und ausnahmslos, d. h. in unterschiedlichster Hinsicht, den Standpunkt einer ganz bestimmten Figur einnimmt. Das bedeutet, daß er ausnahmslos die innere Verfassung des Helden schildert, während er alle übrigen Figuren nur äußerlich, durch dessen Wahrnehmung vermittelt, erfaßt – auf diese Weise deckt sich auf der Ebene der Psychologie die Position des Autors völlig mit der des Helden; der Autor kann sich ferner gleichzeitig mit seinem Helden im Raum und in der Zeit bewegen und sich dessen Horizont zu eigen machen – dann deckt sich die Position des Autors mit der seines Helden auch auf der Ebene der raum-zeitlichen Charakteristik; weiterhin kann sich der Autor bei der Darstellung dessen, was sein Held sieht und empfindet, dessen Sprache bedienen, in Form der uneigentlichen direkten Rede, des inneren Monologs etc. – hier deckt sich die Position des Autors mit der seiner Figur auch auf der phraseologischen Ebene; und schließlich können die Positionen von Autor und Held auch auf der Ebene der Wertung übereinstimmen.

Man könnte also sagen, die Standpunkte, die sich in den einzelnen Schichten bei der Analyse ein und desselben Werkes herausschälen lassen, fallen zusammen – und deshalb decken sich auch die in den einzelnen Schichten dieses Werkes festgestellten Kompositionsstrukturen; ein solcher Fall ist freilich unter dem Aspekt der Ausnutzung aller kompositorischer Möglichkeiten trivial. Die Übereinstimmung der Standpunkte auf den einzelnen Analyseebenen mag zwar häufig sein, sie ist aber keineswegs notwendig. Die Festlegung eines bestimmten Standpunkts auf eine Ebene hat nicht zwangsläufig die Dominanz desselben auf einer anderen Ebene zur Folge. Das erlaubt den Gebrauch komplizierterer Kompositionsformen, so daß sich bei der Analyse der einzelnen Schichten unterschiedliche Strukturen in ein und demselben Werk nachweisen lassen. Im Prinzip ist die Existenz ganz bestimmter Gesetzmäßigkeiten anzunehmen, die das Zusammenspiel der einzelnen auf den verschiedenen Ebenen prägenden Strukturen in einem Kunstwerk regulieren, also jenen komplizierten Mechanismus, mittels dessen die Strukturen wechselseitig determiniert sind, ohne sich allerdings zu decken. Vorläufig läßt sich über diesen Wirkungsmechanismus noch nichts Endgültiges sagen, so daß wir uns zunächst auf die Darlegung einiger möglicher Inkongruenzen von Standpunkten auf verschiedenen Analyseebenen beschränken müssen.

Die Inkongruenz der auf verschiedenen Analyseebenen eines Werkes nachgewiesenen Standpunkte

Die Inkongruenz des ideologischen Standpunkts mit den übrigen Standpunkten

Es sind in einem Werk vorab die Standpunkte der Ideologie, die von den Standpunkten anderer Ebenen abweichen können, ohne sich mit ihnen zu decken.

Inkongruenz der Ebenen der Ideologie und der Phraseologie

Eine Inkongruenz der Standpunkte auf den Ebenen der Phraseologie und der Ideologie liegt z. B. dann vor, wenn in der phraseologischen Sicht einer bestimmten Figur erzählt wird, während gleichzeitig die Wertung dieser Person aus ganz anderer Sicht als spezielle Kompositionsaufgabe gilt. Dadurch tritt nämlich diese Person auf der Ebene der Phraseologie als Träger des Autoren-Standpunkts, auf der Ebene der Ideologie jedoch als Objekt der Autorenwahrnehmung auf (als Gegenstand der Wertung durch den Autor).

Eine ähnliche Inkongruenz phraseologischer und ideologischer Positionen ist für den »skaz« charakteristisch (man denke etwa an Zoščenkos Novellen). Andrerseits gilt gerade dieses Verfahren als eines der typischsten Ausdrucksmittel der *Ironie*. Betrachten wir z. B. folgenden Satz aus einer Autorenrede in den *Brüdern Karamazov*, den (unter einem anderen Aspekt) auch Vološinov in der bereits zitierten Arbeit untersucht hat: »... Krasotkin parierte souverän diesen Vorwurf, wobei er sich den Anschein gab, als ob es *tatsächlich* eine Schande wäre, mit Altersgenossen, dreizehnjährigen Kindern, ›*in unserem Alter*‹ Pferdchen zu spielen, und daß er dies nur der ›*Knirpse*‹ wegen machte, weil er sie gern hat, aber um seine Gefühle zu schonen, *wage es* niemand, ihn um eine Antwort zu bitten.« (X/15) Die Stellen, an denen sich der Autor fremder Rede bedient, sind hervorgehoben; sie weisen eindeutig darauf hin, daß hier der Standpunkt Kolja Krasotkins bezogen ist – ein Standpunkt auf der Ebene der Phraseologie; gleichzeitig aber signalisiert er eine Beziehung zum Autor (Ironie), so daß er als wesentliches Element auch in einen anderen (allgemeineren) Autoren-Standpunkt mit eingeht. Der Autor assoziiert sich mit Krasotkin phraseologisch, nicht ideologisch: er spricht zwar in dessen Namen (er verwendet also innerhalb der Autorenrede dessen Phraseologie), aber aus seiner eigenen Perspektive: Krasotkin tritt auf der Ebene der Ideologie nicht als Rollenträger der Autorenwahrnehmung auf, sondern umgekehrt als Objekt der Autorenwertung. Obschon also der Autor auf der Ebene der Phraseologie den Standpunkt seiner Figur teilt, »entfremdet« er sich ihr auf der Ebene der Wertung.

Eine solche Inkongruenz der Standpunkte – Verfremdung durch den Autor auf der Ebene der allgemeinen ideologischen Wertung, kombiniert mit der Übernahme des Standpunkts auf einer anderen Ebene (der Phraseologie, der Psychologie usw.) – ist ein zentrales Mittel zur Erzeugung eines ironischen Effekts.

Dieser Effekt entsteht, wenn wir von einem bestimmten Standpunkt aus sprechen, aber von einem gänzlich anderen aus werten; in diesem Fall ist die Inkongruenz der Standpunkte verschiedener Ebenen unabdingbar.[1]

In seiner Studie über den Gebrauch der Fremdrede in Dostoevskijs *Eine unflätige Anekdote* kommt Vološinov zu dem Ergebnis, daß »fast jedes Wort dieser Erzählung vom Standpunkt seiner Expressivität, seines emotionalen Tons, seiner Akzentstellung im Satz *gleichzeitig in zwei sich überschneidende Kontexte, in zwei Reden gehört:* in die (ironische, spöttische) Rede des Autor-Erzählers und in die Rede des Helden (dem überhaupt nicht an Ironie gelegen ist)«.[2] Auch hier tritt die Inkongruenz des ideologischen und phraseologischen Standpunkts offen hervor; dabei ist es wichtig, daß der phraseologische Standpunkt dem ideologischen untergeordnet bleibt.

Die Möglichkeit zur zweifachen Verwendung der Fremdrede – auf der Ebene des phraseologischen Standpunkts und auf der Ebene des ideologischen Standpunkts – liegt im Doppelcharakter der uneigentlichen direkten Rede begründet. Diese ist nach Vološinov eine *Rede in der Rede* und gleichzeitig eine *Rede über die Rede:* »Eine fremde Äußerung kann als eine bestimmte *Sinnposition* des Sprechers aufgefaßt werden, und in diesem Fall wird mit Hilfe einer indirekten Konstruktion ihr exakter *Sachgehalt* analytisch wiedergegeben ... Doch läßt sich eine fremde Äußerung auch als *Ausdruck* fassen und analytisch wiedergeben, der nicht nur den Inhalt der Rede (oder sogar nicht einmal in erster Linie) charakterisiert, sondern auch *den Sprecher selber.«*[3]

Inkongruenz der Ebenen der Ideologie und der Psychologie

Bei der Betrachtung der psychologischen Ebene war festzustellen, daß die Zahl der Handlungsfiguren, deren Beschreibung »von innen« und nicht »von außen« geschieht – die Zahl der Personen, bei denen von einem psychologischen Standpunkt aus erzählt werden kann –, im selben Werk nicht selten deutlich beschränkt ist. Man könnte sagen, daß »sich« der Autor in die Rollen einzelner Personen für eine gewisse Zeit »einlebt«, die Welt mittels ihrer Wahrnehmung beschreibt, während ihn die übrigen hauptsächlich vom Standpunkt einer distanzierten Wahrnehmungsebene interessieren. Für den Charakter eines Werkes ist es jedoch von grundlegender Bedeutung, wie sich auf der Ebene der ideologischen Wertung der Autor zur Aufdeckung oder Nichtaufdeckung der inneren Verfassung einer bestimmten Figur verhält. Die Frage läßt sich auch anders stellen: Wie verhält sich das Prinzip der »Außen-« und »Innen«-Darstellung zur Gliederung der Personen in »positive« und »negative« Helden?

Es liegt auf der Hand, daß in einer Reihe von Fällen die Personenbeschreibung »von innen« oder »von außen« von der jeweiligen Einstellung des Autors gegenüber seinen Figuren abhängt, daß also der Autor den Standpunkt der einen prinzipiell bejahen kann, während ihm der psychologische Standpunkt der anderen innerlich fremd oder gar unverständlich bleibt: entsprechend wird er sich nicht, auch nicht für kurze Zeit, mit deren Position identifizieren; Figuren dieses Typs werden ausschließlich aus der Außenperspektive gezeichnet, ihr innerer Zustand wird nicht geschildert. Andererseits unterscheidet sich in dieser Sache die Einstellung des Autors im Kern nicht von der eines Lesers: Er stellt sich ausschließlich auf den Standpunkt solcher Helden, mit denen sich (nach seiner Meinung) auch der Leser identifizieren kann.[4]

In diesem Fall also würde die Einteilung der Personen nach dem Darstellungsprinzip auf der psychologischen Ebene (»von außen« bzw. »von innen«) mit einer Klassifizierung in positive und negative Helden zusammenfallen – folglich handelt es sich um eine Kongruenz des psychologischen und des ideologischen Standpunkts (ein insbesondere für Tolstoj typisches Verfahren). Allerdings ist eine solche Kongruenz keineswegs obligatorisch: meist decken sich die Klassifizierung der Figuren in positive und negative und ihre Darstellung aus der Innen- oder Außenperspektive gerade nicht, vielmehr überschneiden sie sich, d. h. der Autor kann in gleicher Weise die innere Verfassung sowohl der positiven wie negativen Figur beschreiben (beispielsweise werden in Dostoevskijs *Brüder Karamazov* so die Erlebnisse Fjodor Pavlovič Karamazovs geschildert). Daraus läßt sich folgern, daß sich hier die Einstellungen von Autor und Leser unterscheiden: der Autor kann sich auf einen Standpunkt stellen, mit dem sich der Leser von der Idee her schwerlich identifizieren wird.

*Die Inkongruenz des raum-zeitlichen Standpunkts mit
anderen Standpunkten*

Immerhin sind auch Inkongruenzen von Standpunkten auf
der raum-zeitlichen Perspektiveebene und auf anderen Ebenen
nicht gerade selten. Besonders charakteristisch ist hier die Diskrepanz zwischen den Standpunkten der Raum-Zeit-Charakteristik und der Psychologie.

*Inkongruenz der raum-zeitlichen und der psychologischen
Standpunkte*

Eine solche Diskrepanz tritt beispielsweise vor allem dann auf,
wenn der Repräsentant des raum-zeitlichen Standpunkts (also
die Figur, auf deren Horizontlinie der Autor sich bewegt),
nicht »von innen«, sondern »von außen« dargestellt wird, also
durch das Wahrnehmungsprisma eines bestimmten anderen Beobachters. (Freilich kann der Vertreter des psychologischen
Standpunkts, also die Figur, deren Auffassung der Autor sich
bei seiner Darstellung anschließt, sehr wohl in den räumlichen
Horizont einer anderen Person gehören.) Als Beispiel dafür
mag jene Szene aus *Krieg und Frieden* stehen, wo (am Geburtstag beider Natalien, der alten Gräfin und Natašas) die Gräfin
Rostov aus dem Wunsch, mit Anna Michajlovna Drubeckaja
unter vier Augen zu sprechen, Vera zu sich bittet (IX/55-56).
Vera erhebt sich, um in ihr Zimmer zu gehen; von jetzt an
wird der Autor (und mit ihm der Leser) für eine Weile zu
ihrem Begleiter. Während Vera am Divanzimmer vorbeigeht,
wird eine Kinderszene beschrieben, und zwar so lange, wie die
Kinder in ihrem Blickfeld sind. So sieht der Leser eine Zeit-
lang die Welt aus ihrer Perspektive, allerdings einer ausschließlich räumlichen und nicht einer psychologischen usw. Perspektive. Der Autor wird zu Veras Begleiter, ohne sich auch nur für
einen Moment in sie selbst zu versetzen (wie er es sonst häufig
mit anderen Handlungsfiguren macht): sooft in diesem Abschnitt die Rede auf Veras Empfindungen kommt, gebraucht
der Autor die Verfremdungssignale »offensichtlich«, »augenscheinlich« usw. Das heißt, daß Vera aus der Sicht eines abseits
stehenden Beobachters gezeichnet wird (also genauso wie alle

anderen, die in ihr Blickfeld geraten); der Autor steht zwar unablässig neben ihr, er bedient sich aber nicht ihrer Wahrnehmungsweise. Ganz analog wird in *Krieg und Frieden* Anatol' Kuragins Versuch, Nataša zu entführen, dargestellt (X/351); während des gesamten Erzählablaufs heftet sich der Autor Anatol' bei dessen Translokationen an die Fersen, ohne auf der psychologischen Ebene dessen Blickwinkel einzunehmen.

Ein weiterer Fall einer solchen Inkongruenz ist die Beschreibung Stavrogins im zweiten Teil der *Dämonen* (Kapitel I und II: *Nacht*, VII/230 ff.). Stavrogin wird stets aus der Distanz erfaßt, seine Gestalt wird vom Autor in einem hohen Maße verrätselt[5], so daß der Leser erst gegen Ende der Erzählung zu einer Lösung gelangt; entsprechend sind auch die Ausdrücke, die die innere Verfassung Stavrogins wiedergeben, mehr oder weniger selten.

In der Schilderung einer nächtlichen Fahrt Stavrogins durch die Stadt erscheint der Held fast ausschließlich im Beobachtungszusammenhang eines distanzierten Betrachters. Diese verfremdete Darstellung wird zusätzlich dadurch unterstrichen, daß der Autor fast nur von Stavrogins Gesichtsausdruck wie überhaupt von seinen *äußeren* Verhaltensmerkmalen, so gut wie nie jedoch von seinen Gedanken und Gefühlen spricht.[6] Gleichwohl befindet sich der unsichtbare, abseits stehende Beobachter, aus dessen Sicht Stavrogin beschrieben wird (auch dann, wenn dieser allein zu sein scheint), in unmittelbarer Nähe seines Helden – das Objektiv des Autors bewegt sich synchron mit Stavrogin, ohne jedoch in sein Wesen einzudringen. Der Leser folgt Stavrogin bei seiner langen nächtlichen Fahrt und sieht, was auch dieser sehen müßte. Desgleichen werden das Zimmer, das Stavrogin betritt, und die Straße, auf der er sich bewegt, so geschildert, wie sie ihm wohl erscheinen müßten – in Wirklichkeit indes sind sie so dargestellt, wie sie ein in gewisser Entfernung postierter Beobachter sah, der sich seiner Perspektive bediente. Das zeigt sich daran, wie Hauptmann Lebjadkins Zimmer beschrieben wird: »Nikolaj Vsevolodovič sah sich um; es war ein winziges, niedriges Kämmerchen; nur das allernotwendigste Mobiliar, Stühle und Divan aus Holz, ebenfalls neuester Machart, aber unbezogen und ohne Kissen, zwei kleine Tische aus Linde, einer neben dem Divan, der andere in der Ecke, mit einem

Tischtuch bedeckt, mit allen möglichen Sachen vollgestellt und von oben mit einer blütenweißen Serviette abgedeckt. Auch das übrige Zimmer war offensichtlich in peinlichster Sauberkeit gehalten. Hauptmann Lebjadkin war seit etwa acht Tagen nicht mehr betrunken; sein Gesicht war angeschwollen und gelblich verfärbt, sein Blick unstet, neugierig und offenbar verlegen: man merkte zu deutlich, daß er selbst noch nicht weiß, in welchem Ton er zu sprechen anfangen könnte ...« (VII/277) Ein derart detailliertes Bild kann nicht aus der Sicht Stavrogins gegeben werden; daß sich Stavrogin im Zimmer umsah, ist eher der *Anlaß* für die Beschreibung, schwerlich jedoch das *Resultat* seines Eindrucks von dieser Besichtigung.[6a]

Daher sollte man in diesem Zusammenhang weniger vom *Standpunkt* als vielmehr vom *Blickfeld* Stavrogins sprechen. Stavrogin selbst hat weit mehr die Funktion eines Besichtigungsobjektes als die Qualität subjektiver Wahrnehmung.

Besonders aufschlußreich ist, daß er im Verlauf dieser Kapitel in die Wahrnehmungssphäre mehrerer Personen – seiner Mutter Varvara Petrovnas (VII/243) und Hauptmann Lebjadkins (VII/280-286) – gerät und auch aus deren Sicht geschildert wird. So kommt er zwar in das Blickfeld verschiedener psychologischer Standpunkte, den raum-zeitlichen Standpunkt jedoch markiert er allein.

Inkongruenz der raum-zeitlichen und der phraseologischen Standpunkte

Dieser Fall läßt sich am besten mit Hilfe desselben Abschnitts aus *Krieg und Frieden* illustrieren, in dem von Nikolaj Rostovs Verhältnis zu Dolochov die Rede ist (X/42 ff.). Hierbei dominiert der raum-zeitliche (und teilweise psychologische) Standpunkt Nikolajs, der gelegentlich mit dem Standpunkt der Mutter Dolochovs zusammenfällt, der auf einer anderen, nämlich der phraseologischen Ebene liegt: »Die greise Mar'ja Ivanovna, die Rostov wegen seiner Freundschaft zu *Fedja* liebgewonnen hatte, redete oft mit ihm über ihren Sohn.« (X/42) Die Benennung »Fedja« weist eindeutig auf den phraseologischen Standpunkt eben Mar'ja Ivanovnas hin (man vergleiche diese Benennung mit ihrer direkten Rede einige Seiten weiter im Roman).

Die Kombination der Standpunkte auf ein und derselben Ebene

Die unterschiedlichen Standpunkte, wie sie sich bei der Analyse eines Werkes in den verschiedenen Schichten ermitteln lassen, müssen also nicht unbedingt zusammenfallen; das bedeutet, daß die Komposition eines solchen Werkes durch eine Kombination mehrerer verschiedener Kompositionsstrukturen gekennzeichnet ist. Ihr Resultat ist eine komplexe (kombinierte) Kompositionsstruktur (für deren graphische Darstellung ein mehrdimensionaler Raum erforderlich wäre), wobei insgesamt gleichzeitig von mehreren Positionen aus, die untereinander in verschiedenerlei Beziehungen stehen, erzählt wird. Die Standpunkte könnten untereinander sowohl in syntagmatische als auch in paradigmatische Relationen treten.

In einigen Fällen findet eine derartige Kombination unterschiedlicher Standpunkte nicht in verschiedenen Werkschichten statt, sondern auf ein und derselben Ebene; anders ausgedrückt: die Darstellung erfolgt gleichzeitig von zwei (oder mehreren) getrennten Punkten aus, was mit dem Effekt der »doppelten Beleuchtung« in der Malerei, mit der gleichzeitigen Verwendung zweier Lichtquellen, vergleichbar ist. (Dieses Verfahren findet man nicht selten bei mittelalterlichen Meistern, bei Rubens u. v. a.[7])

Es steht hier nicht der Wechsel des Autoren-Standpunktes zur Debatte, also nicht der Übergang vom einen zum anderen Standpunkt während des Erzählprozesses, sondern die *Kombination* der Standpunkte, also die *gleichzeitige* Verwendung mehrerer verschiedener Standpunkte im Erzählvorgang, ein Sachverhalt, der das Ergebnis einer wechselseitigen Überlagerung mehrerer nicht deckungsgleicher (aber derselben Analyseebene zugehöriger) Kompositionsstrukturen bildet.[7a] Der wohl typischste Fall liegt dann vor, wenn einer der kombinierten Standpunkte der spezielle eines bestimmten *Erzählers* ist, der, sichtbar oder unsichtbar, während der Erzählung bewußt bleibt. Dieser Standpunkt kann beim Erzählen mit dem einer beliebigen Figur oder sogar mit dem eines zweiten Erzählers verschmolzen werden. Kurz, es geht um die (dauernde oder episodische) Kombination des Standorts eines Erzählers mit einer beliebigen anderen Position im Aufbau einer Erzählung. Zur

Illustration sollen wiederum Werke Tolstojs, insbesondere *Krieg und Frieden,* herangezogn werden.

Die Kombination des Erzählerstandorts mit einem beliebig anderen im Erzählvorgang von Krieg und Frieden

In *Krieg und Frieden* wird gleichzeitig von mindestens zwei Positionen aus (in manchen Fällen lassen sich sogar noch einige mehr finden) erzählt – dem eines der Romanhelden (Nataŝas, des Fürsten Andrej, Pierres, u. a.) und dem eines Beobachters (Erzählers), der unsichtbar am Handlungsort anwesend ist. Dieser Zuschauer (mit dem der Autor sympathisiert, mit dem er aber nicht ohne weiteres gleichgesetzt werden darf) tritt in der Rolle eines Mannes auf, der die Menschen, von denen die Rede ist, sowie ihre Vorgeschichte, häufig auch die Motive ihrer Handlungen, sehr gut zu kennen, zu durchschauen scheint; ihm ist auch das bekannt, was mitunter sogar dem Selbstbewußtsein der ins Geschehen verwickelten Personen verborgen bleibt (er hat Zugang nicht nur zu ihrem Bewußtsein, sondern auch zu ihrem Unbewußten). Trotz allem spielt er nicht den allwissenden Beobachter; er ist einfach ein einfühlsamer und kluger[8] Mensch, kurz, ein Erzähler mit eigenen Sympathien und Antipathien, mit eigenen Erfahrungen und, nicht zuletzt, mit einem *beschränkten Wissen.* Man beachte z. B. folgenden charakteristischen Abschnitt aus *Krieg und Frieden* (mit der Beschreibung Anatol' Kuragins), wo der psychologische Standort des Erzählers ziemlich deutlich umrissen wird: »Anatol' schwieg, er wippte mit dem Fuß und betrachtete mit heiterem Blick die Frisur der Fürstin. *Man konnte sehen,* daß er imstande gewesen wäre, noch sehr lange in dieser ruhigen Stellung zu verharren und zu schweigen. *Sein Aussehen schien sagen zu wollen,* ›falls einem von ihnen auch dieses Schweigen unangenehm ist, mag er ruhig zu sprechen beginnen, ich habe jetzt keine Lust dazu‹. Außerdem hatte Anatol' im Umgang mit Frauen eine Manier, die dazu angetan war, Neugierde, Angst und sogar Liebe hervorzurufen – es war die Manier der Geringschätzung und des Bewußtseins seiner eigenen Überlegenheit. *Als ob er ihnen* mit seinem Aussehen *bedeuten wollte:* ›Ich kenne euch sehr genau, warum aber soll ich mich mit euch herumplagen? Ihr würdet euch natürlich freuen!‹

Es ist möglich, daß er das gar nicht dachte, wenn er Frauen begegnete (es ist sogar wahrscheinlich, daß er es nicht dachte, weil er überhaupt nur wenig nachdachte), aber er hatte nun einmal ein solches Aussehen und eine solche Manier.« (IX/ 271-272) Einerseits befindet sich der Erzähler in der Situation eines distanzierten Beobachters, der nicht genau weiß, was Anatol' dachte und empfand, jedoch seine Vermutungen darüber anstellen kann (in dieser Hinsicht sind die in unserem Text kursiv gedruckten Verfremdungsausdrücke aufschlußreich); andererseits kennt derselbe Erzähler, auch wenn er über die Empfindungen Anatol's in diesem Moment nichts Sicheres weiß, seinen Helden ziemlich gut, so wie einen guten Bekannten (dies verraten die Anspielungen auf seinen Umgang mit Frauen, auf seine Denkgewohnheiten usw.). Schließlich verfügt der Erzähler über ein bestimmtes Maß eigener Erfahrung (er klärt beispielsweise den Leser aus seiner Sicht und nicht aus der Anatol's darüber auf, was bei Frauen Neugierde, Furcht und Liebe hervorruft), so daß keineswegs abstrakt, sondern in einem verhältnismäßig konkreten menschlichen Kontext erzählt wird.

Hinzu kommt, daß der Erzähler bisweilen völlig zurücktritt und verschwindet; an seiner Statt fungiert dann eine bestimmte Handlungsfigur – so als gäbe es überhaupt keinen Erzähler. Dies geschieht beispielsweise bei der Geschichte des Bruchs Pierres mit Hélène. Angefangen vom Dinner im Englischen Club zu Ehren Bagrations erscheinen hier die Dinge größtenteils ausschließlich aus der Sicht Pierres, wobei die Darstellung mehrere Male in einen inneren Monolog überwechselt (z. B. X/21 ff.). Nur vereinzelt wird die Erzählung (aus der Sicht Pierres) unterbrochen durch eine Darstellung aus der Perspektive einer anderen Figur (etwa Nikolaj Rostovs, der Pierre ziemlich spöttisch und herablassend betrachtet) oder durch eine »objektive« Beschreibung von Pierres eignem Verhalten aus einer reinen Außenperspektive. Jedenfalls fehlt der einfühlsame und wohlinformierte Erzähler: auffälligerweise erfährt der Leser von Hélènes Seitensprung mit Dolochov genau so viel, wie auch Pierre davon weiß. So wie Pierre ist er über diesen Betrug auf Vermutungen angewiesen und bleibt im Grunde bis zuletzt im unklaren (wie Pierre kennt der Leser lediglich einige äußerliche Verdachtsmomente, etwa einen anonymen

Brief, das herausfordernde Benehmen Dolchovs usw.). Der in anderen Fällen überaus gut informierte Autor tritt gleichsam hinter die Kulissen, um den Leser völlig der Wahrnehmungssphäre Pierres zu überlassen.

Im allgemeinen gibt es zwei Erzählertypen – unabhängig davon, ob der Erzähler in einem Werk sichtbar (wie in den *Brüdern Karamazov*) oder unsichtbar (wie in *Krieg und Frieden*) anwesend ist.[9] Der eine Erzählertyp nimmt mehr oder weniger ständig am Geschehen Anteil; wird darüber hinaus noch ein weiterer Standpunkt eingenommen, so ergibt sich eine komplexe Kompositionsstruktur mit einer Kombination mehrerer Standpunkte. Der Erzähler des zweiten Typs dagegen verschwindet bisweilen; dementsprechend erfolgt hier die Darstellung aus der Sicht unterschiedlicher Personen, darunter auch des Erzählers; dadurch tritt im letzteren Fall der Erzähler im allgemeinen in der gleichen Funktion auf wie die eine oder andere Figur des jeweiligen Werkes.

Mitunter – gewöhnlich zu Beginn eines neuen Erzählabschnitts[10] – wird in *Krieg und Frieden* ganz bewußt nicht aus der Sicht einer bestimmten am Geschehen beteiligten Figur erzählt. Dennoch gerät auch dann die Erzählung nicht zu einer abstrakten Schilderung, die leidenschaftslos objektive Daten über das Verhalten der Figuren registrierte; vielmehr vermittelt auch eine solche Darstellung etwas von den subjektiven Erlebnisformen und sogar von den Handlungsmotiven der Figuren (die ihnen selbst verborgen sein mögen); ferner wird der Leser davon in Kenntnis gesetzt, wie deren Verhalten *nach außen wirkte* – d. h. es erfolgt eine unmißverständliche Anspielung auf die Wahrnehmungsweise eines bestimmten Subjekts (das sich allerdings mit keiner der am Geschehen beteiligten Personen identifizieren läßt).

Somit wird in *Krieg und Frieden* der Erzähler unter diesem Aspekt ebenso behandelt wie seine Helden (als mögliche Repräsentanten des Autoren-Standpunkts: in beiden Fällen erfolgt jeweils eine Anspielung auf eine bestimmte Subjektivität der Wahrnehmung.

Es ist in diesem Zusammenhang nicht ohne Belang, daß die Auffassungsweise des Erzählers von der seiner Helden sehr wohl abweichen kann – ebenso wie sich beispielsweise die Eindrücke unterscheiden können, die zwei Personen vom selben

Ereignis gewinnen. Besonders illustrativ dafür ist die Episode mit dem Fürsten Vereščagin. Die eigentliche Hinrichtungsszene zeichnet Tolstoj aus einer verfremdeten Position heraus: er stellt sich weder auf den Standpunkt des Grafen Rostopčin, dessen er sich noch kurz zuvor bediente (vgl. XI/345), noch auf den einer der anderen Figuren[11]; man könnte sagen, daß hier ein ausgesprochen subjektives Beobachtungsverfahren zum Zuge kommt.[12]

Sodann beschreibt der Autor, wie Graf Rostopčin nach der Exekution durch das von den Einwohnern verlassene Moskau fährt, wobei abermals Rostopčins eigene (psychologische) Sichtweise vorherrscht, dessen Eindrücke ausführlich wiedergegeben werden. Von Reue- und Schuldgefühlen gepeinigt, erinnert er sich an die Einzelheiten des Ereignisses: »Er hörte, *so schien es ihm jetzt,* den Klang seiner eigenen Worte ›Schlag ihn nieder, ihr steht mir mit eurem eigenen Kopf dafür ein!‹« (XI/352). Bemerkenswert ist, daß er gerade diese Worte, die ihm jetzt zu Bewußtsein kommen, *nicht ausgesprochen hatte,* jedenfalls hatten sie sich nicht in der Wahrnehmung des Erzählers niedergeschlagen (obwohl andere, dem Sinn nach ähnliche fielen). Somit differieren die Auffassungen des Erzählers und der Romanfigur, was ein charakteristisches Zeugnis sowohl für den einen wie für den anderen ist.

Aus den genannten Gründen kann man zu Recht sagen, daß in *Krieg und Frieden* ein spezieller *Erzähler* zugegen ist, obgleich er als solcher nicht greifbar wird, etwa in dem Sinne, daß er (regelmäßig) in seinem eigenen Namen [und in der ersten Person] erzählt. (Zum Vergleich halte man Dostoevskijs *Brüder Karamazov* oder Gogol's *Abende auf dem Vorwerk bei Dikan'ka* dagegen – Texte, in denen der Erzähler seine Anwesenheit in der Erzählung völlig eindeutig belegt, auch wenn er nicht selber am Geschehen teilnimmt: von Zeit zu Zeit erzählt er aus der Sicht seiner, d. i. der ersten Person, tritt dann aber wieder zurück, indem er gänzlich die Wahrnehmungsform einer bestimmten Figur aufnimmt.) Im übrigen läßt uns eine aufmerksame Betrachtung in *Krieg und Frieden* nicht nur eine, sondern mindestens zwei Erzählerpositionen – oder, wenn man so will, zwei verschiedene Erzähler – erkennen.[13] Der eine ist der scharfsinnige Beobachter, von dem bereits oben die Rede war; er ist mit den Leuten, über die er schreibt, vertraut, er kennt ihre Vergangenheit (nicht jedoch ihre Zukunft[14]); er vermag ihre Handlungen zu analysieren, sowohl im Lichte ihres Bewußtseins als auch auf der Ebene ihrer unbewußten Regungen, und er hat eine eigenständige Auffassung vom Leben und von der Geschichte usw. (weil es eigentlich keinen hinreichenden Grund gibt, diesen Erzähler und den Verfasser der Exkurse in *Krieg und Frieden* als zwei verschiedene Personen aufzufassen). Wesentlich ist, daß diesem Erzähler die Frage nach den Quellen des Wissens über seine Figuren überhaupt nicht gestellt werden sollte, daß die Frage, woher er die Fakten kennt, die sich auf das Bewußtsein und das Unbewußte seiner Helden beziehen, unstatthaft ist. (Man würde verstehen, wenn eine solche Antwort als unkorrekt aufgefaßt würde, obwohl wir hier ausdrücklich unterstreichen wollen, daß bereits auch die Frage an sich schon inkorrekt ist.) Will man sie trotzdem stellen, so könnte man darauf ganz allgemein entgegnen – wobei allerdings die Grenzen der hier erörterten Problematik eindeutig überschritten würden –, daß ihm die Fakten eben deswegen bekannt sind, weil er sich seine Helden selber erschuf. Mit anderen Worten, die Stellung eines solchen Erzählers ist nicht die eines unmittelbaren Beobachters, sondern die eines *Erzählers schlechthin*. Er bleibt seinen Helden gegenüber entfremdet und befindet sich in einer prinzipiell anderen – allgemeineren – Situation als sämtliche Figuren des Werkes.

Im Erzählduktus von *Krieg und Frieden* läßt sich indes noch eine weitere Erzählerposition ausmachen; man könnte sie als Position des *unmittelbaren Beobachters* bestimmen, der unsichtbar an der Szene teilnimmt und sozusagen eine synchrone Reportage unmittelbar vom Tatort liefert. Dadurch ist er denselben Bedingungen ausgesetzt wie die agierenden Figuren im Werk; infolgedessen unterliegt er auch denselben charakteristischen Wissensbeschränkungen wie die Handlungsträger. Auf der Zeitebene erscheint die Position des letzteren Erzählers als synchron, die des ersten als panchronistisch. Oder allgemeiner ausgedrückt: Wenn die raum-zeitliche Position des zweiten Erzählers unmittelbar an Ort und Zeit des dargestellen Ereignisses gebunden ist, so befindet sich der erste Erzähler in einer allgemeineren und minder einengenden Situation. In allgemeinen Termini ließe sich auch sagen, der zweite Erzähler liefert seine Darstellung *von innerhalb* des zu beschreibenden Geschehens, während der erste diesem Geschehen gegenüber eine *Außen*-Position bezieht. Die typologischen Analogien zur Malerei werden noch ausführlicher (im letzten Abschnitt dieses Buches) behandelt.

Beide Erzählerpositionen lassen sich in *Krieg und Frieden* ab der ersten Szene nachweisen – der Abendgesellschaft bei Anna Pavlovna Šerer, womit der Roman eröffnet wird. Der Beschreibung der Soiree liegt keine spezielle Optik zugrunde.[15] Trotzdem werden häufig Wörter und Ausdrücke der Verfremdung (vom Typ »offensichtlich« usw.) gebraucht, die auf die Anwesenheit eines synchronen Beobachters hindeuten (der mit einem der am Geschehen Beteiligten identisch oder nicht identisch sein kann). Ein Beispiel: ». . . sagte er (Fürst Vasilij. – B. U.), *offensichtlich* außerstande, dem trübsinnigen Gang seiner Gedanken Einhalt zu gebieten.« (IX/8) Oder: »Doch obwohl sie (Anna Pavlovna. – B. U.) sich um alles sorgte, *war* ihr ständig eine besondere Angst um Pierre *anzusehen.*« (IX/12) Zweifellos hätte hier der Autor auch schreiben können, daß Fürst Vasilij nicht imstande war, seinen traurigen Gedankengang (als er von Anatol' sprach) abzubrechen, und daß Anna Pavlovna sich um Pierre *ängstigte.* Er wollte jedoch (und gerade das ist bezeichnend) auf den Eindruck eines nicht näher bestimmten Subjekts anspielen – er hält sich sozusagen nicht berechtigt zu behaupten, die genannten Gedanken seien *tatsächlich* erwogen worden, der damit verknüpfte Wirklichkeitsanspruch soll unter keinen Umständen erzeugt werden. Charakteristisch ist, daß der Autor selbst dann zu diesem Darstellungsverfahren greift, wenn die *Empfindung* der beschriebenen Person keinerlei Zweifel mehr zuläßt: »Ihm (Fürst Andrej. – B. U.) waren *offensichtlich* alle Gäste im Salon nicht nur gut bekannt, sondern sie langweilten ihn bereits so sehr, daß es ihn verdroß, sie auch nur anzusehen und ihnen zuzuhören.« (IX/17) Alles folgende beweist überzeugend, daß es sich nicht um Vermutungen handelt, sondern daß es sich in Wirklichkeit so verhält; seine gute Bekanntschaft mit dem Fürsten Andrej (auf die der Autor noch an anderen Stellen Anspruch erhebt) hätte ihm eigentlich eine hinreichende Begründung sein müssen, daran nicht mehr zu zweifeln. Trotzdem hält er es für notwendig, diese offen zutage tretenden Phänomene nur unter Berufung auf ein subjektives Empfindungsvermögen zu benennen.

Um wessen Eindruck jedoch handelt es sich eigentlich? Vielleicht um den eines an der Szene Beteiligten? Daran könnte man tatsächlich im ersten Augenblick denken; doch man erinnere sich an einen anderen Satz aus dem Gespräch der Anna Pavlovna mit dem Fürsten Vasilij: »– Avant tout dites-moi, comment vous allez, chère amie? Beruhigen Sie mich – fuhr er fort, ohne die Stimme und den Ton zu ändern, in dem trotz Höflichkeit und Anteilnahme *Gleichgültigkeit und sogar Spott* durchschlugen.« (IX/4) Auch hier ist die Rede von einem Eindruck eines bestimmten Subjekts, es kann das aber nicht der Eindruck Anna Pavlovnas sein, obschon außer den beiden niemand im Salon zugegen ist. Infolgedessen muß es der Eindruck eines Beobachters sein, der dieser Szene unsichtbar beiwohnt. Der Autor befindet sich andererseits wiederholt in der Position eines Erzählers, der nicht nur seine Helden im gegebenen Augenblick beschreibt, sondern sie überhaupt gut kennt, d. h. der in der Lage ist, Positionen zu beziehen, die oben als die eines allwissenden Erzählers umschrieben worden waren. Man vergleiche z. B. die Charakterschilderung der Anna Pavlovna Šerer im selben einleitenden Abschnitt von *Krieg und Frieden:* »Zur Enthusiastin hatte sie ihre Stellung in der Gesellschaft gemacht, manchmal aber machte sie sich, ohne es zu wollen, auch deswegen zur Enthusiastin, um die Erwartungen der Leute, die sie gut kannten, nicht zu enttäuschen.« (IX/5) Dies ist nicht Anna Pavlovnas (die kaum so von sich denken würde) eigener Standpunkt, und schwerlich der eines ihrer Gesprächspartner; dies kann nur aus der Sicht des Erzählers kommen, und zwar eines solchen, der, wie man später noch sehen wird, sich in einer grundsätzlich anderen Position befindet als in der eines unmittelbaren Beobachters. Oder eine andere Stelle (über Fürst Vasilij): »– . . . Sagen Sie, – setzte er hinzu, als ob ihm plötzlich etwas eingefallen wäre, was ihn nicht besonders beschäftigte, während doch das, wonach er fragte, der Hauptzweck seines Besuches war, – trifft es zu, daß l'imperatrice-mère die Ernennung des Baron Funke zum Ersten Sekretär in Wien wünscht?« (IX/6) Dem Autor ist etwas bekannt, was im Grunde nur Fürst Vasilij selber wissen kann; dennoch erfolgt die Darstellung nicht aus der Perspektive des

Fürsten Vasilij, sondern aus der eines äußeren Beobachters; wiederum zeichnet sich hier die Position eines Erzählers ab, der seine Helden bis ins Innerste kennt (und sie nicht nur im jeweils gegebenen Moment beschreibt, sondern grundsätzlich alles von ihnen weiß).

Man könnte einwenden, eine solche Unterscheidung zweier Erzähler in *Krieg und Frieden* sei künstlich, denn tatsächlich träte jeweils ein und derselbe Erzähler auf, der im allgemeinen seine Helden zwar ziemlich genau kennt, aber gleichwohl mitunter in die Rolle eines Berichterstatters schlüpft, um einen synchronen Augenzeugenbericht unmittelbar vom Ort des Geschehens zu liefern; sicherlich könnten in den meisten Fällen alle vom Autor stammenden Sätze so aufgefaßt werden. Dann erlangen aber gerade diejenigen Sätze ein besonderes Gewicht, die zwar vom Erzähler kommen, die aber nicht mit einer einzigen Autorenposition in Einklang zu bringen sind. Man beachte etwa folgende Stelle (immer noch aus demselben Abschnitt): ».. . sagte . . . Anna Michajlovna mit dem Lächeln eines koketten jungen Mädchens, das ihr *wahrscheinlich* früher einmal eigen war, jetzt aber nicht mehr so recht zu ihrem ausgezehrten Gesicht passen wollte.« (IX/21) Dieses »wahrscheinlich«, eine Einschränkung des Autorenwissens von seiner Figur, weist deutlich darauf hin, daß die Beschreibung von einem unmittelbaren Beobachter stammt (der unsichtbar am Geschehen teilnimmt). Sie paßt so gar nicht zu dem uneingeschränkten Wissen über die Figur, das in den oben angeführten Charakterschilderungen zum Ausdruck kam. Oder: ».. . beim Anblick des eintretenden Pierre drückten sich in Anna Pavlovnas Gesicht Unruhe und Furcht aus, wie man sie empfindet, wenn man etwas zu groß Geratenes und Unangemessenes erblickt.« (IX/11) Der Autor sagt hier nicht, was Anna Pavlovna *tatsächlich* empfand; er gibt lediglich den Ausdruck ihres Gesichtes wieder, indem er auf eine in einer bestimmten Situation entzifferbare Miene, also einen allgemeinen Erfahrungszusammenhang, anspielt. Der Autor tritt hier also keineswegs als allwissender Beobachter, sondern als lebendige Person mit einem gewissen Erfahrungshorizont auf.

Die gleiche auffällige Beschränktheit des Wissens, die für einen unmittelbaren (synchronen) Beobachter bezeichnend ist, läßt sich anschaulich auch an solchen (für Tolstoj ziemlich charakteristischen) Sätzen verfolgen wie: »... sagte der Fürst, wobei er plötzlich die Hand seiner Gesprächspartnerin ergriff und sie *aus irgendeinem Grunde* nach unten bog.« (IX/9)

Schließlich denke man an jene Stellen in *Krieg und Frieden,* in denen die Beschränktheit des Autorenwissens ausdrücklich hervorgehoben wird: »Die kleine Fürstin *hörte oder wollte nicht auf seine Worte hören.*« (IX/15) »Das Gesicht des Fürsten Andrej war sehr nachdenklich und gerührt ... Fürchtete er sich, in den Krieg zu ziehen, schmerzte es ihn, die Gattin zu verlassen – *vielleicht* war es beides, nur wünschte er offenbar nicht, daß man ihn in einer solchen Verfassung erblickte, und als er Schritte auf dem Korridor hörte, ... nahm er wieder seinen alltäglichen, ruhigen und unergründlichen Gesichtsausdruck an.« (IX/128) »Aus Unbeholfenheit oder aus Absicht *(niemand hätte dies unterscheiden können)* ließ er (Fürst Ippolit. – B. U.) lange die Arme nicht sinken ...« (IX/28)

Es sind also in der Tat die beiden Erzählerstandorte in *Krieg und Frieden* verschieden, obschon sie im Erzählprozeß miteinander *verschmelzen* können. Ferner kann jede dieser Positionen mit der einer bestimmten Figur im Werk kombiniert werden. Somit entsteht ein komplexer Standpunkt, wobei freilich zu betonen ist, daß sich die Überlagerung jedes Mal auf ein und derselben Ebene vollzieht.

Der »verschobene« Standpunkt als Sonderfall der Kombination von Erzähler- und Figurenstandpunkt

Kehrt man zurück zum oben zitierten Text, welcher die Gefühle Anna Pavlovna Šerers beim Anblick des in den Salon eintretenden Pierre Bezuchov schildert, so läßt sich beobachten, daß der Erzähler den (psychologischen) Standpunkt Anna Pavlovnas sozusagen durch seinen eigenen ersetzt. Er spricht nämlich nicht so sehr davon, was Anna Pavlovna *empfand,* als vielmehr davon, was sie *hätte empfinden müssen.* Mit anderen Worten: Indem der Erzähler Anna Pavlovnas Gesichtsausdruck interpretiert, möchte er stellvertretend für sie wahrnehmen (dabei überträgt er die eigenen Empfindungen, die er – als Erzähler – haben würde, auf sie); diese Interpretation kann der Wahrheit ziemlich nahekommen, d. h. seine Empfindungen werden den wirklichen Gefühlen seiner Figur (Anna Pavlovnas) sehr wahrscheinlich entsprechen. Dieses Kunstmittel wird von Tolstoj häufig gebraucht: »Die Anwesenheit Natašas, einer Dame, eines Fräuleins hoch zu Roß, rief beim Gesinde des Onkels eine solche Neugierde hervor, daß viele, ohne sich dabei im geringsten stören zu lassen, ganz nahe an sie herantraten, ihr in die Augen blickten und dabei ihre Bemerkungen über sie machten, als ob es sich nicht um einen Menschen, sondern eine Wundererscheinung handelte, die weder hören noch verstehen kann, was man von ihr spricht.« (X/262) Hier vermischen sich Bilder der psychischen Verfassung der Figuren und psychologische Erklärung des Erzählers, der deren Position interpretiert. Deshalb könnte man solche Stellen als Kombination zweier psychologischer Standpunkte auffassen – der Figur und des Erzählers, der die Empfindungen der Figur deutet, indem er ihr in einer bestimmten Situation seine eigenen Empfindungen unterschiebt.

Denselben Vorgang [eine Projektion] trifft man dann an, wenn der Autor bei der Darstellung der inneren Verfassung einer Person Wörter des Typs »offensichtlich«, »als ob« usw. verwendet. Wie bereits erwähnt, signalisieren derartige Wörter überhaupt die *Verfremdung* der Autorenposition, also eines abseits stehenden Beobachters. Dieser verfremdete Standpunkt läßt sich mit dem des Erzählers verknüpfen, er kann freilich (mehr oder weniger sporadisch) auch mit dem der einen oder anderen Handlungsfigur zusammenfallen.

In dieser Hinsicht ist folgender Abschnitt aus der Jagdszene von Otradnoe (aus *Krieg und Frieden*) aufschlußreich, worin der Wettstreit der Jäger und der Sieg des Onkels geschildert werden: »Der Onkel packte den Feldhasen und warf ihn mit einer eleganten und energischen Bewegung über den Rücken seines Pferdes, als ob er mit diesem Wurf allen einen Vorwurf machen wollte, und mit einer Miene, die zu sagen schien, er wolle jetzt mit keinem mehr sprechen, sprang er auf seinen Goldfuchs und ritt davon. Alle außer ihm entfernten sich niedergeschlagen und gekränkt und konnten erst viel später wieder in ihre gespielte Gleichgültigkeit zurückfinden.« (X/262) Hier wird die Autoren-Verfremdung offenkundig, die Anwesenheit eines Erzählers, der die Situation aus seiner (offensichtlich verfremdeten) Perspektive interpretiert und bis zu einem gewissen Grade die Erlebnisse der Figuren durch seine eigene Deutung ersetzt. Echte Gründe gibt es hierfür freilich nicht. Der Erzähler interpretiert das äußere Verhalten der beteiligten Personen, indem er nicht so sehr ihre tatsächlichen Eindrücke zu bestimmen sucht als vielmehr, wie ihr Verhalten von einem distanzierten Beobachter aufgenommen werden könnte. Einen Absatz weiter erfährt dann der Leser, daß der Standpunkt des Erzählers mit dem Nikolaj Rostovs identisch ist. »Als lange danach der Onkel einmal Nikolaj besuchte und sich mit ihm unterhielt, fühlte Nikolaj sich geschmeichelt, daß nach alledem, was vorgefallen war, der Onkel sich doch wieder herabließ, mit ihm zu sprechen.« (X/262) Hier ließe sich auch von einer *Einwirkung* des Erzählerstandpunkts auf den Figurenstandpunkt reden (einer Art wechselseitiger Anziehung), letztlich handelt es sich jedoch um einen Sonderfall der Kombination von Erzähler- und Figurenstandpunkt.

Das also ist ein möglicher Prozeß zur Kombination unterschiedlicher Standpunkte auf der psychologischen Ebene. Ein analoger Fall liegt auf *phraseologischer* Ebene bei der sogenannten »ersetzten direkten Rede« vor – wenn der Autor für seinen Helden spricht und ihm etwas in den Mund legt, das er in der entsprechenden Situation *hätte sagen sollen*. Man vergleiche damit die oben[16] zitierte Passage aus Puškins *Gefangenem im Kaukasus*, wo sich der Autor anstelle des Kosaken von seiner Heimat verabschiedet. Der Autor spricht im Namen seines Helden und gleichzeitig in seinem eigenen Namen; ihre Standpunkte überlagern sich; wir haben es mit einer Kombination auf phraseologischer Ebene zu tun.

Dieses Verfahren der Standpunktkombination auf dem Wege der Ersetzung des Figurenstandpunkts durch den des Erzählers (auf der einen oder anderen Ebene) ließe sich auch als »ersatzweise« Verwendung eines Standpunktes definieren. Einen solchen »Ersatz-«Standpunkt kann es offensichtlich auch auf der Ebene der Ideologie geben (wenn die Beurteilung aus der Sicht einer Figur durch eine Beurteilung aus der des Erzählers ersetzt wird).

Schließlich müßte (auf der Ebene der raum-zeitlichen Perspektive) beispielsweise noch jener ziemlich verbreitete Fall erwähnt werden, daß die Beschreibung zwar vom räumlichen Standort einer Figur aus vorgenommen wird (ihr räumlicher Standpunkt bezogen wird), sich aber ein wesentlich breiterer Horizont eröffnet, als das Blickfeld der Figur erlaubt. Hierbei ersetzt der Erzähler die Raumwahrnehmung der Figur durch das, was er (der Erzähler) an deren (der Figur) Stelle gesehen hätte.[17]

VI Einige spezielle Probleme der künstlerischen Textkomposition

Die Absicht der bisherigen Untersuchungen war es, den Unterschied der Standpunkte auf verschiedenen Ebenen und in ihren vielfältigen Beziehungen zu belegen. Dabei haben wir bewußt eine Reihe spezifischer Kompositionsmöglichkeiten, sozusagen ergänzende und kompliziertere Varianten der erörterten Kompositionsverfahren, ausgeklammert. Zwei solcher Probleme sollen jetzt genauer erläutert werden.

Die Abhängigkeit des Standpunkts vom Beschreibungsobjekt

Gegenstand der Betrachtung war bislang der einfachste und allgemeinste Fall künstlerischer Textgestaltung, in dem es dem Belieben des Autors überlassen war, von welcher Position er bei seinem Erzählen ausgehen wollte. Es ist jedoch noch auf die zweite Möglichkeit hinzuweisen, bei der ein bestimmtes Darstellungsprinzip (hier: die Wahl des Standpunkts) nicht mehr ausschließlich vom Darsteller, sondern auch vom Dargestellten abhängt, wo über die Wahl des Beschreibungsverfahrens nicht mehr allein vom *beschreibenden Subjekt* (vom Autor) entschieden wird, sondern auch vom *beschriebenen Objekt* (beim Darstellungsobjekt kann es sich sowohl um eine Handlungsfigur als auch um eine Situation handeln). Auf diese Weise können dem Typus nach völlig verschiedene Darstellungs- und Kunstmittel, die im allgemeinen für recht unterschiedliche Werke oder für unterschiedliche Autoren charakteristisch sein mögen, in einem einzigen Werk zusammen vorkommen, je nachdem, um welche Darstellungsobjekte es sich gerade handelt.

Grundsätzlich kann das Verhalten eines Helden in einem Kunstwerk – unter den verschiedensten Aspekten – auf zweierlei Weise motiviert werden: entweder durch seine persönlichen Charakterzüge (durch das, *was* er an sich darstellt), oder durch die Situation, in die er gerät (durch das, *wo* er sich befindet).[1] Diese Differenzierung gilt für die unterschiedlichsten literarischen Werke oder Richtungen, wenngleich sich im Prinzip beide Tendenzen auch in einem einzigen Werk manifestieren können. Bei Schriftstellern wie Stendhal, Dickens oder Tolstoj ergeben sich die konkreten Situationen in der Regel aus den individuellen Eigenschaften und Charakteren ihrer Gestalten. Eine umgekehrte Tendenz läßt sich an der Folklore beobachten, wo das Verhalten eines Helden ausschließlich durch den jeweiligen konkreten Ort, wohin er zufällig gerät, determiniert wird.[2] (Man denke auch an Werke solcher Autoren, die wie Mel'nikov-Peščerskij bewußt an die Folklore-Traditionen anknüpfen.)

Die Abhängigkeit des gewählten Standpunkts vom Darstellungsobjekt läßt sich besonders leicht an Beispielen aus dem Bereich der *phraseologischen Ebene* nachweisen. Bei der Betrachtung dieser Schicht wurde schon darauf hingewiesen, daß sich ein bestimmter phraseologischer Standpunkt in erster Linie im Medium der Eigennamen und überhaupt aller möglichen Benennungen zu erkennen gibt. Mit anderen Worten: Eine bestimmte Benennung einer Handlungsfigur innerhalb der Autorenrede dient als Indiz für die vom Autor ihr gegenüber bezogene Position im Erzählprozeß.[3] Dabei ist allerdings folgender Umstand aufschlußreich: *verschiedenen Personen gegenüber können unterschiedliche Beschreibungsprinzipien angewandt werden.* So kann es geschehen, daß einige Figuren eines Werkes aus mehreren Perspektiven beschrieben werden, während für andere ein solcher Wechsel der Standpunkte nicht charakteristisch oder überhaupt unmöglich ist. Hier hängt demnach das Darstellungsprinzip völlig vom *Beschreibungsobjekt* ab.

Zu einer ähnlichen Schlußfolgerung gelangt man im einzelnen aufgrund der Textanalyse von *Krieg und Frieden.* Einmal abgesehen von den *eindeutigen* Stellen der uneigentlichen direkten Rede – wo unmittelbar aus dem Kontext hervorgeht, *wem* (d. h. welchem konkreten Sprecher von den in diesem Zusammenhang auftretenden Figuren) ein bestimmter Standpunkt im Autorentext zugehört – kann man sich leicht davon überzeugen, daß manche Figuren während des gesamten Erzählverlaufs einheitlich benannt, d. h. immer beim selben Namen (oder aber bei einer beschränkten Zahl von Namensvarianten) gerufen werden, während andere nach der jeweiligen Situation mit unterschiedlichen Namen belegt werden. So tritt etwa bei Tolstoj Nataša Rostova fast stets als »Nataša« (oder »Nataša Rostova«) auf. Ganz anders jedoch Nikolaj Rostov: er heißt im Autorentext abwechselnd bald »Nicolas«, »Nikolen'ka«, »Nikoluška« (der Autor stellt sich hier jedesmal auf den Standpunkt der Verwandtschaft), bald »Rostov« (Standpunkt der Regimentskameraden oder der Bekannten aus den Kreisen der Gesellschaft), bald »der junge Graf« (Standpunkt des Gesindes) oder »Nikolaj«, »Nikolaj Rostov« usw. Mitunter erfaßt ihn der Autor gänzlich aus der Distanz, als einen völlig unbekannten Menschen; so in der Jagdszene in Otradnoe: »Die Hunde des *stürmischen jungen Jägers Rostov* ...« (X/244) schreibt Tolstoj, so als ob wir erstmals etwas über ihn erfahren; die Verfremdung ist besonders kraß, da kurz vorher von ihm noch als von »Nikoluška« u. ä. die Rede war.

Wenn Tolstoj Nataša durchgehend aus einer konstanten Position beschreibt (der Autor verzichtet sozusagen darauf, sich auf den Standpunkt anderer Personen zu stellen, sondern zieht es vor, sie ausschließlich in seiner eigenen Sicht wahrzunehmen, indem er sie stets so schildert, wie sie ihm selber vorkommt), so zeichnet er Nikolaj aus mehreren unterschiedlichen Positionen, indem er ihn bald in der einen, bald in der anderen Nuancierung zeigt. Ein solcher diffuser (bzw. im umgekehrten Fall eben nicht diffuser) Standpunkt bildet ohne Zweifel ein wichtiges Moment bei der Komposition.

An weiteren Erscheinungsformen des phraseologischen Standpunkts läßt sich dasselbe ablesen. Es war oben davon die Rede, daß Gespräche von Franzosen (oder die französisch geführte Unterhaltung russischer Adeliger) in *Krieg und Frieden* bald französisch, bald russisch wiedergegeben werden, was mit einem Positionswechsel des Autors gegenüber der von ihm dargestellten Figur (d. h. dem Sprecher der direkten Rede[4]) erklärt wurde. Merkwürdigerweise wird indes die Rede mancher Figuren – z. B. des Hauptmanns Ramballe – ausschließlich auf französisch wiedergegeben: Die Einstellung des Autors zu dieser Person bleibt also die ganze Zeit hindurch konstant (man könnte auch sagen, Ramballe interessiere den Autor nur im Rahmen der »Außen-«Perspektive). Ebenfalls nur französisch wird die Rede des Obersten Mischo wiedergegeben (bezeichnend ist sein Gespräch mit Alexander – XII/10-13), wobei das konsequent durchgehaltene Französisch die Außenposition des Autors unterstreicht. Auch die Verwendung der uneigentlichen direkten Rede durch den Autor kann bis zu einem bestimmten Grad vom Darstellungsobjekt bedingt sein. Kurz, die Redecharakteristik hängt nicht nur davon ab, *in wessen Namen* und *Person* der Autor spricht, sondern auch davon, *über wen* und *in welcher Situation* er spricht.

Die Abhängigkeit sprachlicher Darstellungsverfahren vom Redegegenstand ist durchaus nicht beschränkt auf künstlerische Texte. In der Tat läßt sich auch unter den Bedingungen der Alltagsrede unschwer ein Zusammenhang zwischen den verschiedenen linguistischen (lexikalischen, phonetischen usw.) Merkmalen und dem, wovon die Rede handelt, feststellen. Wenn beispielsweise von einem kleinen Kind gesprochen wird, stellt sich nicht selten eine besondere Intonation, überhaupt eine besondere Phonetik (gewöhnlich als »Lispeln« bezeichnet) ein (im einzelnen kann der im Russischen sonst fakultative Gebrauch der Diminutiv-Suffixe hier sogar obligatorisch werden). Ferner wäre auf die in der russischen Literatursprache noch heute übliche nicht explosive, sondern frikative Aussprache des »g«-Lauts in den Wörtern »Bog« [Gott] und »gospodi« [Herr-Gott] hinzuweisen, welche die Literatursprache sonst nicht mehr kennt (es handelt sich um ein Relikt der alten liturgischen Aussprache, welche sich nur bei diesen beiden für die theologische Lexik wichtigsten Wörtern erhalten hat). Es ist offenkundig, daß der Gesprächsgegenstand, ja sogar ein bestimmtes Wort gewisse sprachliche Besonderheiten (das verwendete phonetische, grammatische oder lexikalische System) beeinflussen können.

Eine analoge Abhängigkeit läßt sich auf der Ebene der Ideologie beobachten. In erster Linie sind hier die »konstanten Epitheta« in der Folklore zu nennen; einerseits dienen sie, wie erwähnt, häufig dazu, den ideologischen Standpunkt des Autors anzugeben, andrerseits ist ihre Verwendung weniger durch den Autor als vielmehr durch das Beschreibungsobjekt bestimmt: sie erscheinen zwangsläufig, wenn ein spezieller Gegenstand erwähnt wird. Das konstante Epitheton ist hier Element einer generellen »etiketthaften Situation«, die im epischen

Erzählen bei bestimmten Erzählobjekten vorgegeben ist. »Wenn ein Schriftsteller die Taten eines Fürsten beschreibt, ordnet er sie fürstlichen Normen und Tugendidealen unter; wenn er das Leben eines Heiligen erzählt, folgt er einem kirchlichen Etikett; wenn er den Kriegszug eines Feindes der russischen Erde schildert, hält er sich genau an das damals in Rußland gültige Feindbild der Zeit. Bei Kriegsszenen folgt er militärischen Vorstellungen, bei Episoden aus dem Leben der Heiligen den legendarischen Normen, bei Ereignissen aus dem friedlichen Alltag eines Fürsten dem Zeremoniell seines Hofes usw.«[5] Entsprechend konstituiert sich die zu beschreibende Situation aus dem Beschreibungsobjekt; gleichzeitig bestimmt dieses die ideologische Position des Autors.

Es wäre interessant, diese Eigenart bei einem Schriftsteller wie P. I. Mel'nikov-Pesčerskij einmal näher zu verfolgen. Man denke etwa an die Gestalt des Aljoša Lochmatyj in seinen Prosa-Epen *In den Wäldern* und *Auf den Bergen,* dessen Verhalten und dessen Wiedergabe durch den Autor nicht unmittelbar durch seine persönlichen Charaktereigenschaften bestimmt werden, sondern in erster Linie durch den *Ort,* an dem er sich gerade aufhält (im Laufe der Erzählung verändert sich die Einstellung des Autors zu Aljoša sehr stark; Aljoša selber ändert sich im Grunde überhaupt nicht, sondern nur seine jeweilige Stelle im Leben: vom Dorf in die Stadt, aus dem Kreis der Arbeiter unter die Kaufleute usw.).

Genauso wandelt sich in *Krieg und Frieden* Tolstojs Autoreneinstellung zu Sonja je nach der Situation, in der diese sich befindet. Indes bleibt Tolstojs Einstellung gegenüber Hélène im ganzen Roman unverändert, sie modifiziert sich nicht einmal bei deren Tod – es fällt geradezu auf, daß von Hélènes Tod nur beiläufig gesprochen wird, so als ob sie einfach an der Reihe wäre, abzutreten. Es ist hier das Verhältnis zum Helden jeweils eine Funktion des »Ortes« (im weitesten Sinne), abhängig nicht unmittelbar vom Beschreibungssubjekt, sondern vom *Was* der Beschreibung.

Schließlich ist auch die raum-zeitliche Position des Autors gegenüber seiner Figur im Werk nicht nur von der Individualität der Autors, sondern ebenso von den Eigenschaften der Figur determiniert: manche Gestalten können nur aus einer ganz bestimmten Sicht dargestellt werden, andere dagegen aus mehreren verschiedenen Positionen. Das gleiche gilt auf der psychologischen Ebene. In Analogie zu dem eben Gesagten könnte man auf das Darstellungssystem in der alten Ikonographie hinweisen, wo die semantisch bedeutsamen Figuren vorwiegend statisch abgebildet werden, indem sie sozusagen den Mittelpunkt bilden, auf den die Darstellung konzentriert ist, während die Nebenfiguren bewegt und ganz auf dieses Zentrum fixiert wiedergegeben werden. Mit anderen Worten: Die Hauptfigur wird von einem eher konstanten Standpunkt aus dargestellt, die übrigen dagegen aus unterschiedlichen und ziemlich zufälligen Perspektiven.[6]

Es können also verschiedene Beschreibungsprinzipien, die im allgemeinen als charakteristisch für bestimmte Autoren gelten mögen, in ein und demselben Werk vorkommen und sehr wohl durch das spezifische Abbildungsmaterial bedingt sein. Ein derart konstruiertes Werk erweckt den Eindruck, als wären seine einzelnen Teile von verschiedenen Autoren geschrieben (die bei ihrem Erzählen unterschiedlichen Organisationsprinzipien folgten). Deshalb können diese Fälle als Ausdruck einer zusätzlichen Komplizierung der früher untersuchten elementaren Kompositionsmöglichkeiten verstanden werden, die so ihren sekundären Charakter bekunden.

Der »Standpunkt« unter pragmatischem Aspekt

Inkongruenz von Autor- und Leser-Position

Sooft bisher von unterschiedlichen Standpunkten in einem Kunstwerk und von der Dynamik des Standpunkts in der Darstellung die Rede war, ging es um die Position des Autors, also desjenigen, der die Beschreibung (Erzählung, Abbildung) ausführt. Die Frage lautete: Aus welcher Sicht stellt der Autor dar? Für gewöhnlich ist dieser Standpunkt gleichzeitig der Standpunkt des die Darstellung rezipierenden Adressaten (des Lesers, des Betrachters), der sich dem Autor sozusagen anschließt und mit ihm bald die eine, bald die andere Wahrnehmungsform teilt. Daher sind in der Regel die Positionen des Beschreibenden und des Rezipienten identisch und bedürfen keiner weiteren Differenzierung. Es gibt jedoch auch Fälle, wo die Positionen von Autor und Leser (Betrachter) nicht zusammenfallen, wobei die Inkongruenz vom Autor bewußt vorausberechnet wird. Einschränkend ist zu vermerken, daß hier von möglichen Mißerfolgen oder Mängeln eines Autors abgesehen werden soll, die Positionen von Autor und Leser deshalb nicht zusammenfallen, weil es beispielsweise einem Autor nicht gelungen ist, das gesteckte Ziel zu erreichen, oder weil ein Leser von Positionen ausgeht, mit denen ein Autor nicht rechnen konnte. (Natürlich nehmen solche Fälle der Inkongruenz von Autor- und Leser-Position in dem Maße zu, wie sich der Leser in Raum und Zeit vom Autor entfernt.) Im folgenden ist daher von einer Kongruenz oder Inkongruenz der Autor- und Leser-Positionen nur dort die Rede, wo ihre Übereinstimmung oder Nichtübereinstimmung der Absicht eines Autors entspricht.

Eine solche Inkongruenz kann z. B. eingesetzt werden, um komische Effekte zu erzielen; sie liegt insbesondere der *ironischen* Wirkung zugrunde. Ich nenne einige Beispiele für eine Ironie des Autors, die bei einer absichtlichen Kontrastierung der Standpunkte von Autor und Leser zustande kommt. So schreibt der Protopope Avvakum, indem er die nikonianischen Ikonenmaler tadelt, die bei ihren Heiligenabbildungen der neumodischen »fränkischen« Malweise folgten: »Gott sei euch gnädig – ihr habt diesen Armen die Runzeln geglättet. Im ganzen Leben wäre es denen nicht eingefallen, das zu tun, was ihr jetzt mit ihnen angestellt habt.«[7] Hier bezieht der Autor (Avvakum) absichtlich einen Standort, der eindeutig dem des Lesers entgegenstehen sollte; der Autor erlaubt sich sozusagen den Scherz, eine Position zu artikulieren, die im Grunde für ihn selber völlig unannehmbar ist. Man könnte sagen, daß sich die Position des Autors spaltet; ebenso richtig aber wäre es, von einem Auseinandertreten der Standpunkte von Autor und Leser zu sprechen, wobei der Autor ganz bewußt eine Rolle spielt, die auf ihn nicht zugeschnitten ist.

Das nächste Beispiel stammt von Tolstoj (aus dem Abschnitt in *Krieg und Frieden,* in dem anläßlich der Trennung Hélènes von Pierre und ihrer bevorstehenden neuen Verbindung die öffentliche Meinung zum Ausdruck gebracht wird). Auf das Gerede der Leute eingehend, schreibt Tolstoj: »Es gab in der Tat einige verknöcherte Leute, die sich nicht zur Höhe dieses Problems aufschwingen konnten und in diesem Plan eine Entweihung des Sakraments der Ehe erblickten; es waren aber nur wenige, und sie zogen es vor zu schweigen.« (XI/286) Hier spricht Tolstoj erkennbar nicht in seinem eigenen Namen. Der Standpunkt, den er einnimmt, weicht grundlegend ab von seiner allgemeinen Auffassung (die in diesem Fall zwar nicht explizit gemacht wird, die der Leser aber leicht erraten kann), ebenso von der Einstellung, die nach der Meinung des Autors der Leser haben sollte.

Die Beispiele ließen sich beliebig vermehren. Sicherlich zählt derlei Inkongruenz zwischen Autoren- und Lesereinstellung wesentlich zu den Verfahren der Ironie; der Autor spricht oder handelt im Namen einer bestimmten Person, diese Person selbst aber fungiert nicht als *Subjekt,* sondern als *Objekt* der Bewertung (auf dieser Basis konnte oben unter einem anderen Blickwinkel von jener für die Ironie typischen Inkongruenz des ideologischen und eines beliebig anderen Standpunktes gesprochen werden).[8] Deswegen ist die Ironie auch als Sonderfall der *Verstellung* des Autors definierbar[9], die der (der Definition nach) *natürlichen* Position des Lesers entgegensteht.

Alle genannten Beispiele illustrieren den einen Fall, daß der Autor für eine bestimmte Zeit seine Position ändert; zuvor fielen die ideologischen Positionen des Autors und des Lesers zusammen; während nun der Leser aus Trägheit auf seiner alten Position verharrt, entfernt sich der Autor unerwartet von ihr. In anderen Fällen herrscht eine durchgängige Inkongruenz (gültig für die gesamte Dauer der Erzählung) zwischen Autoren- und Leserposition (beispielsweise beim »Skaz« – man denke etwa an die Erzählungen Zoščenkos, wo die Figur, aus deren Sicht erzählt wird, gleichzeitig als Gegenstand der Bewertung aus der Perspektive des Lesers auftritt).[10]

Demonstrieren die zitierten Beispiele die Dynamik der Autorenposition gegenüber der Leserposition, so lassen sich unschwer Texte benennen, in denen umgekehrt eine dynamische Leserposition gegenüber der Autorenposition hervortritt. Während die anfangs bezeichnete Situation im einzelnen für den Fall der *Ironie* gilt, ist die zweite Situation charakteristisch für die *Groteske.* Es mag genügen, an Chlestjakovs Lügen in Gogol's *Revisor* zu erinnern. In seiner Begeisterung lügt Chlestjakov in geradezu kosmischen Dimensionen. Der Leser (Zuschauer) hat sich mit einiger Mühe daran gewöhnt, die Vorgänge als etwas relativ Reales wahrzunehmen, sich also der fiktiven Wirklichkeit auf der Szene anzupassen, da wird ihm plötzlich etwas vorgesetzt, das die Grenzen jeder Wirklichkeit sprengt. Damit ändert sich gleichzeitig die Norm seines Wahrnehmungsverhaltens, verschiebt sich die zulässige Grenze für das, was sein kann und was nicht mehr sein darf[11]; anders ausgedrückt: es wandelt sich der Standpunkt des Lesers, sein Wertsystem – einen solchen dynamisierten Leserstandpunkt hatte der Autor aber gerade einkalkuliert.[12] Solcher Dynamik der Leserposition (einer empirischen Anpassung an eine dem Leser noch unbekannte Norm) begegnet man ziemlich häufig in den verschiedenen Genres der phantastischen Kunst.

Eine analoge Standpunktverschiebung des Rezipienten (des Lesers) findet häufig in der Anekdote statt, wenn zunächst alle Vorgänge von einem bestimmten Punkt aus wahrgenommen werden, und sich dann plötzlich herausstellt, daß man sie völlig anders hätte auffassen sollen (daß also der Erzähler auf einem anderen Standpunkt steht). Jede Kompositionsform, die auf eine bestimmte dynamische Position des wahrnehmenden Subjekts (gegenüber der Autorenposition) zurückgeht, ist typisch für das Komische.

Semantik, Syntaktik und Pragmatik im kompositorischen Aufbau

Wendet man auf ein Kunstwerk die vertraute semiotische Einteilung in Semantik, Syntaktik und Pragmatik an, so läßt sich entsprechend von der semantischen, syntaktischen und pragmatischen Ebene eines Werkes sprechen: der *semantische* Aspekt umgreift die Beziehung der Darstellung zur dargestellten Wirklichkeit (das Verhältnis der Abbildung zum Abgebildeten), der *syntaktische* Aspekt die immanenten Strukturgesetze des Beschreibungskonstrukts, der *pragmatische* Aspekt das Verhältnis der Darstellung zum Menschen, für den sie bestimmt ist. Folglich gibt es einen semantischen, einen syntaktischen und einen pragmatischen Aspekt der *Komposition* eines Kunstwerks (d. h. des Standpunktproblems).

In diesem Sinne untersucht die Semantik der Kompositionsstruktur das Verhältnis des Standpunkts zur dargestellten Wirklichkeit, insbesondere jene Verzerrung und Abweichung, welche die Realität bei der Wiedergabe im Spiegel eines Standpunkts erfährt. Nicht selten wird ein und derselbe Wirklichkeitsausschnitt (dasselbe Ereignis) vermittels verschiedener Standpunkte dargestellt, wobei keine Wiedergabe völlig adäquat ist (also jede auf ihre Weise verzerrt); andrerseits können sich die unterschiedlichen Wahrnehmungen wechselseitig ergänzen, so daß sie zusammengenommen dem Leser eine zureichende, angemessene Vorstellung von den beschriebenen Fakten vermitteln. Derartige Organisationsprobleme verschiedener Standpunkte in einem Werk fallen also unter den semantischen Aspekt der Komposition.

Demgegenüber erforscht die Syntaktik der Kompositionsstruktur die Korrelation der unterschiedlichen in einem Werk auftretenden Standpunkte ohne Rücksicht auf die wiedergegebene Realität. Hier läßt sich im einzelnen die Frage nach der funktionalen Bedeutung beim Gebrauch dieses oder jenes Standpunkts in einem Werk stellen (d. h. nach der immanenten syntaktischen Bedeutung, die sich ergibt, ohne daß man die Grenzen eines Werkes überschreitet). Und dieser syntaktische Aspekt der Komposition stand bei den vorausgegangenen Kapiteln dieser Arbeit im Mittelpunkt.

Die Pragmatik der Kompositionsstruktur schließlich untersucht Probleme der Werkkomposition im Zusammenhang mit dem Leser, also dem Adressaten eines Textes. Der kompositorische Aufbau eines Werkes kann insbesondere ein ganz bestimmtes Leserverhalten vorsehen, das in das Kalkül des Autors miteinbezogen und von ihm vorprogrammiert wird[13]; im einzelnen kann der Autor, wie wir gesehen haben, auf eine ganz bestimmte Dynamik der Leserposition ausgehen.[14] Die unterschiedlichen kompositorischen Beziehungen zwischen Autoren- und Leserstandpunkten manifestieren sich vor allem auf der Ebene ihres relativen Horizontes, ihrer relativen Informiertheit über Vorgänge und Ereignisse. Bisweilen verfügt der Autor über ein absolutes Wissen, während dem Leser manche Umstände und Details bis zu einem bestimmten Zeitpunkt vorenthalten werden und der Horizont der Helden sogar noch stärker eingeengt ist. In anderen Fällen erlegt der Autor seinem Wissen ganz bewußt Beschränkungen auf, so daß auch ihm verborgen bleibt, was einer Gestalt seines Werkes längst bekannt sein kann.[15] Schließlich ist noch jener Fall denkbar, wo der Horizont des Autors (des Erzählers) im Vergleich zum Horizont des Lesers usw. bewußt eingeengt ist.

Unter dem Aspekt des Kommunikationsprozesses läßt sich ein Werk als *Mitteilung,* der Autor als *Sender* und der Leser als *Empfänger* einer Botschaft begreifen. Dementsprechend kann man in einem solchen Konzept einen Standpunkt des Autors (Senders), einen Standpunkt des Lesers (Adressaten) und schließlich einen Standpunkt einer Figur, von der im Text die Rede ist, unterscheiden. Von diesen drei Standpunkttypen können einige miteinander »verschmelzen«, so daß sie im Erzählprozeß nicht länger differenzierbar sind; es könnten beispielsweise die Positionen von Autor und Leser oder von Leser und Werkfigur undifferenzierbar werden.

Im übrigen ist folgendes zu berücksichtigen: Wenn die Position des Lesers gegenüber dem Werk grundsätzlich *Außen*charakter aufweist (da der Leser ja zwangsläufig von außen auf das Werk blickt) und die Position einer Figur grundsätzlich *Innen*charakter hat, so läßt sich die Position des Autors prinzipiell als variabel definieren. Bezieht der Autor den Standpunkt des Lesers, so liegt Ereignisbeschreibung *von außen* vor (aus einer distanzierten Position); stellt er sich auf den Standpunkt einer Figur, dann erfolgt die Darstellung *von innen.*

Eine ausführlichere Untersuchung des »Außen-« und des »Innen-«Standpunkts soll Gegenstand des folgenden – abschließenden – Kapitels sein.

VII Gemeinsame Strukturen der verschiedenen Künste. – Allgemeine Prinzipien der Textgestaltung in Malerei und Literatur

Außen- und Innenstandpunkt

Erscheinungsformen des Außen- und Innenstandpunktes in den einzelnen Analyseschichten

Zu Beginn unserer Untersuchung wurden einige Ebenen ausgesondert, auf denen generell eine Unterscheidung von Standpunkten vorgenommen werden kann; dabei ging es darum, die (auf der entsprechenden Analyseebene) jeweils möglichen spezifischen Erscheinungsformen des »point-of-view« zu betrachten.

Es war unschwer festzustellen, daß zumindest eine Standpunkt-Opposition allgemeinen, sozusagen »durchgängigen« Charakter besitzt, also auf jeder der oben klassifizierten Ebenen nachweisbar bleibt. Diese Opposition wurde bedingt als Gegensatz von »Außen«- und »Innen-«Standpunkt bezeichnet. Mit anderen Worten: Im einen Fall nimmt der Autor beim Erzählen den dargestellten Ereignissen gegenüber eine bewußt außen lokalisierte Stellung ein, indem er sie sozusagen aus der *Distanz* beschreibt; im zweiten Fall dagegen versetzt er sich bewußt in seine Erzählung hinein: er übernimmt dabei entweder den Standpunkt eines direkt an den erzählten Ereignissen Beteiligten oder er begibt sich in die Lage eines Menschen, der am Ort des Geschehens zwar anwesend ist, jedoch nicht selber in die Vorgänge eingreift.

Bei genereller Innenposition des Autors gegenüber dem beschriebenen Geschehen kann wiederum im Blick auf eine Figur eine Außen- oder eine Innenposition unterschieden werden. Tatsächlich läßt sich, wenn ein Autor bei seiner Darstellung den Standpunkt einer bestimmten Handlungsfigur teilt, sagen, daß gerade über diese Person aus einer Art Innenperspektive geschrieben wird. Liefert indes der Schriftsteller eine Reportage vom Tatort, ohne sich in die Lage eines unmittelbar Beteiligten zu versetzen, so befindet sich sein Standpunkt zwangsläufig zwar außerhalb einer der beschriebenen Figuren (der

Autor artikuliert in seiner Schilderung den Standpunkt eines distanzierten Beobachters), jedoch noch immer innerhalb der dargestellten Handlung.

Zur Illustration des letztgenannten Darstellungstyps verweise ich auf eine Stelle aus Michail Bulgakovs Roman *Der Meister und Margarita*. Es geht um die Unterredung Ivans mit dem Meister im Irrenhaus; sie findet im Krankenzimmer Ivans statt, wo außer ihnen niemand zugegen ist. Der Autor schreibt: »Der Gast begann Ivan so leise ins Ohr zu flüstern, daß nur der Dichter allein erfahren konnte, was er sagte, mit Ausnahme des ersten Satzes ...« Dieser Satz wird dann zwar zitiert, aber die weitere Darstellung nimmt einen ausgesprochen verfremdeten Charakter an: es folgt eine Beschreibung des Mienenspiels des Helden, des äußeren Eindrucks, den sein Verhalten hervorruft, doch seine Worte erreichen uns nicht – der Autor (und mit ihm der Leser) kann sie sozusagen nicht vernehmen. Später wird dann mitgeteilt: »... als alle Geräusche, die von außen hereinkamen, verstummten, rückte der Gast ein wenig von Ivan ab und begann etwas lauter zu sprechen«[1] – auf diese Weise erhält der Leser die Möglichkeit, wenigstens das Ende der Erzählung des Meisters mitzuhören. Hier wird ganz eindeutig vorgeführt, wie sich der Autor auf den Standpunkt eines unsichtbaren Beobachters begibt, der der beschriebenen Szene zwar beiwohnt, selber jedoch nicht daran teilnimmt. Dieser Standpunkt tritt in anderen Fällen selten gleichermaßen deutlich in Erscheinung.

Es bleibt nachzutragen, daß die besondere Bedeutung des Außenstandpunkts als Kompositionsverfahren daher rührt, daß sie auch jenem Phänomen zugrunde liegt, das seinerzeit als »Verfremdung« [russ. »ostranenie«] definiert wurde. In der Tat läßt sich das Wesentliche der »Verfremdung« in einem hohen Grade auf die Artikulierung eines *fremdartigen* Standpunkts, auf einen im Prinzip neuen Blick auf bekannte Dinge oder Erscheinungen zurückführen, wobei der Künstler »einen Gegenstand nicht mit seinem Namen nennt, sondern ihn so beschreibt, als werde er zum ersten Mal gesehen, und einen Vorfall, als ob er sich zum ersten Mal ereigne«.[2] Im Zusammenhang mit der hier erörterten Problematik kann das Verfahren der Verfremdung verstanden werden als der Übergang auf den Standpunkt eines distanzierten Beobachters, d. h.

als Anwendung einer generellen Außenperspektive gegenüber dem darzustellenden Phänomen.

Die Unterscheidung von Außen- und Innenperspektive beim Erzählen ist, wie mehrfach gezeigt wurde, grundsätzlich auf jeder der betrachteten Ebenen möglich (wobei sich mannigfaltige komplizierte Kompositionsstrukturen realisieren lassen, indem sich in den verschiedenen Schichten Außen- und Innendarstellung desselben Objektes miteinander verbinden). So kann auf der *Ebene der Ideologie* derjenige, aus dessen Sicht die beschriebenen Ereignisse beurteilt werden, entweder als unmittelbarer Akteur (Hauptheld oder Nebenfigur)[3] oder aber als *potentielle* Handlungsfigur fungieren, die zwar nicht direkt an den erzählten Ereignissen teilnimmt, im allgemeinen jedoch durchaus zum Kreis der beteiligten Figuren zu rechnen ist. Beide Male geschieht die Darstellung der Welt im Erzählprozeß (auf der ideologischen Wertungsebene) *von innen,* nicht von außen.

In den anderen Fällen dagegen erfolgt die Wertung im Kunstwerk aus Positionen, die sich bewußt außerhalb der eigentlichen Erzählung befinden – eben aus der Sicht des Autors im strengen Sinn dieses Wortes (und nicht eines Erzählers), d. h. einer Person, die ihren Helden gegenübersteht, also *über* ihnen und nicht zwischen ihnen operiert. Eine derartige ideologische Entfremdung ist vor allem für die Satire charakteristisch.[4]

Auf der *phraseologischen Ebene* können alle möglichen Formen der Fremdrede (uneigentliche direkte Rede, innerer Monolog usw.) innerhalb der Autorenrede den Innenstandpunkt gegenüber einer dargestellten Figur bekunden. Gleichzeitig zeugt ein Phänomen wie der »skaz« (in seiner reinen Form) von der Artikulierung eines Erzählerstandpunkts, der sich gegenüber dem dargestellten Geschehen als Innensicht, gegenüber den handelnden Personen aber als Außensicht erweist.

Andererseits ist die phraseologische Opposition von Außen- und Innenstandpunkt nicht nur für die Autorenrede relevant, sondern auch für die Wiedergabe der direkten Rede der Akteure. Wie im entsprechenden Abschnitt[5] gezeigt werden sollte, dokumentiert die naturalistische Reproduktion fremdsprachiger oder ungrammatischer Rede im allgemeinen eine Entfremdung des Autors, d. h. seine Einstellung auf die Außenposition. Dabei handelt es sich in manchen Fällen um die

Außenposition des Darstellenden gegenüber der beschriebenen Figur (Beispiel: die Aussprache Denisovs), in anderen Fällen um eine generelle Außenposition gegenüber den dargestellten Vorgängen (entsprechende Verwendung des Französischen in *Krieg und Frieden*).

Dem gleichen Kontrast begegnet man sehr deutlich auf der *Ebene der raum-zeitlichen Charakteristik*. Gerade in der Schicht der Raumcharakteristik belegt die Identität der Positionen von Erzähler und Akteur, daß gegenüber dieser Figur ein Innenstandpunkt bezogen wurde, während umgekehrt bei ihrer Inkongruenz (in den untersuchten Fällen des »Rundblicks«, der »stummen Szene«, der »Vogelperspektive« usw.) von einem Außenstandpunkt gesprochen werden muß. Ebenso liegt auf der Ebene der Zeitcharakteristik eine Innensicht dann vor, wenn die zeitliche Fixierung des Erzählers synchron mit der von ihm dargestellten Zeit verläuft (er erzählt sozusagen aus der »Gegenwart« der am Geschehen Beteiligten), während sich die Außensicht bei einer retrospektiven Haltung des Autors einstellt (wenn er Dinge mitteilt, von denen die Akteure noch nicht wissen können, so daß er nicht vom Standpunkt ihrer »Gegenwart«, sondern ihrer »Zukunft« aus erzählt).

Was schließlich die *Ebene der Psychologie* betrifft, so dürfte aus dem Abschnitt in diesem Buch klar geworden sein, daß der Gegensatz von Außen- und Innenposition in diesem Bereich grundlegend ist (man erinnere sich nochmals an das, was dort über die Darstellung »von außen« und »von innen« unter psychologischem Aspekt gesagt wurde). Verständlicherweise kann es sich dabei nur um die Außen- oder Innenposition des Autors gegenüber einer bestimmten *Figur*, nicht aber gegenüber den geschilderten Ereignissen handeln.

Kombination von Außen- und Innenstandpunkt (in einer bestimmten Analyseschicht)

In Kapitel V wurden allgemeine Kombinationsmöglichkeiten unterschiedlicher Standpunkte im Erzählprozeß erörtert, wobei derlei Kombinationen sowohl auf mehreren Werkebenen als auch auf ein und derselben Ebene anzutreffen waren. Ebenso lassen sich jetzt (auf der einen oder anderen Ebene) die möglichen Kombinationen zwischen einer von einem Außenstandpunkt und einer von einem Innenstandpunkt aus erfolgten Darstellung skizzieren. Folgende Varianten sind auf den einzelnen Ebenen möglich:

Ebene der Ideologie. In seinen Strukturanalysen von Werken Dostoevskijs (vorwiegend auf der Ebene der ideologischen Wertung) schreibt M. M. Bachtin: »Das Bewußtsein eines Helden wird als ein anderes, *fremdes* Bewußtsein vermittelt, gleichzeitig aber wird es nicht vergegenständlicht, nicht verdeckt, wird es nicht zu einem bloßen Objekt des Autorenbewußtseins.«[6] Mit anderen Worten: Es geht hier offensichtlich um die Überlagerung eines (gegenüber der fraglichen Figur) inneren und äußeren Standpunkts, wobei sich beide ausschließlich auf der ideologischen Ebene unterscheiden.

Ebene der Psychologie. Eine völlig analoge Überlagerung von Innen- und Außenstandpunkt – dieses Mal auf der Ebene der Psychologie – läßt sich in dem oben untersuchten Fall des Mitja Karamazov erkennen (wo trotz ausführlicher Beschreibung seiner inneren Verfassung verschwiegen wird, worüber er sich am meisten Sorge macht und worauf er dementsprechend in seinen Gedanken fortwährend zurückkommen müßte).[7] Tatsächlich ist in der Schilderung Mitjas eine Kombination der beiden unterschiedlichen, auf der psychologischen Ebene näher untersuchten Standpunkte zu entdecken – der Innensicht (die die Beschreibung der inneren Verfassung der Figur erlaubt) und der Außensicht, also eines entfremdeten Standpunkts, den ein distanzierter Beobachter einnimmt (er macht seinerseits die Beschreibung der inneren Verfassung der Gestalt unmöglich). Diese Überlagerung wird praktisch während der gesamten Erzählung festgehalten, sooft die Rede auf Mitja kommt; mit besonderer Eindringlichkeit gibt sie sich jedoch erst zu erkennen, wenn die beiden Wahrnehmungsformen miteinander in Konflikt geraten, sich wechselseitig auszuschließen beginnen.[8]

Ebene der raum-zeitlichen Perspektive. Die Kombination der zeitlich differierenden Standpunkte (von Figur und Erzähler) ist bereits im Zusammenhang mit den bei der Zeitgestaltung auftauchenden Kompositionsproblemen erörtert worden. Im Vordergrund stand dabei der Fall, daß erstens die zeitliche Position einer dargestellten Figur (ihre »Gegenwart«) und zweitens die zeitliche Position des Erzählers, der den weiteren Fortgang der Ereignisse kennt (und deshalb aus deren Zukunft zurückzublicken vermag)[9] miteinander kombiniert werden – wobei die Darstellung unter gleichzeitigem Gebrauch beider Positionen stattfindet. Auch dieser Fall läßt sich als Kombination einer (den beschriebenen Ereignissen gegenüber) äußeren und inneren Erzählerposition, dieses Mal allerdings auf der Ebene der raum-zeitlichen Charakteristik, verstehen.

Ebene der Phraseologie. Die Überlagerung von Außen- und Innenstandpunkt des Autors in bezug auf eine bestimmte *Figur* wurde oben an solchen Beispielen dargestellt, in denen die Beschreibung parallel auf zwei Ebenen vor sich geht – auf der Ebene der Autorenrede und auf jener der individuellen Phraseologie einer Handlungsfigur. Man vergleiche dazu nochmals die zitierten Beispiele aus *Krieg und Frieden*[10], in denen auf Napoleons Wahrnehmungsweise angespielt wurde: »Als er ... die ausgebreiteten Steppen (les steppes) erblickte ...« (XI/8) usw. Andrerseits wurde die Kombination von Außen- und Innenposition des Autors gegenüber dem gesamten Handlungsgeschehen in seiner Totalität (und nicht gegenüber einer konkreten Einzelgestalt) am Fall der Jagdschilderung in Otradnoe vorgeführt, die, wie erwähnt, gleichzeitig auf zwei Ebenen erfolgt – einmal in der spezifischen Jagdterminologie, zum anderen in einer neutralen Phraseologie.[11]

Außen- und Innenstandpunkt in der abbildenden Kunst

Bislang standen die unterschiedlichen Erscheinungsvarianten von Außen- und Innenstandpunkt in verbalen Texten im Zentrum. Es muß jedoch darauf hingewiesen werden, daß eine derartige Gegenüberstellung von nicht geringerer Bedeutung für die Abbildungsstruktur in der Malerei ist. Wenn seit der Renaissance in der europäischen darstellenden Kunst die Außenposition des Künstlers gegenüber seiner Darstellung die Regel geworden ist, so versetzt sich in der Malerei der vorausgegangenen Jahrhunderte der antike und der mittelalterliche Künstler noch gleichsam in seine Bilddarstellung hinein, indem er die Welt *um sich herum* abbildet und nicht aus einer [distanzierten] verfremdeten Position; deshalb befindet er sich nicht außerhalb, sondern innerhalb seiner Abbildung.

Unter diesem Aspekt sind einige der ältesten uns bekannten Darstellungen von hohem Interesse, die ganz unzweideutig auf die Stellung des Künstlers im Innern des von ihm dargestellten Raumes hinweisen. Als eines dieser Beispiele kann eine Landschaftsdarstellung auf einem Relief aus dem Palast des Synacherib in Ninive (Assyrien, 8. Jahrhundert v. Chr.) dienen, wo Berge und Bäume zu beiden Seiten eines Flusses so abgebildet sind, als ob sie auf einer ebenen Fläche ausgebreitet wären – auf dem einen Flußufer sind die Baum- und Berggipfel nach oben, auf dem anderen nach unten gerichtet.[12] Nicht weniger charakteristisch sind die traditionellen Burg-Abbildungen (die uns in den verschiedenen Kulturregionen begegnen, darunter ebenfalls in der assyrischen Kunst), auf denen die Türme flächig in einer Ebene ausgebreitet erscheinen und zentrifugal aus der Darstellungsmitte zur Peripherie hinstreben: gleichmäßig oben, unten und nach den Seiten. Derartige Bilder können offenbar nur unter der Bedingung entstehen, daß sich der Künstler gedanklich selber ins Zentrum des abgebildeten Raumes versetzt.

In einer späteren Phase der – hauptsächlich mittelalterlichen – Malerei ist insbesondere die ins Bildinnere gerückte Lichtquelle aufschlußreich; der periphäre Vordergrund geht in Dunkelheit über.[13] Diese Innenbeleuchtung entspricht genau einer Innenposition des Beobachters (des Malers) in seiner Abbildung.

Am deutlichsten äußert sich freilich der Gebrauch eines Außen- oder Innenstandorts in dem perspektivischen System, dessen sich ein Maler jeweils bedient. Die klassische direkte (oder lineare) Perspektive läßt eine Abbildung so erscheinen, wie sie von außen (von der Seite) wahrgenommen wird, von einem bestimmten fixierten Blickpunkt her, der *außerhalb* der auf dem Bild dargestellten Wirklichkeit liegt.[14] Deswegen sind Bilder dieser Art so strukturiert, wie sich eine Ansicht aus einem Fenster darbietet – also zwangsläufig mit einer deutlichen räumlichen Barriere zwischen dem darstellenden Künstler und der dargestellten Welt; dies entspricht den Ideen der Theoretiker seit der Renaissance, denen zufolge das Bild ein »Fenster zur Natur« ist (man vergleiche dazu Albertis »fenestra aperta« oder Leonardo da Vincis »pariete di vetro«). (Man könnte auch sagen, im System der linearen Perspektive entspricht der Standpunkt des Malers dem des Bildbetrachters.)

Indes setzt die sogenannte »umgekehrte« Perspektive, die sowohl für die antike wie für die [früh-]mittelalterliche Kunst charakteristisch ist, keine Außen-, sondern eine Innenposition des Künstlers voraus.[15] Bekanntlich ist ein Kennzeichen der umgekehrten Perspektive, daß sich die Dimensionen der abgebildeten Gegenstände nicht mit zunehmender Entfernung vom Zuschauer (wie bei der linearen Perspektive) verkleinern, sondern je mehr er sich ihm nähert: in der Bildtiefe erscheinen die Figuren größer als im Vordergrund. Dieses Phänomen ist so zu erklären, daß die Verkürzung der abgebildeten Dimensionen in diesem System nicht aus unserer Sicht (eines dem Bild gegenüber distanzierten Betrachters) erfolgt, sondern aus der Sicht unseres vis-à-vis, d. h. eines abstrakten Betrachters von innen, den man sich in der Bildtiefe vorzustellen hat.[16]

Es ist sehr bezeichnend, daß in dieser Malerei der früheren Jahrhunderte manchmal die symbolische Abbildung von Augen anzutreffen ist, die in keinem Zusammenhang mit der übrigen Bilddarstellung zu stehen scheinen. Dieses Phänomen begegnet uns sowohl in der ägyptischen wie in der antiken und östlichen Kunst, mitunter auch in der mittelalterlichen Malerei, und hat sich in der ikonographischen Tradition lange behauptet.[17] Es gilt als wahrscheinlich, daß diese Augen den Standpunkt eines abstrakten Betrachters innerhalb des Bildes (der bisweilen auch mit einem göttlichen Zuschauer identifiziert werden kann) symbolisieren, aus dessen Blickwinkel die Abbildung vorgenommen wird.[18] In diesem Zusammenhang ist eine Bemerkung Éjzenštejns von Interesse[18a]; er glaubte nämlich, daß auf japanischen Holzschnitten die Wimpern eines Menschen dargestellt werden könnten, der in eine in sich verschlossene Welt blickt, um auf diese Weise den Standpunkt eines abstrakten Zuschauers von außerhalb des Bildes zu symbolisieren.

Unter gewissen Bedingungen können die beiden Positionen des Außen und des Innen miteinander in Konflikt geraten. Wichtig in diesem Zusammenhang ist die im Mittelalter geführte Polemik, welchen Standort die beiden Apostel Petrus und Paulus gegenüber Christus auf den [spät]römischen Mosaiken einzunehmen hätten[19]: Soll Petrus rechts von Christus dargestellt werden (also »rechts« aus der Sicht eines auf das Bild blickenden Betrachters) oder zur Rechten von Christus (also »rechts« von Christus aus gesehen). Offensichtlich ist dieser Konflikt dadurch hervorgerufen worden, daß zwei konträre

künstlerische Systeme (eine auf die Darstellung bezogene Au-
ßen- oder Innensicht) galten, die jeweils eine gegensätzliche
Interpretation der Abbildung zuließen.

Der Rahmen des künstlerischen Textes

Das Problem des Rahmens in den einzelnen semiotischen Bereichen

Die Aktualität des Rahmenproblems, also der Frage nach den
Grenzen eines Kunstwerks, bedarf keiner weiteren Rechtfertigung. Denn jedes Kunstwerk – sei es eines der Literatur oder
der Malerei usw. – läßt vor uns eine spezifische Welt erstehen,
mit eigenem Raum und eigener Zeit, mit einem eigentümlichen
Wertsystem und mit besonderen Verhaltensnormen, eine Welt,
angesichts der wir (zumindest bei Beginn der Wahrnehmung)
zwangsläufig eine Außenposition einnehmen, also die eines distanzierten Beobachters. Erst allmählich treten wir ein in diese
Welt, eignen wir uns ihre Normen an, leben wir uns in sie ein
und erhalten wir die Möglichkeit, sie sozusagen auch »von innen«, und nicht nur »von außen«, wahrzunehmen. Mit anderen
Worten: Der Leser (oder Betrachter) bezieht – unter dem einen
oder anderen Aspekt – einen innerhalb dieses Werkes gelege-
nen Standpunkt. Irgendwann jedoch müssen wir diese Welt
wieder verlassen, müssen wir wieder zurückkehren auf unseren
eigenen Standpunkt, von dem wir uns während des ästhetischen Wahrnehmungsprozesses in einem gewissen Grade zu lösen vermochten.

Ein großes Gewicht kommt dabei dem Prozeß des *Übergangs*
von der realen zur abgebildeten Welt zu, d. h. dem Problem
der spezifischen Gestaltung des »Rahmens« im Kunstwerk. Es
handelt sich hier um eine Frage der Komposition; und es ist
klar, daß dieses Problem aufs engste mit einem bestimmten
Wechsel von Innen- und Außendarstellung zusammenhängen
muß, also mit dem Übergang von der Außen- zur Innenperspektive und umgekehrt.

Bevor wir die eigentliche kompositorische Komponente des
Rahmenproblems ins Auge fassen, bevor also eine Beschreibung
der formalen Ausdrucksmittel des »Rahmens« in künstlerischen

Texten in der »point-of-view«-Terminologie vorgenommen werden kann, muß die generelle *semiotische* Aktualität dieses Problems skizziert werden. Vorab ist darauf hinzuweisen, daß die Problematik des *Anfangs* und des *Endes* in jedem Entwurf eines Kultursystems, d. h. eines generellen Systems semiotisch konzipierter Weltauffassung (oder genauer: eines Systems semiotischer Korrelation von gesellschaftlicher und individueller Erfahrung), von größter Bedeutung ist. Neben Kulturen mit einem besonders markierten »Anfang« gibt es eschatologische Kulturen, die besonderes Gewicht auf das »Ende« legen, lassen sich zyklische u. a. Systeme unterscheiden.[20] Nicht weniger aktuell ist dieses Problem innerhalb einzelner Texte einer Kultur. Es braucht nur an die Bedeutung dieser Frage in der religiösen Kulthandlung erinnert zu werden, die sich gewöhnlich in spezifischen Riten und Zeremonien äußert (man denke an das obligatorische Bekreuzigen beim Betreten einer Kirche). Noch auffälliger ist dies bei den russischen Altgläubigen (die von Anfang an größten Wert auf das rituelle Moment des Gottesdienstes legten): sie setzen beim Eintritt in eine Kirche einen besonders markierten »Anfang« durch eine Serie komplizierter Verbeugungen. In diesem Zusammenhang ist der ständige Vorwurf der Altgläubigen an die Adresse der Anhänger von Nikons Reformen bezeichnend, die diese kultischen Anfangs- und Schlußzeremonien gleichfalls, jedoch nicht im selben Ausmaße kennen; Altgläubige sagen von den Nikon-Anhängern: »Bei denen gibt es in der Kirche *weder Anfang noch Ende*.«[21] Die Abgrenzung einer spezifischen Zeichenwelt von der Welt des Alltags entspricht offenbar einem elementaren menschlichen Bedürfnis.

Das Problem des »Rahmens« gibt es natürlich auch in der theatralischen Handlung, wo der Rahmen die Form der Bühne, des Proszenium des Vorhangs usw. annimmt. In bestimmten Situationen (oft gerade durch die Tendenz bedingt, den einengenden Rahmen des künstlerischen Raums zu überwinden) treten die Akteure aus ihrer Welt heraus, indem sie sich an die Zuschauer wenden oder auf sonstige Weise den Kontakt mit dem Publikum suchen – ohne daß dabei freilich die Grenzen der fiktionalen (vorgestellten) und der alltäglichen Welt aufgehoben würden. Man muß also einschränken, daß sich zwar innerhalb seiner Grenzen der fiktionale Raum der Künste ändert, diese Grenzen selber jedoch unangetastet bleiben. Hier wäre an Formen des Straßentheaters, an die Mysterienspiele und Karnevalsumzüge usw. zu erinnern, bei denen die Expansion des Theaters mit allen seinen Konventionen bis hinein in die Alltagswelt anschaulich vor Augen tritt.

Grundsätzlich können derartige Expansionen der Kunst ins Leben die Grenzen zwischen beiden Bereichen nur verschieben, nicht aber aufheben. Allerdings können die Grenzen des künstlerischen Raums in einer umgekehrten Situation eliminiert werden – nicht wenn die Kunst ins Leben, sondern wenn das Leben in die Kunst einbricht, also beim Versuch des Zuschauers (und nicht des Schauspielers), den Raum der Kunst zu überwinden und mittels Gewalt in den Text eines Kunstwerks »einzudringen«. Hier ist an eine Reihe teils bekannter Episoden zu erinnern: an den »Mordanschlag« gegen Repins Gemälde *Ivan Groznyj tötet seinen Sohn*, an jene mittelalterlichen Schauspieler, die die Judas-Rolle spielten und deswegen von der Zuschauermenge getötet wurden (analoge Vorfälle ereigneten sich nicht selten bei den religiösen Mysterien der Muslims), oder an jenen Mordversuch des Publikums in New Orleans, das einem Schauspieler in der Rolle des Othello nach dem Leben trachtete; hierher gehören schließlich die aus der Ethnologie wohlbekannten Fälle, wo durch Darstellungen und Abbildungen Verderben auf Mitmenschen herabbeschworen werden sollte (womit die entsprechenden Tabus verbunden sind).[22]

Das Bemühen um Aufhebung der Grenzen des künstlerischen Raums ist im allgemeinen bedingt durch das Streben nach maximaler Annäherung von abgebildeter und realer Welt, um bei der Darstellung höchste Wirklichkeitstreue (Wahrscheinlichkeit und Ähnlichkeit) zu erreichen: nur so lassen sich die Versuche zur Überwindung des »Rahmens« erklären.[23] Hierher gehören auch die Anstrengungen des zeitgenössischen Theaters, sich vom Zwang des Vorhangs zu befreien, und die verschiedenen Experimente in der darstellenden Kunst, die Abbildung aus dem Rahmen herauszunehmen[24]; zu den eigenwilligen Einfällen, den Raum der Kunst aufzuheben (Leben und Kunst zu vereinen), kann auch ein so auffälliges Motiv in der Literatur wie das zum Leben erweckte Porträt (bei Wilde und bei Gogol') gerechnet werden. P. A. Florenskij schreibt in diesem Zusammenhang: »Die Wirklichkeit wird mittels Symbolen und Bildern dargestellt. Das Symbol würde jedoch aufhören, Symbol zu sein, und es würde in unserem Bewußtsein zu einer einfachen, selbständigen und mit dem Symbolisierten durch nichts verbundenen Realität, wenn die Wirklichkeitsdarstellung nur diese Realität zum Darstellungsobjekt hätte: die Beschreibung muß unbedingt auch den symbolischen Charakter der Symbole im Blick behalten, d. h. sie muß sich besonders bemühen, sich ständig sowohl ans Symbol wie ans Symbolisierte zu halten. Die Darstellung muß also einen Doppelcharakter bewahren. Dies erreicht sie nur durch eine Kritik an den Symbolen... Den künstlerischen Bildern steht ein Höchstmaß von Sättigung, Konkretheit und Lebenstreue an, doch ein kluger Künstler wird vielleicht alle Anstrengung darauf verwenden, den schmalen Grad des Symbols zu übersteigen, ohne daß jedoch die Bilder vom Piedestal der ästhetischen Isoliertheit herabstürzen und sich als gleichartige Bestandteile mit dem Leben vermischen. Abbildungen, die sich aus der Fläche des Rahmens zu weit herausbewegen – wie etwa ein ›zum Greifen naher‹ Naturalismus, die äußerliche Klangmalerei in der Musik, die protokollarische Treue in der Poesie usw., oder wie überhaupt jeder Ersatz der Kunst durch Lebenssimitation – sind ein Verbrechen sowohl gegen das Leben wie gegen die Kunst.«[25]

Der »Rahmen« in Werken der bildenden Kunst

Von besonderem Gewicht ist das Problem des »Rahmens« in der Malerei. Gerade die »Rahmung« – seien es nun die unmittelbar markierten Bildgrenzen (der Bilderrahmen) oder spezielle Kompositionsformen – strukturiert die Abbildung und vermittelt ihr die symbolische Bedeutung (mit anderen Worten, sie gibt ihr einen semiotischen Charakter, der ohnedies einem Werk der repräsentierenden Kunst eigen ist). Man erinnert sich an die hintergründigen Worte G. K. Chestertons, eine Landschaft ohne Rahmen *bedeute* praktisch nichts, es genüge jedoch, sie einzugrenzen (sei es mit einem Bilderrahmen oder einem Fenster, einem Torbogen usw.), und sogleich könne sie als Abbildung aufgefaßt werden.[26] Um die Welt *zeichenhaft* zu sehen, ist es insbesondere notwendig (wenn auch nicht immer ausreichend), Grenzen zu markieren: denn erst die Grenzen erzeugen ein Bild. (Bezeichnenderweise gibt es einige Sprachen, in denen »abbilden« etymologisch mit »abgrenzen« zusammenhängt.) Sogar in solchen Fällen, wo die Grenzen einer Abbildung nicht ausdrücklich markiert werden, empfindet der Künstler das Bedürfnis, bei der Abbildung Grenzen zu ziehen. Nur so läßt es sich erklären, daß der Primitive seine Zeichnung nicht auf einer unbeschriebenen Fläche, sondern über einer anderen Abbildung anbringt, ohne diese zu löschen, so als sei die letztere Abbildung für den Betrachter nicht mehr sichtbar. Es ist, als ob sich der Künstler überhaupt nicht darum kümmerte, daß sich die beiden Abbildungen stören könnten, und zwar weil er weiß, daß sie sich überhaupt nicht stören können – jede von ihnen verfügt über ihren eigenen (homogenen) künstlerischen Raum.[27] Ebenso stießen sich in der chinesischen Malerei Bildbesitzer oder selbst Künstler nie daran, das Bild mit schriftlichen Erläuterungen zu versehen oder mitten in die Abbildung ein Siegel zu drücken (wenn man dabei berücksichtigt, daß in China die Kalligraphie ein eigener und der Zeichnung sehr nahe stehender Kunstzweig war[28], dann unterscheidet sich dieses Beispiel kaum vom vorhergehenden des Primitiven); schließlich ist in diesem Zusammenhang an die Unterschrift des Künstlers in der europäischen Malerei zu erinnern, die wiederum unmittelbar in die Abbildung hineingesetzt wird[29], vgl. aber auch Federproben und überhaupt alle möglichen Aufschriften unterschiedlichen Inhalts auf altrussischen Handschriften, und zwar auch solchen religiösen Inhalts: all dies geht paradoxerweise eine enge Verbindung mit der sorgfältig gestalteten Aufmachung dieser Handschriften und der besonderen Verehrung des Buches im Alten Rußland ein.[29a]

So bildet also der »Rahmen« eine außergewöhnlich wichtige Komponente in der bildlichen Darstellung. Eine ganz besondere Bedeutung gewinnt er dort, wo sich der Künstler bei der Darstellung auf den »Innenstandpunkt« begibt (der sich in erster Linie in dem von ihm verwendeten perspektivischen System oder unter einem sonstigen Aspekt manifestiert[30]). Tatsächlich beschränkt sich, wenn die bildliche Darstellung von einem distanzierten Beobachter[31] als »Blick aus dem Fenster«[32] ihren Ausgang nimmt, die Funktion der »Rahmung« auf die Markierung der Bildgrenzen. Erfolgt die Bilddarstellung jedoch aus der Perspektive eines innerhalb des dargestellten Raums befindlichen Betrachters[33], so übernimmt die »Rahmung« noch eine weitere, nicht weniger wichtige Funktion: sie bezeichnet den Übergang von der Außen- zur Innenperspektive, und umgekehrt.[34]

Allgemein gilt, daß der Bildrand (und insbesondere der Bilderrahmen) unbedingt zum Raum des Außenbetrachters gehört (der von außen auf das Bild blickt und infolgedessen der Abbildung gegenüber einen Außenstandort einnimmt), nicht jedoch zum gedachten dreidimensionalen Raum, wie er auf dem Bild zur Darstellung gelangt.[35] Tritt man gedanklich in diesen vorgestellten Raum ein, so vergißt man den Rahmen, genauso wie man die Wand vergißt, an der das Bild hängt. (Gerade deswegen kann der Bilderrahmen dekorativ gestaltet werden und wiederum zu einer eigenen Abbildung werden.) Der Rahmen markiert die Schwelle zwischen der (dem Bild gegenüber) äußeren Welt und der inneren Bildwelt.

In den Fällen, wo im allgemeinen Bildaufbau die Innenperspektive zur Anwendung kommt, d. h. wenn sich der Maler seinem Bild gegenüber auf eine Innenposition begibt, wird der Bilderrahmen markiert durch einen Wechsel der dieser Innenposition (im Bildzentrum) entsprechenden Formen mit solchen Formen, die mit einer Außenposition (an der Bildperipherie) korrespondieren. Dies äußert sich beispielsweise in einem Wechsel der Formen der umgekehrten Perspektive mit solchen der »stark geneigten Perspektive« (oder: Niedersicht), d. h. in einer Kombination generell konkaver Formen in der Bildmitte (die konkave Projektion entspricht bekanntlich dem System der umgekehrten Perspektive) mit betont konvexen Formen an den Bildrändern (was dem System der »stark geneigten Perspektive« [oder der Niedersicht] entspricht).[36] Dabei darf nicht übersehen werden, daß die Formen aus der Niedersicht als spiegelbildliche Wiedergabe der Formen aus der umgekehrten Perspektive verstanden werden können. »... Die Formen aus der Niedersicht (die Figuren im Vordergrund) erscheinen so, wie sie ein Betrachter innerhalb des Bildes (unser vis-à-vis) sieht, nur eben sozusagen ›von links‹. Insofern er die Figuren des Vordergrunds (im System der umgekehrten Perspektive) konkav sehen muß, erscheinen sie uns konvex ... Diese ›Spiegelbildlichkeit‹ betrifft aber nur das *System,* dem die Abbildungen gehorchen, nicht die Abbildungen selber ... Als System ist der

Vordergrund die Kehrseite des Hintergrunds.«[37] Anders ausgedrückt: Eine in sich geschlossene Bildwelt, die generell vom Standpunkt des Betrachters »von innen« dargeboten wird, erscheint uns an den Bildrändern aus ihrer »äußeren« Kehrseite. Das anschaulichste Beispiel einer solchen Kombination von Innenperspektive (im Bildzentrum) und Außenperspektive (an der Peripherie) liegt vor in der für die mittelalterliche Malerei typischen Wiedergabetechnik des Interieurs, wo ein und dasselbe Gebäude, das im Bildzentrum als Querschnitt durch den Innenraum dargeboten wird, längs der Ränder als Außenansicht abgebildet ist, so daß man gleichzeitig die Innenwände des Raums (im inneren Hauptteil des Bildes) und das Dach des Gebäudes, in dem dieser Raum sich befindet (im oberen Bildteil), zu sehen bekommt.[37a] So bildet also der Übergang von der Außen- zur Innenperspektive (und umgekehrt) den natürlichen Rahmen eines Bildes. Genau dasselbe ist auch für ein literarisches Werk charakteristisch.

Der Wechsel von Außen- und Innenstandpunkt als formales Verfahren zur Bezeichnung des »Rahmens« eines literarischen Werkes

Eine anschauliche Illustration für einen natürlichen Rahmen in einem literarischen Text bieten die traditionellen Eingänge und Schlüsse in der Folklore.[38] Betrachtet man die geläufigen Schlußformeln der Märchen genauer, so bemerkt man in der Tat, daß ziemlich unerwartet immer wieder die erste Person (»Ich«) auftaucht, obgleich vorher der Erzähler überhaupt nicht am Geschehen beteiligt war (dasselbe gilt bis zu einem gewissen Grade auch für die Märchenanfänge); der plötzliche Auftritt des Erzählers wird gewöhnlich, freilich eher konventionell und formal, lose an die Handlung geknüpft.

Die gebräuchlichsten Formeln für ein »happy end« in den russischen Märchen sind: »Auch ich bin dabeigewesen, habe Met getrunken, er floß mir über den Schnurrbart, aber in den Mund habe ich nichts gekriegt«; oder: »Bei ihrem Tod bin ich, ein Weiser, dabeigewesen; und wenn ich einmal sterbe, ist jede Geschichte aus«, usw. Fast könnte es scheinen, als zerstörten derartige Formeln den gesamten Eindruck der vorausgehenden Erzählung – sei es durch Ironie, sei es durch die Einführung des

Erzähler-Ichs, das an den Vorgängen selbstverständlich nicht teilnehmen konnte (besonders wenn im Märchen die Rede davon war, daß es von fernen Ländern und längst vergangenen Zeiten handele); in Wirklichkeit jedoch zerstören solche Wendungen die Erzählung nicht, sondern schließen sie ab: sie sind unerläßlich als Märchen*schluß*, der im Übergang von der Innen- zur Außenperspektive besteht (vom Leben im Märchen zum Alltagsleben). (Im Zusammenhang mit einem solchen Übergang in ein anderes Wahrnehmungssystem ist es überaus bezeichnend, daß sich die Schlußformeln meistens reimen.)

Rein kompositorischen Zwecken dient es offensichtlich auch, daß in Bylinen und Märchen auf das *Wunderbare* in der Regel nur zu Beginn der Erzählung (oder einer neuen Episode) aufmerksam gemacht wird. Denn in der phantastischen Welt der Byline und des Märchens ist das Wunder nichts Außergewöhnliches, sondern die Norm. Eben deswegen erscheint das Ungewöhnliche an einem Wunder nur einem Standort *außerhalb* der Erzählung (während die Innenperspektive das Wunder sich als etwas durchaus Natürliches darstellt); daher ist es allein zu Beginn des Erzählens möglich. So erklären sich auch die typischen Eingangsformeln im Epos – z. B. in den serbischen epischen Volksliedern:

> Gott der Gerechte, was ist das für ein Wunder!
> Hört, welch Wunder ich Euch erzählen will![39]

So wie in diesen Beispielen aus der Folklore läßt sich dasselbe Prinzip auch in anderen literarischen Genres nachweisen. Es ist z. B. durchaus gebräuchlich, daß gegen Ende der Erzählung der (bis dahin nicht erwähnte) Erzähler in der ersten Person auftaucht. In anderen Fällen ist die erste Person (der Erzähler) nur am Anfang zugegen, um dann für immer zu verschwinden (man sehe sich daraufhin einmal N. S. Leskovs *Lady Macbeth vom Bezirk Mcensk* an): der Erzähler steht hier in keinerlei Beziehung zum Inhalt der Erzählung, er wird lediglich für die Rahmung benötigt. Dieselbe Funktion kann eine gegen Ende völlig unerwartet erfolgende Anrede einer *zweiten* Person übernehmen, d. h. eine Hinwendung zum Leser, den bis zu diesem Zeitpunkt die Erzählung nicht berücksichtigte. Man vergleiche z. B. die traditionelle Anrede des Prinzen am Ende der mittelalterlichen Ballade (etwa bei Villon).[40]

Die Anrede der zweiten Person gegen Schluß der Erzählung

ist kompositorisch insbesondere dann gerechtfertigt, wenn vorher überwiegend in der ersten Person erzählt worden war. Es spielt die Einführung der ersten Person (eines Erzählers) im einen und die der zweiten Person (des Lesers) im anderen Fall dieselbe Rolle: sie soll der Erzählung gegenüber einen *Außen*standpunkt (die Position eines distanzierten Beobachters) signalisieren, wobei aus einer jeweils anderen Perspektive erzählt wird.

Das Auftreten der ersten Person (des Erzähler-Ichs) in den Schlußabschnitten läßt sich ohne Zweifel direkt in Verbindung bringen mit der Abbildung des Selbstporträts eines Malers am Rande eines Bildes[41], mit dem Auftreten des Regisseurs auf der Bühne (der häufig als Symbol des Autors gilt) usw. Andrerseits ist das Erscheinen der zweiten Person (das »Du« des Zuschauers oder Lesers) spezifischen Zusammenhängen der Funktion des Chors in der antiken Tragödie (der symbolisch den Standort des Zuschauers, für den die Handlung aufgeführt wird, andeutet) analog; ganz generell bekundet sich hier die in der künstlerischen Darstellung häufig unerläßliche Fixierung des Wahrnehmungs- oder Zuschauerstandorts, also das Bedürfnis nach einem abstrakten Subjekt, aus dessen Sicht das Dargestellte eine ganz bestimmte Bedeutung erhält (also zeichenhaft wird).[42]

Die Funktion des Rahmens tritt noch deutlicher hervor, wenn gegen Ende der Geschichte aus der Darstellung in der ersten Person in eine der dritten Person übergeleitet wird (so in Puškins *Hauptmannstochter,* wo die Erzählung in der ersten Person – eines P. A. Grinev – erfolgt, während der Epilog im Namen eines »Herausgebers« abgefaßt ist, der von Grinev in der dritten Person spricht). Das Wesentliche dabei ist, daß in allen erwähnten Fällen die Funktion des Rahmens vom Übergang von der Innen- zur Außenperspektive erfüllt wird.

Da von der Bedeutung des Rahmens für die *Wahrnehmung* eines künstlerischen Textes die Rede ist, sollte auch auf den charakteristischen Effekt des »Pseudoschlusses« hingewiesen werden, d. h. auf den mitunter entstehenden Eindruck, als sei eine Erzählung bereits zu Ende, während durchaus noch eine Fortsetzung folgt. Vermutlich stellt sich ein solcher Effekt gerade dann ein, wenn an der entsprechenden Stelle ein formales Kompositionsverfahren angewandt wird, das den »Rahmen«

markiert. In einer Filmkomödie beispielsweise kann sich ein »Pseudoschluß« bei einer Umarmung der Verliebten ergeben, die sich nach langer Trennung wiedergefunden haben (insofern eben gerade die Situation des »happy end« als Rahmungsverfahren aufgefaßt werden kann; außerdem ist ein »happy end« als Unterbrechung der Handlung interpretierbar – man vergleiche dazu weiter unten das Stillstellen der Zeit als mögliche Funktion des Rahmens). In einem literarischen Werk kann sich der Rahmeneffekt bei allen möglichen Übergängen in die Außenperspektive einstellen, insbesondere wenn die Übergänge sujetbedingt nicht mehr umkehrbar sind – z. B. wenn der bevorzugte Repräsentant des Autorenstandpunktes umkommt. (Infolgedessen wird der Untergang des Haupthelden, sofern er der Vertreter des Autorenstandpunktes war, auf ganz natürliche Weise in der Regel als Zeichen für das Ende des gesamten Werkes aufgefaßt.)

Das Phänomen des Wechsels von Außen- und Innenperspektive in der Funktion des »Rahmens« läßt sich auf allen Ebenen eines Kunstwerkes beobachten. So richtet sich auf der Ebene der *Psychologie* sehr häufig zu Beginn des Werkes, noch ehe der Autor den (psychologischen) Standpunkt einer bestimmten Figur bezieht, ein Blick auf eben diese Figur, allerdings aus der Sicht eines distanzierten Beobachters. Dafür gibt es zahlreiche Beispiele. Bunins Erzählung *Grammatik der Liebe* beginnt so: »Ein *gewisser Ivlev* fuhr eines Tages Anfang Juni in ein entlegenes Gebiet seines Bezirks.« Unmittelbar nach diesem Satz (der Ivlev als ausdrücklich Unbekannten einführt) wird Ivlev zum Repräsentanten des Autorenstandpunkts, d. h. es werden ausführlich seine Gedanken und Empfindungen beschrieben: die Wirklichkeit wird einzig in seiner Optik dargestellt. Es ist, als hätte es nie einen distanzierten Beobachter gegeben; man vergißt ihn völlig, so wie man auch den Rahmen übersieht, wenn man ein Bild betrachtet. Noch verblüffender wirkt der Übergang von der Innen- zur Außenperspektive eines Autors am Schluß einer Erzählung, wenn die minuziöse Schilderung der Empfindungen einer Figur plötzlich abgelöst wird durch deren Darstellung aus dem Blickwinkel eines distanzierten Beobachters, so als ob der Leser diese Figur nie näher gekannt hätte (so geht z. B. die bekannte Novelle *Liebe zum Leben* von Jack London aus).

Sehr deutlich drückt sich das hier formulierte Prinzip auf der

Ebene der *raum-zeitlichen* Charakteristik aus. Gerade in der Schicht der Raum-Charakteristik ist es bezeichnend, daß zur Umrahmung einer Erzählung ein räumlicher Standort mit einem ziemlich weiten Horizont gewählt wird, der eindeutig den Blickpunkt eines außerhalb des Geschehens stehenden Beobachters verrät (z. B. der Standpunkt der »Vogelperspektive«, der »stummen Szene« usw.). Nicht weniger typisch ist auf der Ebene der Zeitcharakteristik die Verwendung einer retrospektiven Optik bei Erzählbeginn, die dann später durch eine synchrone Perspektive abgelöst wird. Denn in der Tat beginnen sehr viele Erzählungen mit einer Andeutung der Auflösung der Geschichte, noch ehe diese begonnen hat – also im Prinzip mit einem diesem Werk gegenüber äußeren Einstellung, mit einem Rückblick aus der Zukunft in die innere Zeit der Fabel. Danach geht der Erzähler auf eine Position innerhalb dieses Werks über, indem er z. B. aus der Sicht einer bestimmten Figur berichtet – mit allen für diese Person typischen Einschränkungen des Wissens von der Zukunft; darüber vergißt der Leser bald, daß ihm die Lösung der Geschichte zu Anfang bereits angedeutet worden war. Derlei Einleitungen sind in den Literaturen aller Epochen weit verbreitet: unter anderem beginnt so auch das Lukas-Evangelium (Vorrede an Theophilus). Doch ebenso kann im Epilog eine an eine bestimmte Figur gebundene synchrone Perspektive in eine umfassende, allwissende Erzählhaltung (in der Zeit-Schicht) übergehen. Man denke z. B. an die typische Beschleunigung (oder: Raffung) des Zeitablaufs in manchen Epilogen[43], die mit dem weitreichenden Zeitkontinuum zusammenhängt, in dem Erzählungen zu enden pflegen.

Ein weiteres Verfahren des Erzählschlusses ist das völlige *Stillstellen der Zeit*. D. S. Lichačev schreibt dazu: »Das Märchen endet mit der Feststellung des ›Ausfalls‹ weiterer Ereignisse: mit Wohlstand, Tod, Hochzeit, Festgelage ... Ein abschließender Glückszustand bezeichnet das Ende der Märchen-Zeit.«[44]

Ähnlich markiert der statische Schluß im *Revisor* – wo sämtliche Figuren in ihren jeweiligen Posen erstarren – das Stillstehen der Zeit und übernimmt damit die Funktion des Rahmens. Hinzu kommt hier, daß der Stadthauptmann die Grenzen des szenischen Raums überschreitet und sich mit seiner

Bemerkung »Über wen lacht ihr?« an die Zuschauer wendet, die vorher im Gang der Handlung für ihn überhaupt nicht existierten.[45] Man könnte auch sagen, daß sich in diesem Fall ein typischer Übergang aus dem Innenraum einer Theaterhandlung in deren Außenraum vollzieht.

Dieses Anhalten der Zeit bei Gogol' und die damit verbundene auffällige posenhafte Erstarrung der Figuren verwandeln die Aktion in ein Bild und die lebenden Gestalten in Puppen.[46] (Man wird hier an die Tradition des chinesischen Theaters erinnert, wo am Ende eines jeden Aktes die Schauspieler in einer bestimmten Pose als lebendes Bild verharren.) Eine ähnliche zeitliche Fixierung zu *Beginn* einer Erzählung wird nicht selten durch den Gebrauch des imperfektiven Aspekts im Präteritum (bei *verba dicendi*) erzielt.[47] In der Exposition von *Krieg und Frieden* leitet der Autor z. B. den Dialog der Anna Pavlovna Šerer und des Fürsten Vasilij mit Verbalformen des imperfektiven Aspekts ein (»govorila ... Anna Pavlovna ...«; »otvečal ... vošedšij knjaz'« – »redete ...«; »entgegnete ...«), worauf dann die Form des perfektiven Aspekts erscheint; das gleiche ist zu Beginn von *Taras Bul'ba* zu beobachten (man vergleiche den Dialog Bul'bas mit seiner Frau) usw.

Das hier herausgestellte Prinzip der Rahmenbildung in einem Kunstwerk läßt sich ebenfalls auf der Ebene der *Phraseologie* konstatieren. In seiner Analyse von Gogol's *Abende auf dem Vorwerk bei Dikan'ka* kommt G. A. Gukovskij zu folgendem Schluß: »Als Redesubjekt und Bildthema verschwindet Rudyj Pan'ko fast unmittelbar nach dem Vorwort wieder aus dem Text; als Person wird er selten greifbar, unbestritten eigentlich erst wieder in der Einleitung zu *Die Johannisnacht,* in der Vorrede zum zweiten Band der Sammlung, in der Einleitung zu *Ivan Fjodorovič Špon'ka* und schließlich ganz am Ende des Erzählzyklus, in dem nach ›skaz‹-Manier verspielten Druckfehlerverzeichnis. Infolgedessen bildet Rudyj Pan'ko nur den Rahmen des Buches, in den eigentlichen Novellentext bringt er seine Figur nicht ein.«[48] Hierbei ist folgendes charakteristisch: Auch wenn Rudyj Pan'ko durch sein sporadisches Auftreten zu Beginn der einzelnen Novellen das Buch insgesamt umrahmt, kann doch am Anfang der Geschichten der Standpunkt eines weiteren Erzählers – eines auf romantische Art

undefinierbaren Dichters – eingenommen werden[49] (der später
wieder durch einen Standpunkt innerhalb der Erzählung abgelöst wird). Anders ausgedrückt: Es handelt sich hier um eine
hierarchisch gestufte Umrahmung – um einen »Rahmen im
Rahmen« (mehr darüber weiter unten).

Ein ähnliches Prinzip läßt sich unter den verschiedensten
Aspekten bei der Kontrastierung von »Außen«- und »Innen«-
Standpunkt des Autors auf der phraseologischen Ebene be-
obachten, freilich auch auf der Ebene der ideologischen *Wer-
tung*. Genau in diesem Sinne müssen die Bemerkungen M. M.
Bachtins vom »bedingt-literarischen, bedingt-monologischen
Schluß« der Romane Dostoevskijs, von jenem »eigenartigen
Konflikt zwischen der inneren Unvollendetheit der Helden
und des Dialogs und der äußeren ... Abgeschlossenheit jedes
einzelnen Romans«[50] verstanden werden.

Der zusammengesetzte Charakter des künstlerischen Textes

Bisher haben wir uns mit dem allgemeinen Fall beschäftigt,
daß der Rahmen des Gesamtwerks mit Hilfe des Wechsels von
Innen- und Außenposition des Autors erzeugt wird. Nun kann
indes dieses Prinzip nicht nur auf eine abgeschlossene Erzählung als Ganzes, sondern auch auf ihre einzelnen Abschnitte
bezogen werden, die erst in ihrer Gesamtheit ein Werk konsti-
tuieren. Oder anders ausgedrückt: Ein Werk kann in eine
Reihe relativ geschlossener Mikrobeschreibungen zerlegt werden, von denen jede einzelne nach demselben Prinzip organi-
siert ist wie das Gesamtwerk, also ebenfalls über ihre eigene
innere Kompositionsstruktur und folglich über einen eigenen
Rahmen verfügt.

Auf das für die Bezeichnung des Rahmens (des Gesamtwerks)
typische Verfahren der Zeitfixierung wurde bereits hingewiesen, das sich im Gebrauch der imperfektiven Aspektform (bei
verba dicendi) ausdrückt. Dasselbe Verfahren kann ein Autor
aber auch anwenden, um einen bestimmten Erzählabschnitt als
relativ eigenständigen Textteil herauszuheben, d. h. um einen
beliebigen Erzählausschnitt kompositorisch zu gestalten und zu
rahmen. Zur Illustration diene die Tischszene bei den Rostovs
in *Krieg und Frieden*, wo die kleine Nataša in Anwesenheit
der Gäste über die Frage, welche Sorte Süßspeise es geben

werde, einen Streit beginnt:

»– A vot ne sprosiš', – *govoril* malen'kij brat Nataše, – a vot ne sprosiš'!

– Sprošu, – *otvečala* Nataša.«

[– Und daß Du ja nicht fragst, – *redete* der kleine Bruder auf Nataša *ein*, – daß Du ja nicht fragst!

– Und ich frage doch, – *entgegnete* Nataša *immer wieder*.]

In der weiteren Darstellung jedoch – genauso wie zuvor – werden ausschließlich perfektive Verba gebraucht:

»– Mama! – *prozvučal* po vsemu stolu ee . . . golos.«

[– Mama! – *schallte* ihre Stimme . . . über den ganzen Tisch hinweg.]

Und so geht es fort in der gesamten Szene; die imperfektive Form erscheint nur noch ein einziges Mal, und zwar *am Ende* der Szene:

»– Net, kakoe? Mar'ja Dmitrievna, kakoe? – počti kričala ona. – Ja choču znat'!«

[– Nein, welche? Mar'ja Dmitrievna, welche? – schrie sie fast. – Ich möchte es wissen!] (IX/78–79)

Man vergleiche damit das typische Anhalten der Zeit am Schluß der Schilderung von Fürst Andrejs Leben auf dem Lande:

»– Mon cher, – *byvalo skažet* vchodja v takuju minutu knjažna Mar'ja, – Nikoluške nel'zja nynče guljat': očen' cholodno.

– Eželi by bylo teplo, – v takie minuty osobenno sucho *otvečal* knjaz' Andrej svoej sestre, – to on ty pošel v odnoj rubaške . . .

Knjažna Mar'ja *dumala* v ètich slučajach o tom, kak sušit mužčin èta umstvennaja rabota.« (X/159)

[– Mon cher, – *pflegte* beim Eintritt in einem solchen Augenblick Prinzessin Mar'ja zu sagen, – Nikoluška darf jetzt nicht spazieren: es ist sehr kalt.

– Wenn es warm wäre, – *antwortete* in solchen Augenblicken trocken *jedesmal* Fürst Andrej seiner Schwester, – würde er nur im Hemd weglaufen . . .

Prinzessin Mar'ja *dachte* in solchen Fällen darüber nach, wie diese geistige Anstrengung die Männer austrocknet.] Die hier verwendeten Verbformen, die generell auf die Iterativität der Handlung hindeuten, drücken die häufige Wiederholung der beschriebenen Szene im Verlaufe einer längeren Zeiteinheit aus und verweisen dadurch ausdrücklich auf den typischen Charaker dieser Situationen: Die Zeit hört auf zu sein und wird nicht mehr als eine sich folgerichtig entwickelnde Aktivität, sondern als eine zyklische Wiederholung ein und derselben aufgefaßt. (Vgl. oben das zum Stillstellen der Zeit als Verfahren der ›Schluß‹-Herstellung Gesagte.)

Parallelität zwischen der Kompositionsstruktur des Gesamtwerks und der eines vergleichsweise kleinen Erzählausschnitts läßt sich auch in anderen Bereichen feststellen. Auf der Ebene der Phraseologie drückt sich dies vor allem in der Wahl der Benennungen aus. So lautet etwa der erste Satz des XXIV. Kapitels (im dritten Teil des zweiten Bandes) von *Krieg und Frieden*: »Eine Verlobung fand nicht statt, und niemandem war das Verlöbnis *Bolkonskijs* mit Nataša angezeigt worden; darauf hatte *Fürst Andrej* bestanden.« (X/228) Von da ab ist nur noch von »Fürst Andrej« die Rede; so wurde er auch im vorhergegangenen Kapitel benannt. Offensichtlich braucht der Autor diesen einmaligen Wechsel auf die Außenposition (die sich in der Benennung des Fürsten Andrej mit »Bolkonskij« ausdrückt) nur dazu, um den Rahmen eines neuen Erzählabschnitts zu markieren.

Im Zusammenhang mit dem Dargelegten sind auch jene Fälle zu interpretieren, in denen Innen- und Außenposition des Autors sich abwechseln (von denen zu Beginn dieser Untersuchung die Rede war anläßlich des Wechsels der russischen und der französischen Sprache in *Krieg und Frieden* usw.). Das gilt überdies für jene Beispiele, wo mitten in der Erzählung völlig unerwartet die Stimme des Erzählers vernehmbar wird.

Auf der Ebene der Psychologie drückt sich das gleiche Prinzip in dem bereits erläuterten Verfahren des Wechsels von innerem und äußerem psychologischen Standpunkt aus, wenn der Schilderung der Gedanken- und Gefühlswelt eines Helden (d. h. der Verwendung der psychologischen Optik dieses Helden) dessen objektive Beschreibung vorausgeht (von einem anderen Standpunkt aus). Man vergleiche dazu die Szene, wo nach der Schlacht bei Austerlitz Fürst Andrej verwundet am Boden liegt. Der Darstellung seiner inneren Verfassung, der das ganze Kapitel gewidmet ist, geht eine kurze Exposition voraus, die ihn von einem Außenstandpunkt zeigt: »Auf dem Berg von Pratzen, an derselben Stelle, wo er mit der Fahnenstange in der Hand gestürzt war, bleibt Fürst Andrej Bolkonskij liegen, wo er sein Blut verströmte und, ohne sich dessen bewußt zu sein, leise klagend wie ein Kind stöhnte.« (IX/355) (Unmittelbar nach diesem einleitenden Satz werden alle Vorgänge aus der Sicht und nach der Auffassung des Helden wiedergegeben.) In gleicher Weise steht der Darstellung von Pierres innerer Verfassung auf dem Dinner im Englischen Club eine Exposition voran, die ihn von einem Außenstandpunkt aus vorstellt: » ... diejenigen, die ihn flüchtig kannten, *bemerkten,* daß in ihm eine Veränderung ... vorgegangen war, ... *offenbar* sah und hörte er nichts ... und dachte er nur an eines ...« (X/21)

Manchmal kommt in dieser Funktion auch die Innensicht einer bestimmten Person zum Zuge. So verläuft die Darstellung der Szene im Hause des sterbenden alten Grafen Bezuchov im allgemeinen so, wie sie Pierre erlebte, doch gleich zu Beginn der Szene, bevor zur Beschreibung dieser Wahrnehmung übergegangen wird, findet sich ein Hinweis auf die Wahrnehmungsweise A. M. Drubeckajas: »*Anna Michajlovna ... hatte sich davon überzeugt,* daß er schlief ...« Unmittelbar darauf heißt es: »Als er wieder zu sich kam ..., *dachte Pierre ...*« (IX/91-92) Das heißt, der Rahmen wird hier nicht durch die Außen-, sondern durch die Innenperspektive erzeugt (aus der Sicht der Drubeckaja), doch bringt der Autor den Innenstandpunkt (d. h. die Anspielung auf die Wahrnehmungsweise einer bestimmten Figur) nicht um seiner selbst willen ins Spiel, sondern weil er sich gegenüber Pierre, der in dieser Szene als zentrale Figur des ganzen Erzählabschnitts fungiert, in einer Außenposition befindet. Gerade deshalb darf man in solchen Fällen mit Recht annehmen, daß der Rahmen durch einen Übergang von der Außen- zur Innensicht gebildet wird.

Es kann also generell der Text einer ganzen Erzählung als Summe kleiner Mikrobeschreibungen aufgefaßt werden, die jeweils nach demselben Prinzip gestaltet sind (d. h. über spezielle Rahmen verfügen, die durch einen Wechsel der Außen- und Innenposition des Autors markiert werden).[51]

Nachzutragen ist, daß das nämliche Prinzip auch für die Raumgestaltung in der Malerei bis zur Renaissance gilt, die den Standpunkt eines »inneren« Betrachters verwendet.[52] Dabei zerfällt der gesamte Bildraum in eine Summe diskreter Mikroräume, von denen ein jeder genauso aufgebaut ist wie der dargestellte Raum im ganzen, d. h. er hat einen Vordergrund, der dem Standort eines Außenbeobachters (des Bildbetrachters) entspricht, während der Mikroraum selber aus der Sicht eines Innenbetrachters (eines im dargestellten Raum befindlichen Zuschauers) strukturiert ist. Darauf deutet z. B. der typische Wechsel von Formen der Niedersicht mit solchen der umgekehrten Perspektive hin (wie bereits erwähnt, sind erstere im allgemeinen an der Peripherie der Darstellung zu beobachten, während die eigentliche zentrale Darstellung – unter Verwendung einer Innenposition des Betrachters – im System der umgekehrten Perspektive erfolgt); desgleichen der Wechsel von Schatten und Licht (bei der für dieses malerische System typischen Verlagerung der Lichtquelle in die Bildmitte erscheinen die dunklen Schattenstellen im allgemeinen an der Peripherie der Darstellung) usw. Derartige Wechsel finden sowohl in horizontaler, in vertikaler Richtung als auch in die Bildtiefe hinein statt, wodurch eben jener für dieses Raumsystem der älteren Malerei typische Schichtencharakter entsteht. Die stufenweise Schichtung des Raums im System der älteren Malerei läßt sich deutlich ablesen einerseits an den »Ikonenbergen« – der traditionellen Landschaftsdarstellung –, andrerseits an den unterbrochenen Abbildungen der Engelsfiguren und der Himmelskörper usw., wobei jedesmal ein Teil der Abbildung von der nächstfolgenden Raumschicht verdeckt wird.[53]

Im Hinblick auf die Literatur lassen sich die oben zitierten Kombinationen von Texten kleinerer Ordnung (von Mikrobeschreibungen) im allgemeinen Text der Gesamterzählung als *Erzählung in der Erzählung* definieren. Die bekannteste und geläufigste Anwendung dieses Organisationsprinzips findet sich in den eingeschobenen Novellen, in der Rahmenerzählung usw.; dort wird der Wechsel der Erzähler in einer Erzählung explizit angegeben, und die Grenzen zwischen den einzelnen Novellen sind für den Leser leicht feststellbar. In den anderen, oben betrachteten Fällen sind die einzelnen Mikrobeschreibungen organisch mit dem sie umspannenden Werk verschmolzen; der Positionswechsel des Erzählers bleibt hier dem Leser verborgen, und die Grenzen zwischen den Textabschnitten lassen sich nur in Form innerer Kompositionsverfahren bei der Gestaltung jedes Einzelteils, d. h. in Form besonderer »Rahmen« (die gleichsam die inneren Nähte des Werks bilden), nachweisen. Im letzten Fall ist wesentlich, daß die Verbindung *unauflösbar* ist, das Werk selber daher nicht mehr in seine einzelnen Bestandteile zerlegt werden kann.

Übrigens sind derart komplizierte Kompositionen möglich, daß sich verschiedene Mikrobeschreibungen übereinanderschichten und miteinander verschmelzen; d. h. die inneren Kompositionsrahmen auf einer Ebene (etwa der Phraseologie) sind nicht deckungsgleich mit den auf einer anderen Ebene markierten Rahmen (z. B. auf der Ebene der Raum-Zeit-Charakteristik). Selbstverständlich kann bei einer solchen Textgestaltung eine Erzählung nicht mehr in ihre elementaren Mikrobeschreibungen zerlegt werden, wenngleich deren Bestand auf der einen oder anderen Ebene angegeben werden kann. Anderseits fallen bei eingeschobenen Novellen die Grenzen der Teil-Novellen natürlich auf allen Ebenen zusammen.

Nicht minder wirksam ist das Kunstmittel, die *Rede in der Rede* in die Form einer *direkten Rede* zu fassen, als Einschub in einen größeren Textabschnitt (wobei dasselbe Prinzip der Textgestaltung wie im Fall der eingeschobenen Novellen gilt), oder aber als organische Verschmelzung mit dem gesamten sie umschließenden Text, wie etwa bei der *uneigentlichen direkten Rede*. Die analoge Erscheinung dazu in der darstellenden Kunst ist das *Bild im Bild*. In trivaler Form liegt eine solche hierarchische Gestaltung bei den Darstellungen eines Bildes auf dem Bilde vor (aber auch bei der Kombination von Medaillons auf der Ikone, von Fresken in der Wandmalerei usw.). Umgekehrt läßt sich die schichtförmige Raumgestaltung in der mittelalterlichen Malerei als der Fall betrachten, wo die einzelnen jeweils einen Mikroraum darstellenden Abbildungen organisch (*unzerlegbar*) mit dem gesamten auf dem Bild dargestellten Raum verwoben sind, so daß die Grenzen zwischen den Mikroelementen nur als immanente Kompositionsrahmen nachweisbar bleiben.

Die »Darstellung in der Darstellung« (generell: das »Werk im Werk«) kann freilich auch eine besondere kompositorische Funktion übernehmen; davon handelt der folgende Abschnitt.

Betrachtet man den Gesamtraum eines Bildwerks als eine Kombination aus mehreren einzelnen Raumelementen, so ist auf einen weiteren, für die ältere Malerei typischen Umstand aufmerksam zu machen: die verschiedenen Raumbestandteile können ganz unterschiedlich gestaltet werden, je nach ihrer Anordnung und Funktion innerhalb des Bildes, d. h. sie können nach verschiedenen künstlerischen Systemen behandelt und dementsprechend den jeweiligen systemspezifischen Gestaltungsprinzipien unterworfen werden. So ist z. B. auf mittelalterlichen Bildern der Hintergrund häufig in einem anderen künstlerischen Darstellungssystem ausgeführt als die Figuren des Vordergrunds; bisweilen ist, in deutlichem Kontrast zu den Gestalten der vorderen Bildebene, der Hintergrund aus der »Vogelperspektive« gezeichnet. Und hier läßt sich wiederum eine direkte Parallele zur Komposition eines literarischen Textes ziehen. Denn so wie auf einem Werk der Malerei der Hintergrund mit den Figuren des Vordergrunds kontrastieren kann, indem er von einem prinzipiell anderen – nämlich einem wesentlich höheren – Standort aus aufgenommen wird, kann auch in einem verbalen Text (wie auf S. 77 erläutert) einer weit ausgreifenden Beschreibung aus einem beträchtlich höherliegenden Betrachterstandort unter kompositorischem Aspekt eine mehr die Details berücksichtigende Schilderung aus anderen und näherliegenden spezielleren Positionen gegenüberstehen. Dabei ist für beide Fälle typisch, daß die »Vogelperspektive« jedesmal an der Peripherie der Darstellung zur Anwendung gelangt.[54]

Es gibt noch ein anderes charakteristisches Verfahren, »perspektivische« (also eine nach den Regeln der klassischen Linearperspektive ausgerichtete) und »nicht-perspektivische« Darstellung miteinander zu kombinieren, um verschiedene Bildschichten einander gegenüberzustellen[55] – so wenn etwa ein flächig-dekorativer (streng nach den Regeln der linearen Perspektive gefaßter) Hintergrund mit plastischer Figurenbehandlung im Vordergrund kontrastiert, was ungefähr den gleichen Effekt hat wie die Bewegungen lebender Schauspieler vor einer gemalten Bühnendekoration.[55a] Man vergleiche damit auch den Gegensatz von lakonischer Gestik und genereller

Frontalabbildung im Bildvordergrund einerseits und ausgesprochen starker perspektivischer Verkürzung sowie der Verwendung geradezu barocker Elemente bei der Figurendarstellung im Hintergrund (also bei Figuren, die eher »Statisten«-Rollen spielen) andererseits.[56]

In der Renaissance setzt sich eine generelle Raum-Abbildung nicht selten aus mehreren Mikro-Raumdarstellungen zusammen, von denen jede ihre selbständige, den Regeln der Linearperspektive gehorchende Gestaltung (d. h. eine jeweils eigene Horizontlinie) besitzt.[57] Der Raum im Hintergrund ist gewöhnlich mit einem Torbogen oder einem Fensterrahmen usw. umrandet, d. h. er hat jeweils einen eigenen »Rahmen« (man vergleiche damit, was weiter oben über die Anwendung analoger Verfahren zur Bezeichnung des Rahmens im Zusammenhang mit der seit der Renaissance typischen Bildauffassung als »Blick durchs Fenster« gesagt wurde).[58] Solche hintereinander angeordnete Raumschichten, von denen jede einen besonderen Rahmen und eine eigene perspektivische Einstellung aufweist, kann es auf einem Bilde mehrere geben.[59]

Somit läßt sich die Darstellung des Hintergrunds eines Gemäldes sehr häufig als eine Art *Bild im Bild* bestimmen, d. h. als selbständige Darstellung mit eigenen Strukturierungsgesetzen. Allerdings gehorcht die bildnerische Gestaltung des Hintergrunds in einem höheren Maße als die der Figuren im Vordergrund rein dekorativen Zwecken[60]; man könnte auch sagen, daß dabei oft nicht unmittelbar die Welt, sondern das Dekorative dieser Welt zur Darstellung kommt, daß es sich also nicht um eine direkte Abbildung handelt, sondern um eine Abbildung dieses Abbilds. Dies hängt damit zusammen, daß die zur Bild*peripherie* gehörige Gestaltung des Hintergrunds auf eine außerhalb liegende Betrachtungsposition hin orientiert ist (d. h. auf die Position eines distanzierten Beobachters), während die Organisierung des Vordergrundes in der Malerei bis zur Renaissance auf eine Innenposition des Betrachters ausgerichtet ist, den man sich im Bildzentrum vorzustellen hat. Im Zusammenhang damit, daß in der älteren Malerei der Hintergrund nicht aus der Innen-, sondern aus der Außenperspektive dargestellt wird, ist nochmals auf die für die russischen Ikonen typische Präsentationsform des Interieurs zu verweisen, wonach das Gebäude, in dem sich ein bestimmtes Geschehen abspielt und das als Hintergrund dient, gerade mit seiner *Außen-seite*, nicht aber von seiner Innenseite her abgebildet wird.[61]

Aufschlußreich in dieser Hinsicht ist z. B. der ausgesprochen dekorative Hintergrund in der Malerei Giottos (A. Benois spricht unter Anspielung auf Giottos Abhängigkeit von den Dekorationen der Mysterienspiele von »Häuschen und Pavillons«, die dieser direkt aus der »Requisitenkammer« in seine Landschaften versetzt habe, und von »kulissenartigen, flächigen, wie aus Karton geschnittenen Felsen«[62]) oder Tintorettos und El Grecos Manier, die zur Gestaltung des Hintergrunds Wachsfiguren unter die Decke hängten und eben dadurch nicht die Wirklichkeit, sondern nur eine Abbildung dieser Wirklichkeit darstellten.[63] Man erinnere sich nochmals, daß die »Darstellung in der Darstellung« meist in einem anderen künstlerischen System erfolgt als das übrige Bild. So ist beispielsweise für die Kunst der Maya (analog zur altägyptischen Kunst) ganz allgemein die Profildarstellung des Gesichts charakteristisch; nur wenn eine Maske oder eine Skulptur abgebildet wird – d. h. im Fall der »Darstellung in der Darstellung« –, wird diese en face wiedergegeben. Diese Bemerkung gilt offensichtlich auch für die ägyptische Kunst, sofern man an das Gesicht denkt.[64] Die Darstellung des ganzen Menschen ist in der ägyptischen Kunst, und zwar gilt dies auch für die Darstellung einer Statue oder Mumie, prinzipiell anders als die eines lebenden Menschen aufgebaut. Während dieser gewöhnlich durch eine charakteristische Kombination von en face und Profil (die Wiedergabe der charakteristischen Merkmale der dargestellten Figur erfolgt im dreidimensionalen Raum) dargestellt wird, erscheinen erstere nur im Profil (d. h. sind zweidimensional).[64a] Ebenso werden in der russischen Kunst bestimmte Figuren in der Regel nur im Profil abgebildet – z. B. wird die Gestalt eines Pferdes gewöhnlich in Form einer stilisierten, flächig abgeplatteten Profildarstellung wiedergegeben –; diese Regel wird allerdings durchbrochen, sobald es sich um die unmittelbare Abbildung einer Pferdestatue handelt (man vergleiche dazu die en-face-Abbildung des Pferdes der Justinian-Statue auf einer Schutzpatron-Ikone im Novgoroder Stil des 15. Jahrhunderts.)[65] In allen diesen Fällen ist das abgebildete Abbild eines Gegenstandes in genau umgekehrter Weise behandelt, als wenn dieser Gegenstand direkt dargestellt würde.

Es kann also der Bildhintergrund (und generell die Bildperipherie) auf ganz spezielle Weise wiedergegeben werden – als »Darstellung in der Darstellung«. Dem entsprechend lassen sich rein formal auf einem Bild Figuren herausheben, die zum Bildhintergrund gehören, oder genereller: alle möglichen zweitrangigen Figuren, die eine reine »Statisten«-Rolle spielen.[66]

Genauso werden in der Literatur die gewissermaßen im Hintergrund der Erzählung agierenden »Statisten« bestimmten Kompositionsverfahren unterworfen, die im Prinzip denen widersprechen, die gewöhnlich bei der Beschreibung der Haupthelden eines Werkes angewandt werden: die Helden treten bisweilen (unter einem bestimmten Aspekt) als Repräsentanten des Autorenstandpunkts auf; den Statisten ist diese Funktion in der Regel versagt; ihr Verhalten wird meist eindeutig aus der Außenperspektive beschrieben. In besonders typischen Fällen werden die Statisten als *Puppen* behandelt, d. h. es findet dasselbe Verfahren der »Darstellung in der Darstellung« Anwendung, wie es oben für die Malerei festgestellt werden konnte.[67] Ein Beispiel dafür ist die Beschreibung der Mieter in Kafkas *Verwandlung*. Diese Figuren sind typische Statisten; sie benehmen sich völlig gleichartig, sie treten immer gemeinsam und sogar stets in der gleichen Reihenfolge auf (einer von ihnen heißt der »Mittlere«, als ob sich nie ihre relative Position zueinander änderte), und ihre Bewegungen sind extrem automatisiert. Für gewöhnlich werden nur ihre Gesten beschrieben; außerdem fällt auf, daß überhaupt nur einer von ihnen zu sprechen vermag (der »Mittlere«), der sie alle vertritt. Kafkas Mieter treten als eine Art dreiteiliger Mechanismus auf, sozusagen in Gestalt dreier miteinander verbundener Puppen, die ein einziger Akteur bedient.

Ein interessantes Beispiel für einen solch ungewöhnlichen Verhaltensautomatismus der Figuren im Hintergrund (Beschreibung der Statisten als mechanisch nach dem Prinzip der kommunizierenden Gefäße konstruierter Puppen) findet sich in Tolstojs *Krieg und Frieden;* es handelt sich dabei um die Beschreibung einer Blondine, der Nikolaj in Voronež den Hof macht, und deren Gatten: »Je weiter der Abend vorrückte . . ., desto röter und lebhafter wurde das Gesicht der Frau, das Gesicht ihres Gatten dagegen wurde zusehends trauriger und langweiliger, so als ob beide über einen gemeinsamen Vorrat an Lebendigkeit verfügten, der beim Manne in dem Maße abnahm, wie er sich bei der Frau steigerte.« (XII/18)

Zur Illustration könnte man in dieser Hinsicht das besonders charakteristische Beispiel der Beschreibung des Abends bei Anna Pavlovna Šerer (mit der *Krieg und Frieden* beginnt) anführen, wo nämlich der Autor die Verhaltensmechanismen der Hintergrundfiguren mit Spindeln vergleicht, die in einer Spinnerei in Gang gesetzt wurden.

Noch weit charakteristischer ist in dieser Hinsicht die Beschreibung einer Menschenmenge in Dostoevskijs *Tagebuch eines Schriftstellers:* »Jemand schnitt vor mir Grimassen und verstellte sich dadurch vor dieser ganzen phantastischen Menge; hinter sich her zog er irgendwelche Fäden, kleine Federn, und drei solcher Puppen bewegten sich, er aber lachte und lachte ...« *(Petersburger Träume).*

In gleicher Weise beschreibt Dostoevskij nach dem Prinzip des Puppenmachers auch die Familie der Kapernaumov in *Schuld und Sühne* (bei denen Sonja Marmeladova wohnt). Die Kapernaumovs sind typische »Statisten«; sie bringen im Roman nicht ein einziges Wort hervor. Vgl. beispielsweise das Gespräch Svidrigajlovs mit Frau Kapernaumova, das wie ein Telefongespräch gestaltet ist: wir hören nur die Stimme von Svidrigajlov.

»– Wissen Sie, einen Zugang zu Sof'ja Semjonovna gibt es da, wie gesagt, nicht! Was, das glauben Sie nicht? Fragen Sie doch Frau Kapernaumova; sie gibt Ihnen den Schlüssel ab. So ist sie eben, die Madame de Kapernaumov. Wie bitte? Was? (Sie verschluckt etwas) ist weggegangen? Wohin? Na also, haben Sie jetzt verstanden? Nein, sie ist nicht da, und sie wird vielleicht auch erst am späten Abend zurückkehren.« (V/507)

Svidrigajlov führt mit Frau Kapernaumova das Gespräch wie mit einer Puppe – er antwortet sogar an ihrer Stelle.

Ergänzend ist anzumerken, daß sich die Akteure eines literarischen Werkes nicht selten in bewegliche und unbewegliche einteilen lassen; letztere können ihren Umkreis nicht verlassen, sind also sozusagen an eine bestimmte Stelle gebunden, während sich die anderen frei einen beliebigen Standort wählen können. Selbstverständlich spielen die Rolle der beweglichen Figuren meist die zentralen Figuren einer Erzählung, während in der Rolle der unbeweglichen die Chargen agieren.[68] Die

»Statisten« sind fest mit dem Hintergrund verknüpft und bilden dadurch einen untrennbaren Bestandteil von ihm: die Beschreibung des Hintergrunds schließt notwendig auch die Beschreibung solcher Statisten mit ein. Ein dem Typus nach analoges Prinzip findet man auch im Theater.[69]

Eine vergleichbare Steigerung von Bedingtheit im Hintergrund einer Erzählung läßt sich bei der *Benennung* episodischer Figuren beobachten. So tauchen beispielsweise innerhalb der Erzählung Katerina Ivanovnas in Dostoevskijs *Schuld und Sühne* unerwartet völlig unwahrscheinliche und bewußt groteske Familiennamen auf: »Knjaginja Bezzemel'naja«, »Knjaz' Ščegol'skoj« usw. [Fürstin Ohneland, Fürst Stutzer] (V/186), obwohl sich die Figurennamen dieses Werkes größtenteils gerade nicht durch besondere Exotik auszeichnen. Es kann sich also nur um einen abrupten Wechsel der Beschreibungsprinzipien handeln: vom Realistischen zum Fiktionalen. Noch wichtiger indes ist, daß es bei dieser Erzählung um eine Art *Werk im Werk* geht und daß die genannten Figuren nicht am Geschehen teilnehmen, daß sie sozusagen »in Wirklichkeit« (im Erzählvordergrund) gar nicht existieren, sondern nur in der Erzählung der Katerina Ivanovna vorkommen. Sie sind durch das Verfahren der »Darstellung in der Darstellung« wiedergegeben.

Eine Zunahme der Bedingtheit bei der Benennung episodischer (im Erzählhintergrund auftauchender) Figuren läßt sich auch sonst bei Dostoevskij verfolgen. Man denke nur an »Grafinja Zalichvatskaja« (in *Onkelchens Traum*), an die »Dur'-Zažiginy« (im *Spieler*), an »Knjaz' Svinčatkin« (im *Doppelgänger*), an den Lehrer Dardanelov und den Gymnasiasten Bulkin (in den *Brüdern Karamazov*), an den materialistischen und atheistischen Studenten »Kislorodov« (in *Der Idiot*), an den General »Rusopetov« (im *Dorf Stepančikovo*) oder an den »sočinitel' Ratazeev« (in den *Armen Leuten*). Besonders bezeichnend ist Dostoevskijs bewußte Bloßlegung dieses Verfahrens bei der Benennung episodischer oder sonstiger Nebenfiguren: man vergleiche »pisar' Pisarenko« (in *Herr Procharčin*) oder »medik Kostopravov« (in *Ein kleiner Dieb*) – was vom Autor manchmal sogar noch ganz besonders unterstrichen wird: der Besitzer der Spielbank, in der der Jüngling regelmäßig auf Zero gewinnt, heißt »Zerščikov« (in *Der Jüngling*), von »Trusockij« (im *Ewigen Gatten*) schreibt der Autor, daß er im Hause der Zachlebings »*trusil* vsled za vsemi« [»allen hinterherlief«], und von »Razumichin« (in *Schuld und Sühne*) wird gesagt, er sei »rassuditel'nyj, čto i familija ego pokazyvaet« [»vernünftig, wie ja schon sein Name zeigt«] usw.[70] Auf diese Weise kann bei der Bearbeitung des Hintergrundes (und der Figuren im Hintergrund) sowohl in der bildenden Kunst als auch in der Literatur das gleiche Verfahren der »Darstellung in der Darstellung« zur Anwendung gelangen. Mit anderen Worten: Es handelt sich hier um eine Verstärkung der Zeichenhaftigkeit der Beschreibung (oder Abbildung)[70a]; die Darstellung ist kein *Zeichen* der abgebildeten Wirklichkeit (wie im Fall der zentralen Figuren), sondern ein *Zeichen des Zeichens* der Wirklichkeit. Man könnte auch sagen, daß es sich dabei um die Verstärkung des Bedingtheitsgrades einer Beschreibung handelt.[71] Dementsprechend stehen einander die zentralen Figuren (des Vordergrunds) und die zweitrangigen Figuren (im Hintergrund) nach dem Prinzip der *relativ geringeren Zeichenhaftigkeit*, des geringeren *Bedingtheitsgrades* ihrer Darstellung gegenüber. Dies ist in dem Sinne zu verstehen, daß eine relativ geringe Zeichenhaftigkeit mit einem *größeren Realitätsgrad* (größerer Wahrscheinlichkeit) der Darstellung assoziierbar ist: die zentralen Figuren sind im Vergleich zu den zweitrangigen weniger zeichenhaft (und bedingt), aber der Wirklichkeit des Lebens näher.

Im Hinblick auf die mittelalterliche Malerei läßt sich eine derartige Steigerung des Bedingtheitsgrades bei der Gestaltung des Bildhintergrundes oder, generell, weniger wichtiger Bildelemente sehr leicht nachweisen, wenn man die typische *Ornamentalisierung der Darstellung* funktional weniger wichtiger Bildteile näher betrachtet, z. B. die für den Hintergrund einer alten Ikone traditionelle Landschaftsdarstellung in Form sogenannter »Ikonenberge« (welche in ein ausgesprochen stilisiertes Ornament übergehen können) oder die betont ornamentalisierte Wiedergabe der Kleiderfalten (der sogenannten »probely« = Lücken) auf den Ikonen. Der zunehmende Stilisierungsgrad [Bedingtheitsgrad] zeigt sich besonders deutlich am Silberbeschlag [oklad] der Ikone, der in erster Linie mit dem Hintergrund und der Kleidung vergleichbar ist, d. h. der die gleiche Funktion hat wie die weniger bedeutsamen Teile der

Darstellung; paßt allerdings der Silberbeschlag zur Ikonendarstellung, so kann er als eine Art »Darstellung in der Darstellung« angesehen werden.[71a] Ganz analog können die bereits erwähnten Fälle besonders auffallender Verkürzungen und sonstiger Elemente der direkten Perspektive an der Bildperipherie (vgl. S. 175) interpretiert werden. Möglicherweise wurden die entsprechenden Formen bereits zu ihrer Zeit als Stilisierungen aufgefaßt, so wie man heute geneigt ist, die strenge Frontalität[72] der Formen und die Elemente der umgekehrten Perspektive als Stilisierung zu bezeichnen.[72a] Ebenso typisch ist die symbolische Darstellung der Attribute des Hintergrunds auf den mittelalterlichen Ikonen und Miniaturen. So kann beispielsweise die »Nacht« in Form einer Pergamentrolle mit aufgemalten Sternen dargestellt werden, die »Morgendämmerung« unter dem Bild des Hahns, usw.[73]; hierher gehören auch die allegorische Darstellung des »Flusses« in Form eines Wasserstrahls, der sich aus einem Krug ergießt, den eine menschliche Figur in Händen hält, die Andeutung der »Hölle« in Form eines Gesichtes im Bildhintergrund, usw. Natürlich erfordert die Rezeption derartiger symbolischer Bilder eine zusätzliche Umkodierung der Sinngehalte auf einer höheren Ebene (im Vergleich zu nichtsymbolischen Darstellungen), etwa der Umkodierung bei der Konstitution phraseologischer Einheiten in einer natürlichen Sprache vergleichbar. Es handelt sich auch hier wieder um eine Verstärkung des Bedingtheitsgrades (mit der charakteristischen Vergrößerung der Distanz zwischen dem Bezeichneten und dem Bezeichnenden) auf dem Bildhintergrund. Man könnte also sagen, daß die Dekoration, vor deren Hintergrund die Handlung abläuft, in derartigen Fällen einen ausdrücklich markierten Bedingtheitscharakter aufweist: Der Hintergrund ist unter solchen Umständen ein spezifisch geartetes Ideogramm.

Schließlich wäre noch auf die stilisierende Darstellung der Bühnendekoration in Form von Schrifttafeln mit der Angabe des jeweiligen Handlungsortes auf der Shakespeare-Bühne (und vor seiner Zeit) aufmerksam zu machen. Im Grunde unterscheidet sich dies nur wenig von den späteren Stilisierungen der Leinwanddekoration. Der Stilisierungscharakter der Kulissen hebt die Bühnenhandlung sozusagen heraus und macht sie lebendig.

Vielleicht hat gerade das Theater mit seiner typischen Kombination von Akteuren und Dekorationen (die als Hintergrund eine »Darstellung in der Darstellung« bilden) bis zu einem gewissen Grade die Literatur und die bildende Kunst beeinflußt, indem es die eben besprochenen Erscheinungen bedingte.[74]

Die Einheit der Prinzipien zur Bezeichnung von Hintergrund und Rahmen

Die Einheitlichkeit der formalen Verfahren zur Bezeichnung von Rahmen und Hintergrund in einem Kunstwerk ist eine so außergewöhnlich typische Erscheinung, daß sich ohne Mühe Gemeinsamkeiten in den verschiedensten Kunstarten entdecken lassen. So waren einstmals im Theater pantomimische Elemente einerseits charakteristisch für die Vorgänge im Hintergrund, andererseits dienten sie zur Einführung ins Spiel (man vergleiche dazu die Pantomime zu Beginn des Stücks in der Aufführung von *Gonzagos Tod* im Rahmen von Shakespeares *Hamlet*).[75] Bis zur Renaissance drückte sich in der Malerei diese Gemeinsamkeit beispielsweise in der Einheitlichkeit der perspektivischen Verfahren aus, wie sie im Hintergrund und in den Randzonen der Darstellung angewendet wurden (die indes dem im Vordergrund des Bildzentrums angewandten Perspektivesystem entgegengesetzt sein konnten), ferner gelegentlich in gewagten Verkürzungen und Verzerrungen usw.[75a] Gerade diese Gemeinsamkeit manifestiert sich auch in literarischen Werken – durch den Gegensatz von Beschreibung von außen (typisch für den Hintergrund wie für den Erzählrahmen) und Beschreibung von innen. Sie ist natürlich nicht zufällig. Wie bereits mehrmals erwähnt, gehören der Hintergrund ebenso wie der Rahmen zur *Peripherie* der Darstellung (oder Beschreibung). Dementsprechend erwartet man, sobald man ein Werk als in sich geschlossenes System auffaßt, im Falle von Rahmen und Hintergrund zu Recht die Außen-, nicht aber die Innenperspektive. Die *hinterste Schicht* erfüllt im allgemeinen auf einer Darstellung dieselbe Funktion wie deren *vorderste:* beide Ebenen stehen in einem Gegensatz zu dem, was sich *innerhalb* der Darstellung, im Zentrum, abspielt. Andrerseits wird vom mittelalterlichen Künstler vieles, was sich tatsächlich *vor* dem Abgebildeten befindet, oft in den *Hintergrund* des Bildes versetzt

– vermutlich wenigstens zum Teil in der Absicht, um die eigentliche zentrale Abbildung nicht zu verstellen (man erinnere sich an die bereits erwähnte Technik der Interieurwiedergabe, wo die Außenansicht des Gebäudes, in welchem sich ein Geschehen abspielt, auf dem Hintergrund eben dieses Vorgangs abgebildet wird). So kann in vielen Fällen die Darstellung des Hintergrunds als Spiegelbild des Vordergrunds oder als »durchsichtiger« Vordergrund aufgefaßt werden.

Daneben ist der Rahmen eines Werkes nicht selten so konstruiert, daß dieser als *Werk im Werk* aufgebaut wird (als Bild im Bilde, als *Theater auf dem Theater* oder als Novelle in der Novelle). So wird der Rahmen auf die gleiche einheitliche Weise markiert wie der Hintergrund, obgleich jetzt innerhalb dieses gemeinsamen Prinzips die Situation gerade umgekehrt ist. Wenn nämlich im oben betrachteten Fall durch das Verfahren der »Darstellung in der Darstellung« der Werkhintergrund bezeichnet wird (wobei die in eine Darstellung eingelagerte Darstellung im Vergleich zur anderen, der umrahmenden, mehr stilisiert erscheint), dann handelt es sich in diesem Fall bei der in eine andere Darstellung eingeschobenen Darstellung um die eigentliche, die das Zentrum der Komposition bildet (so daß die jetzt umsäumende Darstellung an die Peripherie rückt und die Rolle des Rahmens übernimmt). Folglich erscheint jetzt die äußere (umrahmende) Darstellung als die stilisiertere, im Vergleich zu der die innere (zentrale) Darstellung als die natürliche hervortritt.

Bei der Malerei läßt sich hier auf die Abbildung zurückgeschlagener Vorhänge hinweisen, die ein Bild umsäumen (z. B. Raffaels *Sixtinische Madonna*) oder auf die Andeutung von Fensterrahmen oder Türöffnungen an den Bildrändern, überhaupt auf jede Art von Exterieur. Für das Theater sind jene Prologe typisch, in denen es sich um einen Dialog zwischen Zuschauer und Schauspieler (auf der Bühne) noch vor Beginn des eigentlichen Stücks handelt (etwa die »Vorrede auf der Bühne« im *Faust*), so daß die eigentliche Theaterhandlung in Form einer Szene auf der Bühne erscheint. Was die Literatur betrifft, so genüge hier der Hinweis auf jenes überaus häufige Verfahren, eine Novelle durch eine einleitende Episode zu rahmen, die in keiner Beziehung zur Geschichte steht, gegenüber der sich jedoch die Novelle selber als Einschub erweist (man denke an *Tausend und eine Nacht,* an *Dekameron* usw.)

Natürlich ist bei einer solchen Art der Rahmenkonstruktion – also in Form eines zusätzlichen umrahmenden Werkes, das das eigentliche (zentrale) Werk einschließt – gegenüber dem rahmenden Werk, das die Rolle des Rahmens erfüllt, in der Regel der Außenstandpunkt eingenommen. Die Außenperspektive entspricht einerseits unmittelbar dem Standpunkt des Zuschauers oder Lesers, andrerseits zeichnet sie sich durch ihren betont illusionistischen (dekorativen, bedingten) Charakter aus. Im Zusammenhang damit lassen sich alle möglichen Abstufungen und Schwankungen des Bedingtheitsgrades eines Werkes interpretieren. Die mannigfaltigen Gradationen der Stilisierung in einer Darstellung, die sich in der unerwarteten Anspielung auf den verwendeten *Code,* nicht aber auf die übermittelte Information, äußern (etwa vom Typ des Puškinschen: ». . . der Leser erwartet wohl den Reim auf ›Rose‹, wohlan, so fang ihn schnell«), lassen sich am besten mit der bewußten Hinwendung zum Publikum mitten in einem Theaterstück vergleichen (Beispiel: der Hanswurst in der mittelalterlichen Komödie): beide Male handelt es sich in bezug auf den Text der Erzählung um einen Übergang auf die Ebene der Metasprache, mit anderen Worten, um ein Heraustreten an die Peripherie der Darstellung (in ihren Hintergrund oder an ihren Rand), – womit es möglich wird, die Darstellung deutlicher zu konturieren. Das alles belegt, daß das Verfahren der »Darstellung in der Darstellung« sowohl zur Abbildung des Hintergrunds als auch des Rahmens verwendbar ist; in jedem Fall aber ist dabei die Verwendung der Außenperspektive charakteristisch.

Abschließende Bemerkungen

Es war unsere Absicht, die Übereinstimmung formaler Kompositionsverfahren in Literatur und bildender Kunst herauszuarbeiten, und zwar in der Weise, daß einige generelle Strukturierungsprinzipien zur inneren Organisation des künstlerischen »Textes« (im weitesten Sinne dieses Wortes) vorgestellt wurden. Die Möglichkeit dazu ergab sich aus dem Umstand, daß sowohl ein literarisches Werk als auch eines der bildenden Kunst bis zu einem gewissen Grade »geschlossen« ist, also eine besondere Mikrowelt darstellt, die nach ganz spezifischen Gesetzen gestaltet wird (und im einzelnen durch eine spezielle Raum-Zeit-Struktur charakterisiert ist). Ferner kann in beiden Fällen eine Reihe unterschiedlicher Autorenpositionen eine Rolle spielen, die untereinander in verschiedenerlei Beziehungen stehen.

Die Position des Autors kann in einem literarischen Werk mehr oder weniger exakt fixiert werden – in diesem Fall tritt eine völlige Analogie zum linearen perspektivischen System in der Malerei ein. Zu Recht läßt sich dann die Frage stellen, *wo* der Autor zur Zeit der beschriebenen Ereignisse war, und *woher* er die Verhaltensformen der Figuren kannte (mit anderen Worten: für den Leser erhebt sich die Frage nach der Glaubwürdigkeit des Autors)[76] – genauso wie man in einem perspektivisch gestalteten Bild den Standort des Malers gegenüber seinem abgebildeten Ereignis erfragen kann. Nebenbei sei darauf hingewiesen, daß mit der Darstellung in direkter Perspektive das zu Anfang analysierte Prinzip der psychologischen Beschreibung vergleichbar ist, wobei spezielle »Verfremdungswörter« vom Typ »vidimo« [offensichtlich], »kak budto« [als ob] usw. gebraucht werden. Typisch dafür ist beide Male die Subjektivität der Beschreibung, die Anspielung auf die eine oder andere subjektive – zwangsläufig zufällige – Position des Autors. Ferner ist für beide Fälle die Beschränktheit des Autorenwissens kennzeichnend; dem Autor sind bestimmte Dinge verborgen: die innere Verfassung einer Figur in einer literarischen Beschreibung oder aber das, was bei perspektivischer Darstellung über die Grenzen seines Blickfeldes hinausgeht. Jedesmal handelt es sich um eine bewußte Beschränkung, die der Autor seinem eigenen Wissen in der Absicht auferlegt, den Wahrscheinlichkeitsgrad zu erhöhen.[77] Strenggenommen rechtfertigt sich wegen dieser Beschränkungen auch im logischen Sinne die oben gestellte Frage nach den *Quellen* des Autorenwissens.

In diesem Zusammenhang sind Fälle überaus typisch, in denen ein Autor ausdrücklich die Begrenztheit seines Wissens hervorhebt. Vgl. neben den oben bereits angeführten Beispielen noch den folgenden charakteristischen Satz aus Gogol's *Mantel*, wo sich der Autor (Erzähler), nachdem er uns mitgeteilt hat, was Akakij Akakevič dachte, sofort beeilt, die Einschränkung hin-

zuzufügen: »Vielleicht hat er aber nicht einmal das gedacht –
schließlich kann man ja nicht in die Seele eines Menschen drin-
gen und [auch noch] das wissen, was er alles denkt« (Gogol',
III/159).

Nicht minder interessant und häufig ist der Versuch, Übersicht klarzumachen oder das Wissen des Autors zu rechtfertigen bzw. im einzelnen das Eindringen in die Psyche eines Helden zu motivieren. Dies ist besonders für Dostoevskij charakteristisch und zeigt sich beispielsweise recht deutlich an seinem
Vorwort zu *Die Sanfte:* nach L. Štil'man bedient sich Dostoevskij hier bei der Reflexion der Fiktion eines Stenographen,
der ein Protokoll des Monologs, freilich keines inneren, sondern eines, der von einem (und dies ist gleich noch eine Fiktion!) »eingefleischten Hypochonder von der Sorte [stammt],
die Selbstgespräche führen«. Für Dostoevskij – so fährt Štil'-
man fort – sei überhaupt charakteristisch, daß er sich ständig
um eine Motivierung, die formale Rechtfertigung der Rede bemüht, die einen inneren Monolog ermöglicht. Hieraus erklären
sich die weitläufigen Dialoge, die gesprochenen Monologe und
die Pseudodokumente: Memoiren, Tagebücher, Beichten und
Briefe.[77a]

Indes ist in bezug auf das andere mögliche Beschreibungs-
(Abbildungs-)System die Frage, woher ein Autor sein Wissen
nimmt, unmöglich, d. h. sie erscheint innerhalb dieses Systems
als nicht korrekt. Als Beispiel sind im Falle der Literatur das
Epos zu nennen, in der Malerei eine Abbildung nach den Prinzipien der umgekehrten Perspektive. Ein episches Werk kann
z. B. mit dem Untergang sämtlicher beteiligter Personen enden,
doch die für eine »realistische« Literatur völlig legitime Frage,
»woher man diese Ereignisse kennt«, läßt sich hier überhaupt
nicht stellen, ohne zwangsläufig den Rahmen des jeweiligen
künstlerischen Systems zu überschreiten.[78] Ebenso erfolgt die
Abbildung eines Gegenstandes im System der umgekehrten
Perspektive nicht vermittelt durch ein individuelles Bewußtsein, sondern so, wie es in Wirklichkeit ist. Der Künstler versagt es sich, den Gegenstand rechtwinklig mit zum Horizont
hin sich verjüngenden Seiten darzustellen (und wie es nach den
Prinzipien der linearen Perspektive vorgeschrieben wäre), weil
er ihn in diesem Augenblick und aus seiner Position heraus
eben gerade so und nicht anders sieht; vielmehr will der Künst-

ler sein Objekt so abbilden, wie es *ist,* nicht aber so, wie es ihm *erscheint.* Daher läßt sich die Frage nach der Relativität jedes Wissens und folglich nach dem Grade der Zuverlässigkeit des Autors hier grundsätzlich nicht stellen. Dasselbe Prinzip gilt auch für das Epos (man vergleiche hierzu die konstanten Beiwörter in epischer Dichtung als formales Beschreibungsmerkmal einer nicht »scheinbaren«, sondern »wirklichen« Existenz).[79]

Übereinstimmungen zwischen den Abbildungsprinzipien im System der umgekehrten Pespektive und den Beschreibungsverfahren im Epos lassen sich bis in kleinste Details verfolgen. So ist für das System der umgekehrten Perspektive eine Verengung des Blickfeldes charakteristisch: das Laub eines Baumes wird hier in Form weniger Blätter wiedergegeben, eine Menschenmenge kann als sehr eng zusammengerückte Gruppe aus wenigen Menschen abgebildet werden usw.[80] Damit läßt sich das analoge Verfahren in der Folklore oder in der altrussischen Literatur vergleichen, wenn die Kriegstaten eines ganzen Heeres generalisiert werden im Verhalten eines einzigen Helden, z. B. des Evpatij Kolovrat, des Vsevolod Buj Tur usw.[81] Ferner wäre hier an das traditionelle Verfahren der Schlachtbeschreibung in der epischen Literatur zu erinnern, wenn ein Gefecht als eine Serie aufeinander folgender Zweikämpfe (beispielsweise in Homers *Ilias*) wiedergegeben wird.[81a]

Die Verengung des Blickfeldes kann aber auch zur Folge haben, daß der Zusammenhang zwischen den einzelnen Abbildungen auf einem Gemälde verlorengeht (indem eine Hand einen Gegenstand nur berührt, aber nicht festhält, oder die Beine schreitender Menschen völlig ungeordnet aneinanderstoßen usw.[82]). Eine solche mangelhafte Koordinierung einzelner Episoden läßt sich auch in der Literatur finden, und zwar als Ergebnis einer besonderen Konzentriertheit auf den Beschreibungsvorgang bei jeder einzelnen dieser Episoden (die Konzentriertheit kann einen solchen Grad erreichen, daß jede Beschreibung einen nur sich selbst genügenden Wert darstellt, so daß der Zusammenhang zwischen ihnen zerreißt). Besonders auffällig zeigt sich dies in der Folklore; übrigens hatte schon Goethe die mangelnde Koordinierung bei Shakespeare beklagt; er vergleicht sie mit einer doppelten Lichtquelle auf einem Gemälde (mehrfache Lichtquellen sind übrigens charak-

teristisch gerade für das System der umgekehrten Perspektive).[83]
In gleicher Weise entsprechen z. B. den konstanten Beiwörtern in
der epischen Literatur die konstanten Attribute auf den alten
Ikonen: »Wie der ›gnädige Fürst Vladimir Krasnoe Solnyško‹
[= Schöne Sonne] selbst noch bei Hinrichtungen ›der Gnädige‹ und die ›Schöne Sonne‹ bleibt, so legen auch die Heiligen
auf den Ikonen niemals und bei keiner Gelegenheit, weder bei
Tag noch bei Nacht, ihre heiligen Gewänder ab. Immer trägt
der Heilige seinen Ornat, der Fürst sein fürstliches Gewand
oder seine Zarenkrone, der Soldat seinen Umhang und seine
Rüstung«.[84]

Es muß betont werden, daß in der Darstellung sowohl des ersten wie des zweiten Typs im Prinzip mehrere Autorenpositionen (Standpunkte) möglich sind. In der Malerei ist ein Stand-
punkt-Pluralismus in erster Linie für das System der umgekehrten Pespektive charakteristisch; wie bereits erwähnt, läßt
er sich aber auch in der Malerei der jüngsten Zeit feststellen –
praktisch in allen Phasen der Kunstentwicklung. Und was die
Literatur betrifft, so ist trotz der weitverbreiteten Ansicht,
wonach das Beschreibungsverfahren, welches mehrere Standpunkte verwendet, an das Aufkommen des realistischen psychologischen und des Gesellschaftsromans gebunden sei, der Gebrauch unterschiedlicher Standpunkte beim Erzählen bereits
ziemlich früh nachweisbar. So belegt das für die Epik charakteristische Verfahren des *Parallelismus* nicht selten gerade
eine parallel verlaufende Instrumentalisierung mehrerer Standpunkte. Wenn es beispielsweise heißt.

»Dobryj molodec k seničkam privoračival,
    Vasilij k teremu prichažival.«
[Der tapfere Bursche hielt sich oft bei der Stube auf,
    Vasilij schlich immer wieder zum Gemach],

dann liegt eben nichts anderes vor als die Darstellung desselben
Vorgangs auf zwei verschiedenen Ebenen, die zwei verschiedenen Standpunkten entsprechen (für den einen ist er sozusagen der »tapfere Bursche«, für den anderen »Vasilij«). Eine
sporadische Andeutung mehrerer Standpunkte läßt sich in den
irländischen Sagas nachweisen. So werden z. B. bei der Schilderung der Begegnung Kuchulins mit Emer in einer Brautwer-
bungs-Saga zunächst Emer und ihr Mädchen beschrieben, so
wie Kuchulin sie antraf (was dem Erzähler zum Anlaß dient,

Emer ausführlicher zu beschreiben), dann wird Kuchulin beschrieben, so wie ihn Emer und ihre Mädchen sahen (letzteres größtenteils als direkte Rede eines der Mädchen).

Die Verwendung mehrerer einander gegensätzlicher Standpunkte ist auch in der altrussischen Literatur zu beobachten, z. B. in der *Geschichte der Stadt Kazan* (16. Jhdt.), wo bei der Schilderung die konträren Standpunkte der Russen und der belagerten Kazaner miteinander verflochten werden.[85] Desgleichen ist hier an Bachtins Bemerkungen über die Mehrschichtigkeit und die Polyphonie der Mysterienspiele zu erinnern, an die Anfänge der Polyphonie bei Shakespeare, Rabelais, Cervantes und Grimmelshausen.[86]

Die hier aufgezeigten Darstellungsprinzipien sollten weder in einem wertenden noch in einem evolutionistischen Sinne verstanden werden, obschon es keinen Zweifel gibt, daß das letztere Prinzip wohl mehr für die mittelalterliche Weltauffassung zutrifft[87], während das erste eher für die neuere Zeit charakteristisch ist.[88] Es handelt sich also mehr um zwei prinzipielle Möglichkeiten, unter denen ein Autor (Erzähler oder Maler) wählen kann, und die bis zu einem gewissen Grade bei der Gestaltung eines künstlerischen Textes nebeneinander existieren können. Es hat den Anschein, daß allein diese Wahlmöglichkeit bereits in der Praxis der Alltagsrede, also der umgangssprachlichen Erzählung, angelegt ist (was eingangs gezeigt werden sollte). Denn tatsächlich sieht sich ein Erzähler jedesmal vor die Entscheidung gestellt, wie er erzählen soll (soll er seine Auffassung des Geschehens der Reihe nach präsentieren oder soll er diese in völlig neuorganisierter Form vorstellen). Die Umorganisierung erzielt sicherlich einen größeren Effekt (dies ist auch das Prinzip des Detektivromans: zunächst verläuft alles so, daß der Leser/Hörer nicht errät, worum es sich eigentlich handelt, später jedoch wird ihm unerwartet die Lösung vorgetragen); andererseits kann sie eine größere Objektivität bei der Präsentation der Fakten gewährleisten (der Erzähler gibt nicht seine erstmalige Auffassung wieder, die er jetzt für unwesentlich erklärt, d. h. er erzählt nicht von seiner Position aus, sondern berichtet so, wie »tatsächlich« alles vor sich gegangen war und wie er es jetzt zu rekonstruieren vermag).

Abkürzungsverzeichnis

L.   = Leningrad
M.   = Moskau–Leningrad
LN   = Literaturnoe nasledstvo
M   = Moskau
Pg   = Petrograd
SPb = St. Peterburg
TZS = Trudy po znakovym sistemam

Anmerkungen

Anmerkungen zur Einführung

1 Das Problem des Standpunkts läßt sich übrigens in Zusammenhang bringen mit der bekannten Erscheinung der »Verfremdung« [russ. »ostranenie«], die als eines der elementaren Verfahren *künstlerischer* Darstellung gilt (dazu ausführlicher S. 150 f.). Zum Verfahren der Verfremdung und ihrer Bedeutung s. Viktor Šlovskij, *Die Kunst als Verfahren*, in: *Texte der russischen Formalisten I*, München 1969. Zwar führt Šklovskij nur Beispiele aus der Literatur an, doch haben seine Aussagen allgemeineren Charakter und müssen im Prinzip auf sämtliche repräsentierenden Künste bezogen werden.

2 Allerdings gilt dies weniger für die Skulptur. Ohne hier dieser Frage weiter nachzugehen, bleibt anzumerken, daß auch bei den plastischen Künsten das Problem des Standpunkts nichts an Aktualität verliert.

3 Dagegen ist eine strenge Befolgung des Kanons der direkten Perspektive geradezu charakteristisch für Schülerarbeiten und oft für Werke geringeren künstlerischen Wertes.

4 Vgl. N. A. Rynin, *Načertatel'naja geometrija. Perspektiva,* Petrograd 1918, Ss. 58, 70, 75-79.

5 Vgl. L. F. Žegin, *Jazyk živopisnogo proizvedenija (uslovnost' drevnego iskusstva),* Moskau 1970. Meine Einleitung zu diesem Buch enthält eine ausführliche Bibliographie zum vorliegenden Problem.

6 Vgl. zur Montage die bekannten Arbeiten S. M. Éjzenštejns, *Izbrannye proizvedenija v 6 tomach,* Moskau 1964-70.

7 P. A. Florenskij, *Analiz prostranstvennosti v chudožestvenno-izobrazitel'nych proizvedenijach* (im Druck).
Vgl. in diesem Zusammenhang auch Bachtins Bemerkungen zur notwendigen »monologischen Fassung« im Drama: M. M. Bachtin, *Problemy poétiki Dostoevskogo,* Moskau 1963, S. 22, 47. [Dt.: M. B., *Probleme der Poetik*

Dostoevskijs. München 1971, S. 22, 41.]

8 Aus diesem Grund zieht P. A. Florenskij die sehr extreme Schlußfolgerung, das Theater sei überhaupt im Prinzip eine niedrigere Kunst im Vergleich zu den übrigen Künsten, a.a.O.

9 Vgl. A. A. Gvozdev, *Itogi i zadači naučnoj istorii teatra,* in: *Zadači i metody izučenija iskusstv,* Pb. 1924, S. 119; E. Lert, *Mozart auf der Bühne,* Berlin 1921.

10 Der Linguist wird hier eine direkte Analogie zu den generativen (Synthese-) und den analytischen Modellen in der Linguistik entdecken.

11 Vgl. in diesem Zusammenhang neben den Arbeiten der obengenannten Forschern auch die Monographie von K. Friedemann, *Die Rolle des Erzählers in der Epik,* Leipzig 1910; desgleichen die Untersuchungen amerikanischer Literaturwissenschaftler, die die Ideen Henry James fortsetzten und weiterentwickelten; vgl. dazu N. Friedman, *Point of View in Fiction. The Development of a Critical Concept,* in: *Publications of the Modern Language Association of America,* vol. 70, 1955, Nr. 5; hierin noch weitere bibliographische Hinweise.

12 Ein Hinweis auf die mögliche Unterscheidung eines »psychologischen«, »ideologischen« und »geographischen« Standpunkts findet sich auch bei Gukovskij; s. G. A. Gukovskij, *Realizm Gogolja,* M.-L. 1959, S. 200.

Anmerkungen zu Kapitel I

1 Vgl. die unter diesem Aspekt durchgeführte point-of-view-Analyse am Material der englischen viktorianischen Dichtung von K. Smidt, *Point of View in Victorian Poetry,* in: *English Studies,* vol. 38, 1957.

2 Nach Bachtin der Fall einer monologischen Struktur; s. M. Bachtin, *Problemy poëtiki Dostoevskogo.* [Dt.: M. B., Probleme der Poetik Dostoevskijs. München 1971.]

3 Vgl. J. M. Lotman, *O probleme značenij vo vtoričnych modelirujuščich sistemach,* in: *Trudy po znakovym sistemam* II (Uč. zap. TGU, vyp. 181), Tartu 1965, S. 31-32. [Eine überarbeitete Fassung dieses Aufsatzes findet sich als Kap. II in: ders., *Struktura chudožestvennogo teksta.* Dt.: *Die Struktur des künstlerischen Textes.* Frankfurt 1973, edition suhrkamp 582, Kap. 2, S. 58 ff.]

4 M. Bachtin, Probleme der Poetik Dostoevskijs. München 1971.

5 Ausführlicher dazu M. Bachtin, a.a.O., S. 88-89, 107 ff.

6 Ibid., a.a.O., S. 53, 92 ff., 47, 26. Hier bliebe allerdings zu ergänzen, daß wir das Moment des Selbstbewußtseins, die für Dostoevskijs Helden so charakteristische Orientierung nach innen (vgl. Bachtin, S. 54-56 und S. 87) nicht so sehr für ein Merkmal der Polyphonie an sich halten, als vielmehr für eine Besonderheit der Arbeitsweise Dostoevskijs überhaupt.

7 Eine solche Wertung ist, wie bereits erwähnt, grundsätzlich nicht möglich in einem polyphonen Werk.

8 Hier genüge beispielsweise ein Hinweis auf den vor einiger Zeit gezeigten italienischen Film *Verführung auf italienisch* von Pietro Germi, worin der größte Teil der Handlung in die ideologisch verfremdete Wahrnehmungssphäre einer einzigen Nebenfigur verlegt wird, nämlich eines naiven Hilfspolizisten, der mit geöffnetem Mund das vor ihm ablaufende Geschehen

verfolgt.

9 Man vergleiche dazu A. Dürers *Rosenkranzfest,* wo sich der Maler selber inmitten der Leute am rechten Bildrand darstellte, oder Botticellis *Anbetung der drei Weisen,* wo man genau das gleiche beobachtet. Auf diese Weise erscheint hier der Maler gleichzeitig in der Rolle des Zuschauers, der die von ihm dargestellte Welt betrachtet; darüber hinaus befindet sich dieser Betrachter selber noch innerhalb des Bildfeldes.

10 Hierbei ist allerdings ein *einheitlicher* ideologischer Standpunkt obligatorisch. Neben der für das klassizistische Drama charakteristischen Einheit von Raum, Zeit und Handlung zeichnet sich der Klassizismus ohne Zweifel auch durch Geschlossenheit und Einheit der ideologischen Position aus. Sehr exakt hat J. M. Lotman diesen Aspekt der klassizistischen Kunst beschrieben: »Für die russische Poesie der Periode vor Puškin war das Zusammentreffen aller in einem Text zum Ausdruck gelangenden Subjekt-Objekt-Beziehungen in einem einzigen Fixpunkt höchst charakteristisch. In der traditionell als Klassizismus bezeichneten Kunst des 18. Jahrhunderts verlagerte sich dieser einheitliche Bezugspunkt aus der Persönlichkeitssphäre des Autors und fiel gleichzeitig mit einem Wahrheitsbegriff zusammen, in dessen Namen der künstlerische Text das Wort ergriff. Als künstlerischer Standpunkt erschien somit das Verhältnis der Wahrheit zur abgebildeten Welt. Die Fixierung und Eindeutigkeit dieser Beziehungen, ihre radiale Begegnung in einem einzigen Zentrum entsprachen genau den Vorstellungen, die man von der ewigen, einen und unbeweglichen Wahrheit hatte. Trotz ihrer Einheit und Unwandelbarkeit war die Wahrheit gleichzeitig auch hierarchisch gestuft, indem sie sich dem individuellen Bewußtsein in einem unterschiedlichen Maße offenbarte« (J. M. Lotman, *Chudožestvennaja struktura EVGENIJA ONEGINA,* in: *Trudy po russkoj i slavjanskoj filologii,* IX, Uč. zap. TGU, vyp 184, Tartu 1966, S. 7-8. [Dt.: Die künstlerische Struktur von »Eugen Onegin«, in: J. M. Lotman, Aufsätze zur Theorie und Methodologie der Literatur und Kultur. Kronberg/Ts. 1974, S. 160 f.]

11 Später werden wir eine solche Struktur als einen Fall von Inkongruenz zwischen ideologischem und raum-zeitlichem Standpunkt interpretieren können.

12 Vgl. dazu ausführlicher S. 125 f.

13 Diese Ansicht äußerte N. L. Trauberg in seinem Vortrag über Chesterton während der Zweiten Sommerschule über sekundäre modellbildende Systeme in Tartu, 1966.

14 *Onežskie byliny,* zapisannye A. O. Gil'ferdingom. Sbornik Otdelenija russkogo jazyka i slovesnosti imp. AN, t. LIX-LXI, SPb. 1894-1900, Nr. 75.

15 Trudy Kievskoj Duchovnoj Akademii, 1866, Februar, S. 230.

15a Vgl. beispielsweise: »dem verfluchten Gott [»bg« mit Ligatur] Perun« im *Paisievskij sbornik* aus dem 14. Jahrhundert (s. N. Gal'kovskij, *Bor'ba christianstva s ostatkami jazyčestva v drevnej Rusi,* XVIII. Moskau 1913, S. 24-25), »die große Göttin [»bginja« mit Ligatur] Artemis« im *Čudovskij Novyj Zavet 1355 g.* (Blatt 72 Rückseite). Vgl. noch ein interessantes Beispiel aus einem altrussischen Text *(Makar'evskie četi – Minei,* dekabr'), wo ein böser Geist von sich als von einem Engel des HERRN spricht, wobei das Wort »Engel« [auch] in direkter Rede mit Ligatur wiedergegeben wird: »der Teufel antwortete und sagte zu ihm: Ich bin der Engel [mit Ligatur] des

Herrn [mit Ligatur] ...« Die funktionale Analogie, die im vorliegenden Fall zu den konstanten Epitheta besteht, bedarf keines weiteren Kommentars.

16 Vgl. G. Vološin, *Prostranstvo i vremja u Dostoevskogo*, in: *Slavia*, Jg. XII 1933, Heft 1-2, S. 171.

17 Über die Darstellung des ideologischen Standpunkts mit Hilfe der Raumcharakteristik und über das wechselseitige Verhältnis der entsprechenden Ebenen vgl. unten S. 182 f.

18 Unter diesem Aspekt wäre es interessant, die konstanten Spaltenüberschriften in den Tageszeitungen zu untersuchen; gemeint sind standardisierte Formeln folgenden Typs: »Briefe an die Redaktion«, »Nicht frei erfunden!«, »Auch das noch ...«, »Was es nicht alles gibt!« usw., die bereits signalisieren, aus welchen typischen gesellschaftlichen Standpunkten die einzelnen Glossen und Bemerkungen stammen (z. B. von einem Intellektuellen, einem Soldaten, einem alten Arbeiter, einem Pensionisten usw.); eine solche Untersuchung könnte ziemlich aufschlußreich sein für die Charakterisierung einer bestimmten Periode im Leben einer Gesellschaft. Vgl. dazu auch die unterschiedlichen Formulierungen zum Rauchverbot in Restaurants: »Bei uns wird nicht geraucht«, »Bitte nicht rauchen!«, »Rauchen verboten« und die damit verbundenen Hinweise auf entsprechende Einstellungen und Standpunkte (etwa der Standpunkt einer Behörde, der Polizei oder der U-Bahn-Verwaltung usw.).

19 Auf der Ebene des wechselseitigen Verhältnisses von Weltanschauung und Phraseologie ist es bezeichnend, wie man nach der Revolution gegen eine Reihe von Wörtern zu Felde zog, die man mit einer reaktionären Ideologie assoziierte (vgl. A. M. Seliščev, *Jazyk revoljucionnoj êpochi*, M. 1928), oder wie andererseits Paul I. gegen Wörter ankämpfte, die in seinen Ohren wie Symbole der Revolution klangen (vgl.: V. V. Vinogradov, Očerki po istorii russkogo literaturnogo jazyka XVII-XIX vv., Moskau 1938, S. 193-194). In diesem Zusammenhang ist auch an die mannigfachen sozialbedingten Tabus zu erinnern.

20 Vgl. J. M. Lotman, *Chudožestvennaja struktura EVGENIJA ONEgina*, in: *Trudy po russkoj i slavjanskoj filologii IX*, Uč. zap. TGU, vyp. 184, Tartu 1966, S. 13 passim [dt. vgl. a.a.O., S. 168 f.].

21 Vgl. V. Vinogradov, *O zadačach stilistiki. Nabljudenija nad stilem žitija protopapa Avvakuma*, in: *Russkaja reč'*, pod red. L. V. Ščerby, I, Pg. 1923, S. 211-214.

Anmerkungen zu Kapitel II

1 Die konkrete Form einer solchen Verwendung hängt vom jeweiligen Engagement des Autors bei der Bearbeitung der »fremden« Rede ab (vgl. weiter unten).

2 Weitere Literatur zum *Skaz*: B. M. Ėjchenbaum, *Wie Gogol's MANTEL gemacht ist;* ders., *Leskov und die moderne Prosa;* V. Vinogradov, *Das Problem des skaz in der Stilistik;* in: J. Striedter, *Texte der russischen Formalisten* I, München 1969; ferner: M. Bachtin, *Probleme der Poetik Dostoevskijs*, München 1971, S. 213-214. Wie Bachtin (S. 214) und Vinogradov (S. 27, 33) richtig bemerkten, faßt Ėjchenbaum, der das Problem des Skaz

erstmals in den Vordergrund gerückt hat, den Skaz ausschließlich als Einstellung auf die *mündlich stilisierte Rede,* während der Nachdruck auf die *fremde Rede* wohl noch spezifischer für den Skaz sein dürfte.

3 Vgl. dazu Ėjchenbaums Interpretationen in den oben genannten Aufsätzen. In bezug hierauf sind Leskovs eigene Feststellungen charakteristisch: »Die Umsetzung der Stimme des Schriftstellers besteht in der Fähigkeit, die Stimme und die Sprache seines Helden zu beherrschen und nicht von einer hohen Stimmlage in eine niedere abzuweichen. Ich habe mich bemüht, diese Fähigkeit in mir zu entwickeln, und – wie mir scheint – habe ich erreicht, daß meine Priester geistlich, meine Nihilisten nihilistisch, meine Bauern wie Bauern reden und daß Emporkömmlinge unter ihnen und Gaukler geziert usw. sprechen. Wenn ich selbst rede, verwende ich die Sprache der alten Märchen und in rein literarischer Rede den volkstümlich-kirchlichen Stil ... wir alle: meine Helden und auch ich selbst *verfügen über unsere eigene Stimme.* Sie funktioniert in jedem von uns korrekt, oder wenigstens annähernd ... Hierin besteht die volkstümliche, vulgäre und geschraubte Sprache, in der viele Seiten meiner Arbeiten geschrieben sind und die nicht mir eignet, sondern die den Bauern, Pseudointellektuellen, Schwätzern, den Narren ›in Christo‹ [jurodivye] und den Scheinheiligen abgelauscht ist« (s. A. I. Faresov, *Protiv tečenij.* SPb, 1904, S. 273-274).

4 Vgl. dazu die analoge Fragestellung oben auf Seite 20. ff.

5 Dem Leser wird empfohlen, unter diesem Aspekt einmal auf sein eigenes Redeverhalten und das seiner Bekannten zu achten. Er wird sich leicht davon überzeugen können, wie häufig diese fünf hier beschriebenen Fälle im normalen Dialog vorkommen. Die jeweilige Verwendung verschiedener Eigen- und Rufnamen hängt aber nicht nur von der Situation, sondern auch von der Individualität des Sprechers ab. Zu den Eigennamen als Kriterium individueller Charakteristik vgl. auch B. A. Uspenskij, *Personologičeskie problemy v lingvističeskom aspekte,* in: *Tezisy dokladov vo vtoroj letnej škole po vtoričnym modelirujuščim sistemam,* Tartu 1966, S. 8-9.

6 Man vgl. den leicht ironischen Unterton im 3. Beispiel und die ausgesprochene Hochachtung gegenüber der in Frage stehenden Person im 4. Beispiel usw.

7 E. Tarlay, *Napoleon,* Moskau 1941, S. 348.

8 I. Ėrenburg, *Ljudi, gody, žizn',* Moskau 1961-66. [Dt.: *Menschen, Jahre, Leben.* München 1962-1965.]

9 A.a.O., S. 331, 555 passim.

10 *Iz čelobitnych bojarinu B. I. Morozovu,* in: *Trudy Istoriko-archeologičeskogo instituta AN SSSR,* t. VIII, vyp. 2 (*Chozjajstvo krupnogo feodala-krepostnika* XVII v.), č. I. L. 1933 (unter Nr. 26).

11 A.a.O., (unter Nr. 152).

11a Die entsprechenden russischen Diminutiva »krest'janec« und »čelovečenka« können deswegen nicht »wörtlich« ins Deutsche übersetzt werden, etwa »Bäuerlein« oder »Menschlein«. (Anm. d. Übers.)

12 K. Ėrberg, *O formach rečevoj kommunikacii,* in: *Jazyk i literatura* III, L. 1929, S. 172.

13 vgl. die Beispiele bei L. A. Bulachovskij, *Istoričeskij kommentarij k russkomu literaturnomu jazyku,* Kiev 1950, S. 151.

13a Wie unangemessen deswegen in deutschen Übersetzungen die fast ausschließlich praktizierte Wiedergabe gleichfalls in Diminutiva ist, zeigt sich gerade bei diesen Wendungen: »Ich habe mit Ihnen noch ein Sächelchen zu erledigen«; »Geben Sie mir bitte ein Gäbelchen«; »Gießen Sie mir noch etwas vom Kohlsüppchen nach«; »Soll ich zu Füßchen gehen?« (Anm. d. Übers.)

14 Vgl. *Poslanija Ivana Groznogo*, M.-L. 1951, S. 566.

15 S. L. A. Bulachovskij, *Istoričeskij kommentarij k russkomu literaturnomu jazyku*, S. 149.

16 Vgl. D. L. Mordovcev, *O russkich škol'nych knigach XVII v.*, Saratov 1856, S. 25. Derartige Umgangsformen galten noch bis ins 18. Jahrhundert, als sie durch einen speziellen Erlaß Peters I. vom 20. Dezember 1701 *(O pisanii ljudjam vsjakogo zvanija polnych imen svoich s prozvanijami vo vsjakich bumagach častnych i v sudebnye mesta podavaemych)* verboten wurden. Vgl. dazu A. A. Dement'ev, *Maksimko, Timoška und andere*, in: *Russkaja reč'*, 1969, Nr. 2, S. 95.

16a Vgl. Adam Olearius, *Moskowitische und Persische Reise*. Berlin [Ost] 1959, S. 102/3.

16b Der englische Kaufmann John Meyrick unterschrieb in einem Brief aus dem Jahre 1603 an den russischen Zaren mit: »holop tvoi hospodarev [dein herrschaftlicher Untertan] to the end of my days« (vgl.: Starina i Novizna, Bd. 14, Moskau 1911, S. 200). Hier ist die Einnahme des Adressatenstandpunkts besonders offensichtlich; die Worte »holop tvoi hospodarev«, einschließlich der Form des Personalpronomens, erfolgen in Transkription in der Sprache des Adressaten, während die Fortsetzung des Satzes (»to the end of *my* days«) englisch, d. h. in der Sprache des Adressanten, und, entsprechend, in der Ich-Form steht.

17 Vgl. die Bemerkungen zur stilistischen Bedeutung bei der Wahl dieser Position, oben S. 31.

17a Das interessante und bis zu einem gewissen Grade paradoxe Verfahren, in einem Brieftext konsequent einen fremden Standpunkt zu verwenden, finden wir bei A. V. Suchovo-Kobylins Mutter (M. I. Suchovo-Kobylina), die im Juni 1856 ihrer Tochter, also der Schwester des Dramatikers, schreibt (vgl. in: Trudy Publičnoj biblioteki SSSR im. Lenina, Bd. II, Moskau 1934, S. 204-206). Sie nennt darin ihren eigenen Sohn ständig »Bruder« und stellt sich damit – obwohl Adressant – konsequent auf den Standpunkt ihres Adressaten.

18 Es werden nur Äußerungen solcher Figuren berücksichtigt, die im Roman mit direkter Rede eingeführt werden.

19 Hier erkennt man eine direkte Analogie zum Vorstellungsritual und zum Übergang auf die unter Freunden üblichen familiären Kurznamen in der Umgangssprache.

20 Weitere Einzelheiten zu diesem Verfahren im Abschnitt über die »Rahmung« im Kunstwerk; man vgl. auch die typologischen Analogien zur darstellenden Kunst (in Kapitel VII).

21 Dazu finden sich vereinzelt auch Bemerkungen bei V. V. Vinogradov, *O jazyke Tolstogo*, in: *Literaturnoe nasledstvo*, Bd. 35/36, Moskau 1939.

22 Mit einer einzigen Ausnahme: Einmal nennt ihn Pierre, ein Gespräch über ihn beginnend, Bonaparte (IX/23).

23 V. V. Vinogradov, a.a.O., S. 158.

24 Vgl. dazu auch XI/127.

25 Vgl. dazu die im Prinzip analoge Bewegung der Kamera im Film.

26 Vgl. an derselben Stelle (IX/357) den inneren Monolog des Fürsten Andrej (»Er wußte, es war *Napoleon* – sein Held, doch in dieser Minute kam ihm Napoleon so klein und nichtssagend vor«).

27 Mit einer einzigen Ausnahme (XII/282): wenn sich Denisov an die vergangenen Zeiten erinnert; allerdings ließe sich auch hier vermuten, daß gerade die Retrospektive eine derartige Namenswahl rechtfertigen sollte.

28 Vgl. X/306 und XI/176.

29 Nimmt man jene Fälle aus, wo in der Autorenrede der Standpunkt Pierres bezogen ist (z. B. IX/65 u. a.) oder wo es sich um reine Zitate von Aussagen Napoleons selbst handelt, reduziert sich der Gebrauch des Namens »Napoleon« im Autorentext des ersten Bandes von *Krieg und Frieden* auf ganz wenige Ausnahmen.

30 Eine grundlegende Untersuchung zu Problemen der Verwendung fremder Rede findet sich bei V. N. Vološinov, *Marksizm i filosofija jazyka*, Leningrad 1929 [Engl.: *Marxism and the Philosophy of Language*. New York 1973].

31 In einigen anderen europäischen Sprachen begegnen uns folgende äquivalente Termini: engl. »seemingly indirect style«, frz. »le style indirect libre«, span. »estilo indirecto libro«, poln. »mova pozornie zależna«, russ. »nesobstvenno-prjamaja reč'«, dt. außerdem noch »erlebte Rede«. [In einer sowjetischen Monographie wurde jüngst vorgeschlagen und ausführlich begründet: »nesobstvenno-avtorskaja reč'«, d. i. »uneigentliche Autorenrede«. *Anm. d. Übers.*]

32 Vgl. A. I. Peškovskij, *Russkij sintaksis v naučnom osveščenii*, Moskau ⁵1935, S. 429. Dieses Beispiel wird auch von V. Vološinov zitiert, a.a.O., S. 148 Anm. 2.

33 Vgl. A. Bulachovskij, *Russkij literaturnyj jazyk pervoj poloviny XIX v.*, II, Kiev 1948, S. 444.

34 Vgl. A. I. Molotkov, *Složnye sintaksičeskie konstrukcii dlja peredači čužoj reči v drevnerusskom jazyke po pamjatnikam pis'mennosti XI-XVII stoletij*, (Avtoreferat kandidatskoj dissertacii) Leningrad 1952, S. 21; vgl. auch D. S. Lichačev, *Čelovek v literature Drevnej Rusi*. Moskau 1970, S. 134.

35 Vgl. *Pesni sobrannye P. N. Rybnikovym*, Bd. 1-3, Moskau 1909-1910, Nr. 30.

36 Später werden noch solche Fälle untersucht, wo sich die verschiedenen Standpunkte in einem einfachen Satz verbinden.

37 Über die in der modernen Linguistik übliche Differenzierung von *langue* und *parole* vgl. F. de Saussure, *Cours de Linguistiuqe Générale*.

38 Die Anführungszeichen gelten natürlich nur für die »geschriebene« Rede; in mündlicher Rede übernehmen deren Rolle im Russischen die Partikel »mol«, »de« und »deskat'« [= sagt er], oder aber eine Pause, die Veränderung der Intonation oder des Timbres in der Stimme. Entsprechende Elemente finden sich auch in anderen Sprachen.

39 Während im Russischen eine Kongruenz nur in den Nominalkategorien (in der indirekten Rede kongruiert das Verbum mit dem Nominativ des Hauptsatzes in Genus, Kasus und Numerus) erforderlich ist, verlangen beispielsweise die romanischen und die germanischen Sprachen eine Kongruenz auch im Tempus (consecutio temporum). Außerdem ist zu ergänzen, daß sich die einzelnen Sprachen auch nach dem Grad der Eindeutigkeit bei

der Übertragung der direkten in die indirekte Rede unterscheiden (mit anderen Worten, nach dem Grad der Annäherung dieser beiden Redeweisen). So kann z. B. im Russischen in einer Reihe von Fällen nur von einer ungefähren Übersetzung die Rede sein. Die (direkte) Redensart »Chot' by poest'« [Gäbe es bloß etwas zu essen!] wäre in indirekter Rede ungefähr folgendermaßen wiederzugeben: »On skazal, čto *želal* by poest'« [Er sagte, er *wünschte* etwas zu essen]; die Phrase »Kak chorošo« [Wie schön!] könnte in indirekter Rede folgende Formen annehmen: »On skazal, čto *éto očen'* chorošo [er sagte, *dies sei sehr schön*], oder: On *vostorženno* skazal, čto éto chorošo [er sagte ganz *begeistert, dies sei sehr* schön], usw. Offensichtlich ist hier der Umwandlungsprozeß nicht reversibel, d. h. aus einer Phrase in indirekter Rede läßt sich die Ausgangsphrase in der direkten Rede nicht eindeutig rekonstruieren. Indes läßt sich im Lateinischen sowie in einer Reihe anderer Sprachen die Umwandlung der direkten in die indirekte Rede mit beinahe maximaler Eindeutigkeit vornehmen. Cf. S. I. Sobolevskij, *Grammatika latinskogo jazyka*, T. I (teoretičkaja). Moskau 1948, S. 347 ff. V. N. Volosinov, *Marksizm i filofija jazyka* . . ., S. 151, 166 u. passim.

40 Diese relative Erschwernis zeigt sich, wenn man versucht, den Satz laut zu lesen und die fremde direkte Rede durch die Intonation hervorzuheben; in den früheren Beispielsätzen (für die uneigentliche direkte Rede) gelingt dagegen die Übertragung in die direkte Rede durch Intonation ohne weiteres (vgl. S. 46, Anm. 38).

41 Vgl die Definition der uneigentlichen direkten Rede auf S. 46.

42 Vgl. dazu B. Uspenskij, *Les problèmes sémiotiques du style à la lumière de la linguistique*, in: *Information sur les sciences sociales*, vol. VII, 1968, Nr. 1, S. 137-138.

43 F. F. Zelinskij, *Vil'gel'm [Wilhelm] Wundt i psichologija jazyka: žesty i zvuki*, in: *Iz žizni idej*, Bd. II, 3. Aufl., SPb 1911, S. 185-186. V. Šklovskij, *O poezii i zaumnom jazyke*, in: *Poetika. Sborniki po teorii poètičeskogo jazyka*, Pg. 1919, S. 16-17 (Anm.). Zur psycho-physiologischen Bedingtheit der Bedeutungen verschiedener Sprachlaute vgl. auch die Aufsätze von G. N. Ivanova-Lukjanova, E. V. Orlova und M. V. Panov in: *Razvitie fonetiki sovremennogo russkogo jazyka*, Moskau 1966; A. Stern, *Objektivnoe izučenie subjektivnych ocenok zvukov reči*, in: *Voprosy poroždenija reči i obučenija jazyku*, Moskau 1967; E. Sapir, *A study in phonetic symbolism*, in: *Journal of Experimental Psychology*, 1929, Nr. 3; S. S. Newman, *Further expériment in phonetic symbolism*, in: *American Journal of Psychology*, 1933; Dž. Bonfante, *Pozicija neolingvistiki, in:* V. A. Zvegincev, *Istorija jazykoznanija XIX-XX vekov v očerkach i izvlečenijach*, T. I, Moskau 1964, S. 35. Zur besonderen Verwendung dieser Bedeutung in der Dichtung vgl. den oben genannten Aufsatz von M. V. Panov, *O vozprijatii zvukov*, in: *Razvitie fonetiki sovremennennogo russkogo jazyka*, desgleichen Hinweise bei G. A. Gukovskij, *Puškin i russkie romantiki, M.* ²¹⁹⁶⁵, S. 61, bei Tynjanov u. a.

44 Näheres dazu bei L. Nikitin, *Ideografičeskij izobraziteľnyj metod v japonskoj živopisi*, in: *Vostočnye sborniki, Literatura i iskusstvo,* Heft I, Moskau 1924, S. 214.

45 Vgl. auch die Textanalyse eines Abschnitts aus dem *Gefangenen im Kaukasus* bei V. N. Vološinov, *Marksizm i filosofija jazyka* . . ., S. 164.

46 Ibid., S. 164, Vgl. auch B. V. Tomaševskij, *Stilistika i stichosloženie,*

Leningrad 1959, S. 288.

47 Auf die Fälle der Dialogisierung der inneren Rede, wenn sich z. B. ein einziger Monolog in zwei Stimmen zerlegt, wird hier nicht näher eingegangen. Vgl. dazu die Beispiele aus Tolstoj bei V. V. Vinogradov, *O jazyke Tolstogo*, LN 35/36, S. 186.

48 Einzelheiten bei V. N. Vološinov, a.a.O., S. 156-157 (dort eine Analyse eines Abschnitts aus Puškins *Ehernem Reiter*).

49 V. N. Vološinov, a.a.O., S. 163. Es sei angemerkt, daß es sich hier um einen charakteristischen Dialog des Autors mit seinem Helden handelt, in dessen Namen ebenderselbe Autor auftritt.

50 V. N. Vološinov, a.a.O.

51 V. Vinogradov, *O zadačach stilistiki. Nabljudenija nad stilem Žitija protopopa Avvakuma,* in: *Russkaja reč',* pod red. L. V. Ščerby, 1, Pg. 1923, S. 211-214.

52 A.a.O., S. 213.

53 A.a.O. – Daher halten die Versuche, die Frage der Historizität einzelner neutestamentlicher Figuren dadurch zu lösen, daß ihre Reden auf alttestamentlichen Vorbilder zurückgeführt werden, der Kritik kaum stand. Ein Beispiel für einen solchen wenig überzeugenden Versuch findet sich bei J. A. Lencman, *Sravnivaja Evangelija,* Moskau 1967, S. 44-45.

54 Eine enge Verschmelzung von Ereignissen aus den Evangelien mit solchen des eigenen Lebens ist überhaupt charakteristisch für Avvakum. Dabei ist besonders auffällig, daß Avvakum nicht nur seine eigenen Erlebnisse durch parallele Vorfälle aus den Evangelien beschreibt, sondern daß umgekehrt in seiner Darstellung die Sujets aus den Evangelien auch ihrerseits durch seine Biographie einer bestimmten Beeinflussung ausgesetzt sein können. So berichtet er beispielsweise in seiner Nacherzählung des apokryphen Nikodemus-Evangeliums innerhalb des »Gesprächs mit Unwürdigen über das Heilige Kreuz«, wie die Hohenpriester Annas und Kaiphas Christus an den Haaren gezogen hätten; in Wirklichkeit wird im Nikodemus-Evangelium nichts davon erwähnt, wohl aber entspricht ein solches Vorkommnis Avvakums eigener Biographie, wobei Annas und Kaiphas mehrfach mit dem Patriarchen Nikon assoziiert werden. Vgl. dazu N. S. Demkova, *Neizvestnye i neizdannye teksty iz sočinenij protopapa Avvakuma,* TODRL XXI, Moskau-Leningrad 1965, S. 214.

55 Vgl. XI/93.

56 V. V. Vinogradov, *O jazyke Tolstogo,* in: *L. N. Tolstoj,* T. I, LN 35 bis 36, S. 202-204.

57 Diese beiden Positionen lassen sich jeweils als synchrone und diachrone interpretieren. Ausführlicher zu diesem Problem weiter unten auf S. 79 f.

58 Charakteristisch ist, daß Tolstoj – als in der gleichen Szene wenig später bei der (russischen) Wiedergabe der direkten Rede Hélènes erneut das »Liebender« auftaucht –, es für notwendig erachtet, gerade diesem Wort das französische Äquivalent in Klammern hinzuzufügen, so als ob er hervorheben wollte, wie es tatsächlich artikuliert wurde: . . . es gibt nicht wenige Frauen, die mit einem Mann wie Sie, sich nicht für Liebende halten würden (des amants) (X/31).

59 Nach einer Beobachtung von Vinogradov, *O jazyke Tolstogo,* S. 202.

59a Ein ähnlicher Unterschied zwischen dem Französischen und Russischen läßt sich bei der Anrede auch in der Rede anderer Personen von *Krieg und*

Frieden nachweisen. So duzen sich Nataša und Sonja, wenn sie russisch reden, siezen sich (»vous«) jedoch, sobald sie zum Französischen übergehen.

59b Es ist interessant, einmal die russisch inkorrekten Beispiele zusammenzustellen, die sich in Julie Drubeckajas Brief an die Fürstin Mar'ja finden oder die die russischen Adligen im Salon Julies geben, d. h. aus der Zeit des Krieges gegen Napoleon stammen, als es für unpatriotisch angesehen wurde, französisch zu sprechen. In all diesen Fällen haben wir es mit einer wörtlichen Übersetzung aus dem Französischen zu tun, bei der die grammatischen Besonderheiten des französischen Originals erhalten blieben.

60 Man könnte auf ein analoges Verfahren in den Evangelien verweisen, wo die Christusworte an manchen Stellen in [griechischer] Übersetzung, an anderen direkt auf aramäisch mit anschließender Übersetzung (z. B. *Mrk* V, 41; XV, 34, usw.) oder sogar ohne Übersetzung angeführt werden (vgl.: »Amen, ich sage Euch . . .«, wobei das aramäische »amen« »wahrlich« heißt).

61 Im Zusammenhang mit dem eben Gesagten erscheint die Textbearbeitung von *Krieg und Frieden* in der [großen 90bändigen] Jubiläumsausgabe (unter der Redaktion von G. A. Volkov und M. A. Cjavlovskij) nicht richtig, da das Französische (entsprechend der ersten und zweiten, aber entgegen der dritten Ausgabe) beibehalten, Denisovs spezifische Artikulation jedoch (entsprechend der dritten, aber entgegen der ersten und zweiten Auflage) entfernt wird (vgl. dazu die redaktionelle Anmerkung in Bd. IX, S. 455, der Jubiläumsausgabe). Ein solches Vorgehen muß gerade deswegen als inkonsequent bezeichnet werden, weil diese spezifische Artikulation und die französische Sprache analoge Funktionen erfüllen. Auch der Hinweis, daß Denisov nicht an allen Stellen so artikuliert (s. IX/455),kann ein solches Verfahren nicht rechtfertigen, da dieselbe Bemerkung gleichermaßen für die nicht durchgängige Verwendung des Französischen in *Krieg und Frieden* zuträfe.

62 B. V. Tomaševskij, *Voprosy jazyka v tvorčestve Puškina*, in: *Stich i jazyk*, Moskau–Leningrad 1959, S. 437.

63 Vgl. den charakteristischen Meinungsstreit über das Französische in den Pressekommentaren zu *Krieg und Frieden*, der bekanntlich Tolstoj veranlaßte, in der dritten und vierten Auflage des Romans die französischen Textstellen überhaupt zu streichen und sie durch die russischen Entsprechungen zu ersetzen.

64 Dieser Hinweis stammt von Tomaševskij, a.a.O., S. 439-440.

65 Weitere Einzelheiten dazu im Abschnitt über den »Rahmen« im künstlerischen Text.

66 Der hier sich einstellende Effekt ist äußerlich völlig analog einer normalen Erscheinung im Bilinguismus, wenn in einer Phrase Elemente aus zwei verschiedenen Sprachen kombiniert werden.

67 Somit lassen sich jetzt die vom Autor von *Krieg und Frieden* verwendeten Arten der Wiedergabe französischer direkter Rede wie folgt zusammenfassen: 1. unmittelbar in französisch, 2. in russischer Übersetzung, 3. in Form eines zweisprachigen gemischten Textes, wobei ein Teil auf französisch, der Rest auf russsich wiedergegeben wird, und 4. in Form einer Wiederholung desselben Ausdrucks in französischer und russischer Sprache.

68 Zur generellen Funktion der Klammern in der Autorenrede bei Tolstoj vgl. V. V. Vinogradov, *O jazyke Tolstogo*, in: *LN* 35/36, S. 179.

1 Unter bestimmten Umständen läßt sich eine solche Beschreibung als Überlagerung mehrerer Standpunkte bestimmen, z. B. des psychologischen Standpunkts des Helden und, zusätzlich, des den Helden unsichtbar begleitenden Erzählers selbst. Ausführlicher darüber im Kapitel V.

2 Vgl. Illustration und Analyse in Kapitel V.

3 Der psychologische Standpunkt wird später, in Kapitel IV, behandelt.

4 Ein ganz ähnliches Verfahren auch in X/280.

5 Zur Anwendung dieser Verfahren in der bildenden Kunst und zu ihrer möglichen semiotischen Behandlung vgl. B. A. Uspenskij, *Per l'analisi semiotica delle antiche icone russe*, in: *Richerche semiotiche*. Turin 1973, S. 337-399. Man könnte sagen, im ersten Falle geht es um eine *analytische* Behandlung der Bewegtheit: der ununterbrochene Bewegungsprozeß wird analytisch in eine Reihe diskreter Komponenten zerlegt, deren Synthese dem Betrachter (oder Leser) überlassen bleibt. Im zweiten Fall dagegen handelt es sich um eine *synthetische* Erfassung der sich aus verschiedenen (räumlichen) Standorten ergebenden Eindrücke, wobei die Synthese unmittelbar im Verlauf der Beschreibung (Abbildung) erfolgt.

6 Vgl. J. M. Lotman, *Das Problem des künstlerischen Raums in Gogol's Prosa* [russ. 1968], in: J. M. Lotman, *Aufsätze zur Theorie und Methodologie der Literatur und Kultur*, Kronberg/Ts. 1974, S. 200-271. Alle folgenden Beispiele stammen aus diesem Buch; vgl. Andrej Belyj, *Masterstvo Gogol'ja*, Moskau-Leningrad 1934, S. 126-137.

7 J. M. Lotman, a.a.O., S. 242 f.

8 Es ist bemerkenswert, daß Gogol' dort, wo er mit Rücksicht auf das Sujet und die jeweilige kompositorische Einstellung den Betrachter nicht emporsteigen lassen kann (eine solche Situation ergibt sich im einzelnen dann, wenn der Autor seine Schilderung von einer ganz konkreten Stelle im Raume aus gibt, also etwa aus der Position einer bestimmten Figur), »die Erdoberfläche ein wenig krümmt und ihre Enden ein wenig hochbiegt (nicht nur die Berge, sondern auch das Meer)«; vgl. J. M. Lotman, a.a.O., S. 211 f., 219 (zitiert wird hier *Schreckliche Rache*, I/275). Dort finden sich auch Bemerkungen über die Rolle der Sicht von oben in *Vij, Taras Bul'ba* und in den *Toten Seelen*.

9 Man vergleiche auch die Beschreibung der Heere vor der Schlacht bei Austerlitz in *Krieg und Frieden* (IX/330).

10 Zur »stummen Szene« vgl. A. A. Saburov, *»Vojna i mir« L. N. Tolstogo. Problematika i poètika*, Moskau 1959, S. 430.

11 Ganz allgemein zum Problem der Zeit in der Literatur (unter verschiedenen Gesichtspunkten) vgl. man im einzelnen: L. S. Vygotskij, *Psichologija iskusstva*, Moskau 1968; D. S. Lichačev, *Poètika drevnerusskoj literatury*, Leningrad 1967, Kap. IV; H. Meyerhoff, *Time in Literature*, Berkeley und Los Angeles 1960; J. Pouillon, *Temps et roman*, Paris 1946 (dort auch eine ausführlichere Bibliographie).

12 V. V. Vinogradov, *Stil' »Pikovoj damy«*, in: *Puškinskij vremennik*, Bd. 2. Moskau–Leningrad 1936, S. 114-115.

13 Man könnte hier auf die zahllosen Werke verweisen, die mit der Feststellung des Todes des Helden beginnen, die also vom Ende her erzählen (z. B. bei Tolstoj *Chadži Murat, Der Tod des Ivan Il'jič*).

14 Zum psychologischen Standpunkt vergleiche das IV. Kapitel dieses Buches.

15 D. S. Lichačev, *Poėtika drevnerusskoj literatury*, S. 303-304; hier wird das Gesagte durch eine konkrete Textanalyse illustriert.

16 A.a.O., S. 305.

17 Die Kombination von Standpunkten auf einer noch allgemeineren Ebene wird weiter unten besprochen.

18 Vgl. D. S. Lichačev, a.a.O., S. 309.

19 S. 25 ff.

20 Vgl. in diesem Zusammenhang: A. M. Pjatigorskij, B. A. Uspenskij, *Personologičeskaja klassifikacija kak semiotičeskaja problema*, in: *Trudy po znakovym sistemam*, III (Uč. zap. TGU, vyp. 198), Tartu 1967, S. 24-27.

21 Dementsprechend ließe sich das Präsens als formales Verfahren zur Zeitfixierung auch mit den speziellen Formen zur Festlegung des Blickpunktes in der alten Malerei vergleichen, also mit Rundung, *Schattierung*, den Lichtflecken usw. Mehr darüber bei B. Uspenskij, *K issledovaniju jazyka drevnej živopisi*, Vorwort zu: L. F. Žegin, *Jazyk živopisnogo proizvedenija*, S. 21.

22 Bei einem anderen methodischen Ansatz ließen sich diese Szenen vielleicht als eine besondere »Mikrozeit« charakterisieren.

23 In diesem Zusammenhang vgl. man D. S. Lichačevs Beobachtungen an den russischen Bylinen: »Während Episoden in der Byline, in denen die Handlung rasch abläuft, grammatikalisch im Präteritum wiedergegeben werden, erscheint das Präsens [immer dann], sofern sie langsam entwickelt wird.« (D. S. Lichačev, *Poėtika drevnerusskoj literatury*, S. 241.)

24 Die Vita des Protopopen Avvakums wird zitiert nach der Ausgabe von A. N. Robinson, *Žizneopisanija Avvakuma i Epofanija*, Moskau 1963, S. 144.

25 Weitere Beispiele bei: V. Markov, *The Longer poems of Velemir Khlebnikov*, Berkeley and Los Angeles 1962, S. 100.

26 Im einzelnen sei hier auf die seiner Funktion nach ganz ähnliche Verwendung des Futurs, z. B. bei Andrej Belyj, verwiesen:

»Michal Sergeič *povernetsja*,
Ko mne iz kresla cveta »biskr«;
Steklo pensnéjnoe *prosnetsja*,
Pereplesnetsja bleskom iskr.«
[Michal Sergeič *wendet sich um*,
Mir zu aus seinem farbigen Sessel;
Das Kneiferglas *wird wach*,
es *verflicht* sich mit dem Funkenglanz.]

(*Pervoe svidanie* – zitiert nach der Ausgabe: A. Belyj, *Stichotvorenija i poėmy*, Moskau–Leningrad 1966, S. 416-417.

27 N. E. Onučkov, *Pečorskie byliny*, SPb. 1904, S. 237-238, 109.

28 N. E. Onučkov, *Pečorskie byliny*, S. 105-106. In diesem Abschnitt fällt u. a. besonders auf, welchen Nachdruck der Vortragende auf die Zeitbezeichnung legt; man beachte die häufige Wiederholung der Wörter »skoro« [rasch] und »non'ce« [jetzt] in dieser Schilderung. Vgl. die Beobachtungen Gil'ferdings [Hilferding] zu den Füllwörtern vom Typ »nyne« [jetzt], »bylo« [war] und »est'« [ist] in den russischen Bylinen (s. auch seinen Artikel *Oloneckaja gubernija i ego narodnye rapsody*, in: *Sborniki Otdelenija*

29 Anders ausgedrückt: hier wird annähernd die gleiche Bedeutungsnuance erzielt wie im Englischen durch die Form des *continuous (present)* – also die Fortdauer einer Handlung für den sie wahrnehmenden Beobachter. Letzterer findet sich somit in den Mittelpunkt der Handlung versetzt, die er nun von innen heraus wahrnehmen kann.

30 Vgl. dazu im einzelnen: J. M. Lotman, *Das Problem des künstlerischen Raums in Gogol's Prosa*, a.a.O., S. 200-271; V. G. Bogoraz (Tan), Ějnštejn [Einstein] *i religija. Primenenie principa otnositel'nosti k issledovaniju religioznych vlijanij*, vyp. I, Moskau–Leningrad 1923; V. G. Bogoraz, *Ideas of Space and Time in the Conception of Primitive Religion*, in: *American Anthropologist*, New Series, vol. XXVII, 1925. In den beiden letzten Arbeiten wird die Spezifik der räumlichen Modellierung der Welt in der Mythologie näher untersucht.

31 Gleichzeitig ist jedoch anzumerken, daß der *Grad* dieser Konkretheit auch hier innerhalb bestimmter Grenzen variieren kann, s. dazu: B. A. Uspenskij, *K issledovaniju jazyka drevnej živopisi*. Vorwort zu dem Buch von L. F. Žegin, *Jazyk živopisnogo proizvedenija*, Moskau 1970, 32-33; oder auch: B. A. Uspenskij, *Per l'analisi semiotica delle antiche icone russe*, in: *Richerche semiotiche*, Turin 1973, S. 337-399.

32 M. Foucault, *Les mots et les choses. Une archéologie du savoir*, Paris 1966.

33 Allerdings ist der Grad, nach dem sich ein literarisches und ein dramatisches Werk bezüglich des zur Debatte stehenden Aspekts nähern können, im Einzelfall sehr uneinheitlich, was sich vor allem in der Zeitbehandlung äußert. In der älteren Dramaturgie beobachtet man nicht selten dieselbe Zerlegung gleichzeitig nebeneinander verlaufender Geschehnisse in ein Nacheinander, wie es zwangsläufig auch in der Literatur vor sich geht. Unter diesem Aspekt ist die gelegentliche Heraushebung von Schauspielern aus dem Zeitfluß bemerkenswert: wenn etwa Čackij einen Monolog vorträgt, wird der neben ihm stehende Molčalin für eine Weile gleichsam aus der (Bühnen-)Handlung ausgeschlossen usw. (Dies fällt vor allem dann auf, wenn der eine Schauspieler seinen Monolog »vor sich« hinspricht, während der andere nicht einmal pantomimisch an der Handlung teilnehmen kann, indem er etwa auf dessen Worte reagiert). – Etwas Analoges – die Zerlegung gleichzeitiger Vorgänge in ein Nacheinander – läßt sich unter anderem auch im Film im Zusammenhang mit dem Montageverfahren beobachten: zuerst wird in Großaufnahme das Gesicht eines Sprechers gezeigt, der einen Witz erzählt; darauf folgt das Gesicht seines Gegenübers, auf dem ein Lachen erscheint. Hier wird also das Lachen nicht gleichzeitig mit dem Vortrag des Witzes vorgeführt, sondern erst nach dem Ende der Rede, obgleich natürlich eine Wiedergabe der gleichzeitig erfolgenden Reaktion beabsichtigt ist. – Über den Unterschied der Zeit beim Theater und in der Literatur hat Goethe eine interessante Bemerkung zu Shakespeares unkoordinierten szenischen Handlungen gemacht. Goethe erklärt sie dadurch, daß Shakespeare nicht für die Lektüre geschrieben habe, sondern für die Bühne, die sich vor allem durch Zeit-Verdichtung auszeichne (und, so könnte man noch hinzufügen, durch die Unmöglichkeit zurückzukehren, so wie man auf bereits Gelesenes zurückblättern kann), für eine Situation also, wo »man nicht[s] festhalten und im einzelnen bekritteln könnte [und wobei es bloß

darauf ankam, immer nur im gegenwärtigen Moment wirksam und bedeutend zu sein]« (vgl. *Gespräche mit Eckermann*, in: Joh. W. Goethe, *Gedenkausgabe der Werke, Briefe und Gespräche*, Zürich 1948, Bd. 24, S. 625).

34 Weitere Einzelheiten bei Dž. Uitrou (Whitrow), *Estestvennaja filosofija vremeni*, Moskau 1964, 109-149.

35 Man vgl. z. B. die Randbildleisten auf Ikonen, die Zeitfolge auf Großfresken oder auch Ikonographik der »Enthauptung Johannes des Täufers«, wo der Leichnam des Johannes im gleichen Bildfeld und vor ein und demselben Hintergrund, aber in mehreren verschiedenen Zeitmomenten dargestellt wird (vgl. die Analyse derartiger Fälle in der Arbeit von B. A. Uspenskij, *Per l'analisi semiotica delle antiche icone russe*, in: *Richerche semiotiche*, Turin 1973, S. 337-399, vgl. Abb. 3, 4.

36 Vgl. auch die Modellierung der Zeitumkehrung bei O. E. Mandel'štam: »Vielleicht war vor den Lippen das Flüstern schon geboren und drehten sich in der Baumlosigkeit im Kreise die Blätter ...« (Dieses Beispiel erwähnte V. V. Ivanov in seinem Vortrag *Die Zeit in der Wissenschaft und in der Kunst* auf der Zweiten Sommerschule für sekundäre modellbildende Systeme, Kääriku 1966).

37 J. M. Lotman, *Das Problem des künstlerischen Raums in Gogol's Prosa*, a.a.O., S. 246 f. Vgl. in diesem Zusammenhang noch die Bemerkungen J. N. Tynjanovs: J. N. Tynjanov, *Problema stichotvornogo jazyka*, Moskau 1965, S. 173, Anm. 3, desgleichen auch J. N. Tynjanov, *Archaisty i novatory*, Leningrad 1928, Kapitel 13.

38 S. dazu S. J. Nekljudov, *K voprosu o svjazi prostranstvenno-vremennych otnošenij s sjuzetnoj strukturoj v russkoj byline*, in: *Tezisy dokladov vo Vtoroj letnej škole po vtoričnym modelirujuščim sistemam*, Tartu 1966.

39 G. Vološin, *Prostranstvo i vremja u Dostoevskogo*, in: *Slavia*, Jg. XII, 1933, Nr. 1-2. Vgl. auch: *K kakomu vremini goda otnosjatsja pochoždenija Čičikova?*, in: V. Buzeskul, *Istoričeskie ètjudy*. SPb 1911.

40 Andrerseits könnte man annehmen, daß sich diese Figuren in verschiedenen Räumen befinden, die nur teilweise miteinander in Verbindung stehen. Beide methodischen Ansätze unterscheiden sich jedoch nicht in ihren Ergebnissen.

41 Unter zeitlicher Bestimmtheit soll hier ausschließlich die relative Chronologie eines Ereignisses verstanden werden. Unter weiteren Aspekten kann dabei unter bestimmten Bedingungen natürlich immer noch eine hinreichende Unbestimmtheit konstatiert werden. Man vergleiche beispielsweise die absolute (und nicht relative) Unbestimmtheit der Zeit in Shakespeares *Hamlet*, wie sie von der Forschung festgestellt wurde (es ist nicht exakt anzugeben, wieviel Zeit im Verlauf der gesamten Dramenhandlung vergeht; es wird nur bekannt, daß zu Beginn der Handlung Hamlet ein junger Student ist und an deren Ende dreißig Jahre zählt – dennoch wird die Handlung als nicht unterbrochen vorgeführt).

Anmerkungen zu Kapitel IV

1 Siehe S. 24 f.
2 Siehe S. 80 f.
3 Vgl. die charakteristische Erklärung des Erzählers in Dostojevskijs *Dä-*

monen: »Selbstverständlich weiß ich nicht, was im *Innern* dieses Menschen vor sich ging, ich *sah* ihn nur von *außen*« (VII/219) – ein Zugeständnis, das jedoch denselben Erzähler durchaus nicht davon abhält, an anderen Stellen einen anderen Standpunkt zu beziehen, das Erzählen nicht »von außen«, sondern »von innen heraus« zu betreiben.

4 Weiter unten wird man sich davon überzeugen können, daß der Gegensatz von Innen- und Außen-Standpunkt nicht nur für die Literatur, sondern auch für die darstellende Kunst wesentlich ist (vgl. S. 154 dieses Buches).

5 Für das Genre des Gerichtsprotokolls ist überhaupt die Ausschaltung aller subjektiven Momente kennzeichnend, d. h. es wird eine maximale Annäherung an eine objektive Wiedergabe bei der Darstellung angestrebt. Ein Protokollführer wird sich also z. B. niemals so ausdrücken: »X erblickte einen ihm unbekannten Soldaten«, sondern: »X erblickte einen ihm unbekannten Herrn in Soldatenuniform«, weil die erste Phrase bereits eine subjektive Nuance, wenngleich geringsten Grades, enthält (nämlich ein angebliches Wissen davon, daß es sich bei diesem Unbekannten tatsächlich um einen Soldaten handelt).

6 Eine analoge Funktion kann auch der ausdrücklich betonte Übergang auf eine retrospektive Position übernehmen (die einen Beobachter zu einem Wissen berechtigt, über das er bei synchroner Position nicht verfügen kann). Ein solches Verfahren, neben anderen, ist für Dostojewski kennzeichnend, zum Beispiel in der Szene (in den *Brüdern Karamazov*), wo sich (in der Klosterzelle) Aljoša, Katja und Mitja treffen. Die Darstellung erfolgt hier grundsätzlich aus der Sicht Aljošas. Unerwartet taucht auch Grušen'ka auf; Dostoevskij fährt fort: »Sie trat, *wie sich später herausstellte,* ganz zufällig herein« (X/326). Der Autor fühlt sich zur Mitteilung veranlaßt, daß Grušen'ka unabsichtlich hinzugekommen sei, doch kann er dies nicht ohne einen gewissen Vorbehalt sagen – die von ihm hier benutzte Darstellungsweise erfordert eine Angabe, woher ihm dies bekannt war (insofern der Repräsentant des Autorenstandpunktes, hier: Aljoša, dies zu jenem Augenblick noch nicht wissen konnte). Hier dient der Übergang zur retrospektiven Haltung als Rechtfertigung des Autorenwissens – und folglich auch zur Rechtfertigung der Darstellung aus der Innen- und nicht aus der Außenposition (über die retrospektive Position s. unten S. 109 ff. anläßlich der Beschreibung Ivan Karamazovs).

7 Als einen solchen Beobachter könnte man sich einen der am Geschehen Beteiligten vorstellen (und zwar den, dessen innere Verfassung bereits beschrieben worden war); es kann aber auch der Fall eintreten, daß sämtliche agierende Figuren verfremdet werden. Dann jedoch wird ohne Zweifel aus der Sicht eines abseits stehenden Zuschauers erzählt, der zwar unsichtbar am Handlungsort anwesend ist, selber aber nicht am Geschehen teilnimmt, also aus der speziellen Position eines Erzählers (ausführlich dazu Kapitel V).

8 Diese Form ist im einzelnen bezeichnend für I. Bunin und eine ganze Reihe anderer Novellisten.

9 Überhaupt ist eine solche Einstellung charakteristisch für die »romantische« Weltsicht (»romantisch« soll hier als Ableitung von »Romantiker«, nicht von »Romantik« verstanden werden). Vgl. dazu die nähere Bestimmung des psychologischen Typs eines »Romantikers« in der Untersuchung von A. M. Pjatigorskij und B. A. Uspenskij, *Personologičeskaja klassifikacija kak semiotičeskaja problema, TZS,* t. III, S. 22.

10 Eine solche Kompositionsform ist häufig beim filmischen Erzählen anzutreffen und fungiert in kommerziellen Hollywood-Filmen als obligatorische Norm.

11 Dieses letztere Verfahren fungiert oft – wie überhaupt der Wechsel der Autorenposition – als Kompositionsrahmung. Näheres dazu unten S. 163.

12 Man vergleiche auch den analogen Standpunktwechsel im Dialog von Boris und Pierre (IX/65-67). Allerdings ist hier die Rhythmussteigerung nicht durch die innere Verfassung der beteiligten Partner bedingt.

13 Bei der einzigen Ausnahme, wo diese Gesetzmäßigkeit durchbrochen wird (vgl. Tolstoj XII/46), läßt sich leicht eine Ellipse des entsprechenden Einschubs annehmen.

14 Vgl. eine ähnliche Einschränkung in Dostoevskijs *Dämonen* (VII/404): »Allerdings ... allerdings mußt Du mir diese Worte schon abnehmen« – *dachte Pjotr Stepanovič bei sich* – »und zwar sogar heute abend. Du nimmst Dir mittlerweile schon viel zu viel heraus«.
So oder etwa so muß Pjotr Stepanovič gedacht haben ...« – In beiden Fällen erinnert sich und erinnert der Autor bzw. Erzähler an seine Anwesenheit unmittelbar, nachdem er ein Verb des inneren Zustands verwendet hat, um das angewandte Beschreibungsprinzip beizubehalten. Denn es gehört nicht zur Funktion des Autors, in bezug auf diesen Helden einen psychologischen Standpunkt einzunehmen; außerdem erhebt er keinen Anspruch auf Allwissenheit, sondern kann die Gedanken seines Helden nur erraten (bzw. retrospektiv wissen).

15 Die retrospektive Position wird im weiteren Erzählverlauf noch mehrmals unterstrichen (IX/351).

16 Dasselbe Verfahren kann auch in der speziellen Funktion der »Rahmung« Verwendung finden (vgl. weiter unten S. 164 f.).

17 Über Verfahren effektvoller Umverteilung von Information siehe auch L. S. Vygotskij, *Psychologija iskusstva*, Moskau ²1968 (Kap. VII), worin unter diesem Aspekt Bunins Erzählung *Leichter Atem* analysiert wird. Vygotskij interessiert sich dabei hauptsächlich für das Verhältnis der nacheinander wiedergegebenen Positionen zur realen Ereignisabfolge (also der Fabel zum Sujet): er untersucht einmal, wie in der Realität (genauer: in der vom Autor gestalteten Wirklichkeit) sich die Ereignisse im zeitlichen Nacheinander folgen, und er zeigt zum anderen, in welcher neuen Ordnung der Autor dieses ursprüngliche Nacheinander in seiner Erzählung gruppiert.

18 Unter einem bestimmten Aspekt ließe sich auch von einer komplexen (kombinierten) Komposition sprechen, die sich als Ergebnis wechselseitiger Überlagerung mehrerer kompositorischer Teilstrukturen ergibt (Näheres dazu unten in Kapitel V).

19 Für beide Verfahren lassen sich übrigens genaue Entsprechungen in der darstellenden Kunst finden (vgl. S. 125).

20 Wie man aus dem vorhergehenden Kapitel sieht, ist die retrospektive Position des Erzählers überhaupt charakteristisch für die Belletristik (ebenso wie für die alltägliche Erzählweise). Sprachlich dokumentiert sich diese Retrospektion insbesondere in der Form des in den meisten Sprachen traditionellen »erzählenden Präteritums«; in einer Reihe von Sprachen gibt es eine spezielle Aspekt- und/oder Tempus-Kategorie des Erzählens, die sich in der Regel auf die Vergangenheit bezieht, z. B. das französische »passé simple« oder die Form des »suka« im Haussa. Die entsprechende Form im

Russischen ist, wie erwähnt, das Präteritum des unvollendeten Aspekts.

21 Vgl. S. 96.

22 G. A. Gukovskij, *Realizm Gogolja*, S. 47.

23 Zur Frage der bewußten Beschränkungen, die ein Autor seinem Wissen von den erzählten Ereignissen auferlegt, wird ausführlicher auf S. 186 f. gesprochen, wo dieses Problem im Zusammenhang mit der allgemeinen künstlerischen Konzeption behandelt wird

24 Z. B. in *Judith*, einem russischen Drama des 18. Jahrhunderts, in: N. S. Tichonravov, *Russkie dramatičeskie proizvedenija 1672-1725* gg., Bd. I, SPb. 1874, S. 159. In gleicher Weise auch in *Krečinskijs Hochzeit* von A. V. Suchovo-Kobylin (1. Akt, 12. Aufzug): Krečinskij »denkt« (das Wort »denkt« findet sich in der Regieanweisung des Autors), während ihn Nel'kin zufällig mit anhört.

Anmerkungen zu Kapitel V

1 Ausführlicher über die Ironie in Kapitel VI.

2 V. N. Vološinov, *Marksizm i filosofija jazyka* . . ., S. 161.

3 Ibid. S. 152.

4 Näheres über die Diskrepanz von Autoren- und Lesereinstellung weiter unten in Kapitel VI.

5 Vgl. in diesem Zusammenhang auch oben S. 107 f.

6 Einige Ausnahmen lassen sich hier durchaus übergehen.

6a Vgl. noch das analoge Beispiel bei V. Šklovskij, *Mater'jal i stil' v romane L'va Tolstogo* »Vojna i mir«, Moskau o. J. S. 197: Šklovskij stellt ausdrücklich fest, daß die Beschreibung der Kirche in Fili vom Standpunkt eines kleinen Bauernmädchens aus erfolgt; allerdings werden dabei Details hervorgehoben, die unmöglich ein Kind registrieren kann.

7 Mehr darüber bei L. F. Žegin, *Jazyk živopisnogo proizvedenija*, Moskau 1970.

7a Vgl. dazu, wie bewußt sich Andrej Belyj eines solchen Beschreibungsverfahrens war. Belyj schreibt im Anschluß an eine Analyse (post factum) zur Darstellung der Krankheit des Kindes in seinem autobiographischen Roman *Kotik Letaev*: »... der Autor beschreibt einen interessanten Fall, wo sich Bewußtseinsschimmer im Moment der Erdkrustenbildung angesichts einer Fiebertemperatur von 40° einstellen; ferner den genauen Bewußtseinszeitpunkt zwischen Erdkrustenbildung und Scharlach; sodann das Scharlachfieber; und erst jetzt den ersten Blick ins Kinderzimmer, und zwar zum Zeitpunkt, als die Temperatur wieder normal ist (Zustand der Gesundung). Der Autor, der im Prinzip den Standpunkt des Kindes, das von seiner Krankheit nichts weiß und sich nicht darüber im klaren ist, daß seine Erlebnisse auf das Fieber zurückzuführen sind, einnimmt, bemüht sich gleichzeitig mit den Mitteln eines Erwachsenenbewußtseins, die eigentümlichen Erscheinungen des Fieberzustands des Kindes wiederzugeben, und zwar so, wie sie ihm sein Gedächtnis zur Verfügung stellt ... (vgl. Andrej Belyj, *Na rubeže dvuch stoletij*, Moskau 1931, S. 169).

8 Letzteres ist indes für einen Erzähler nicht unbedingt notwendig. Ist bei Tolstoi der Erzähler in der Regel klüger (oder zumindest nicht einfältiger) als seine Helden, so gilt dies nicht für Dostoevskij, bei dem der Erzähler

häufig eine geringere oder durchschnittliche Position einnimmt, wodurch seine Helden scharfsinniger und schlauer als ein Erzähler erscheinen können.

9 Im ersten Fall kann in der ersten Person erzählt werden, im zweiten dagegen muß der Erzähler erst durch eine besondere Analyse ermittelt werden.

10 Dies hängt natürlich mit der Funktion des »Rahmens« zusammen; ausführlicher dazu in Kapitel VII.

11 Tatsächlich erachtet es der Autor, sooft in dieser Szene von den Empfindungen einer der beteiligten Personen die Rede ist, für nötig, »Verfremdungswörter« einzuschieben, also Operatoren, die das Geschehen auf die Ebene der Außendarstellung transponieren (siehe oben S. 100). So heißt es z. B. von Rostopčin: »R. ... blickte sich um..., *als ob* er jemanden suchte« (XI/346); »Ah! – rief R. *wie* von einem unerwarteten Einfall getroffen« (ibid.). Und von Vereščagin: »Er warf einen Blick auf die Menge, *als hätte* er aus dem Ausdruck, den er auf den Gesichtern der Leute las, Hoffnung geschöpft ...« (XI/347).

12 Die Subjektivität der Beschreibung durch den Autor ist z. B. aus folgenden Sätzen ersichtlich: »Graf! – ließ sich plötzlich ... die sanfte und gleichzeitig *theatralische* Stimme Vereščagins vernehmen« (XI/348); »Ah! – rief Vereščagin kurz und *erstaunt* aus, wobei er erschrocken um sich blickte, *als ob er nicht begriff*, wozu man dies alles mit ihm machte« (ibid.), usf. Im allgemeinen schildert der Autor diese Szene so, wie es auch einer seiner Helden hätte tun können.

13 Auch in Gogols Werken lassen sich mehrere Erzähler voneinander abheben. Siehe G. A. Gukovskij, *Realizm Gogolja*, S. 46-48, 51 f., 206, 222.

14 Daß ein Erzähler bei einer bestimmten Position in der Zeit nicht nur auf seine Kenntnis des Vergangenen, sondern auch auf sein Wissen von Zukünftigem anspielen kann, davon war bereits die Rede (s. oben S. 81 f.

15 Von wenigen Ausnahmen abgesehen; an einer Stelle glaubt man, Anna Pavlovnas Standpunkt herauszuhören (IX/16), an einer anderen den Pierres (IX/12) – trotzdem können auch diese Stellen gleichermaßen mit einem allwissenden Erzähler in Verbindung gebracht werden.

16 Vgl. S. 54.

17 In diesem Zusammenhang müßte man das weiter oben zitierte Beispiel (S. 123) mit Nikolaj Stavrogin nochmals untersuchen (allerdings handelt es sich dort außerdem um eine Inkongruenz des räumlichen und des psychologischen Standpunkts).

Anmerkungen zu Kapitel VI

1 Siehe: A. M. Pjatigorskij und B. A. Uspenskij, *Personologičeskaja klassifikacija kak semiotičeskaja problema*, in: *TZS* III, S. 17-18. Dort wird diese Frage auch psychologisch untersucht.

2 Siehe: S. J. Nekljudov, *K voprosu o svjazi prostranstvenno-vremennych otnošenij s sjužetnoj strukturoj v russkoj byline*, in: *Tezisy ...* Tartu 1966. Vgl. andrerseits auch J. M. Lotman, *O ponjatii geografičeskogo prostranstva v russkich srednevekovych tekstach*, in: *TZS* II, Tartu 1965. Hierin wird ein für das mittelalterliche Denken im Alten Rußland charakteristischer Zusam-

menhang zwischen dem Wandel des Moralkodex und der Veränderung im Raume aufgedeckt.

3 Vgl. oben S. 34 f.

4 Vgl. oben S. 56 f.

5 D. S. Lichačev, *Poètika drevnerusskoj literatury*, S. 95. Zur »etiketthaften Situation« vgl. auch: ders., *Literaturnyj ètiket russkogo srednevekov'ja*, in: *Poetics. Poetyka. Poètika*, Warschau 1961. Zu den konstanten Epitheta vgl.: A. N. Veselovskij, *Iz istorii èpiteta*, in: *Istoričeskaja poètika*, Leningrad 1940.

6 Vgl.: B. A. Uspenskij, *Per l'analisi semiotica delle antiche icone russe*, in: *Richerche semiotiche*, Turin 1973, S. 337-399.

7 Aus dem Gespräch »über die irdische Weisheit; vgl. *Žitie protopopa Avvakuma, im samim napisannoe, i drugie ego sočinenija*, Moskau 1959, S. 138.

8 Siehe S. 118 f.

9 Dies entspricht übrigens genau der Etymologie dieses griechischen Wortes: eironeia = (wörtlich) »Verstellung«.

10 Ähnlich (wenn auch mit anderer Terminologie) wird Leskovs *Linkshänder* interpretiert von V. V. Vinogradov, *O jazyke chudožestvennoj literatury*, Moskau 1959, S. 123-130.

11 Vgl. hierzu eine Bemerkung von V. V. Gippius, wonach beim Verfahren der Karikatur nicht die eigentliche »Wirklichkeit«, sondern nur eine bestimmte »Norm« verzerrt wird (V. V. Gippius, *Ljudi i kukly v satire Saltykova*; in seinem Buch: *Ot Puškina do Bloka*, Moskau–Leningrad 1966, S. 296); gleichzeitig hängt natürlich eine solche Verzerrung der Normen mit der Veränderung des Standpunkts zusammen.

12 Bei einem entsprechenden Ansatz könnte man auch davon ausgehen, daß sich in einer solchen Situation sowohl der Standpunkt des Lesers als auch der des Autors verändert; bei einer solchen Interpretation kommt es wesentlich darauf an, daß sich der Leserstandpunkt von dem des Autors entfernt, so daß man also durchaus berechtigt ist, von einer Dynamik des Leserstandpunkts gegenüber der Autorenposition zu sprechen.

13 Es muß nochmals betont werden, daß hier von der Pragmatik des Kunstwerks ausschließlich auf der Ebene der Komposition die Rede ist. Spricht man jedoch generell von der Pragmatik eines Kunstwerks, so entsteht das allgemeinere Problem der Klassifikation der Werke nach der jeweiligen pragmatischen Relation des Lesers (wobei zwischen den vom Autor vorgesehenen und von ihm nicht vorgesehenen Relation zu unterscheiden ist). So werden manche Werke beispielsweise vorwiegend deswegen gelesen, um rasch zu erfahren, »wie es weitergeht« (manchmal ist diese Neugierde so stark, daß man vom Ende her zu lesen beginnt), andere wiederum, um bestimmte Probleme auf neue Weise zu sehen usw. (Die entsprechende pragmatische Zielsetzung eines Werkes ist häufig auch dadurch bedingt, daß sich einzelne Texte leicht lesen lassen, während andere nur unter großer Anstrengung oder mit geringerem Vergnügen zu bewältigen sind.) Selbstverständlich ist es im Rahmen dieser Untersuchung nicht möglich, auf diese speziellen und überaus komplizierten Sachverhalte näher einzugehen.

14 Zur Pragmatik des Kompositionsproblems in der Malerei (unter besonderer Berücksichtigung des Standorts und der Bewegung des Betrachters im Zusammenhang mit dem Bildaufbau) vgl. meine Einleitung zu L. F.

Žegin, *Jazyk živopisnogo proizvedenija,* S. 31.

15 Siehe oben S. 114 f. Auf das Problem des Autorenwissens wird aus einer mehr allgemeinen Sicht weiter unten eingegangen (S. 185 ff.).

Anmerkungen zu Kapitel VII

1 M. Bulgakov, *Der Meister und Margarita* . . .

2 Siehe V. Šklovskij, *Die Kunst als Verfahren,* in: *Texte der russischen Formalisten,* Bd. I, München 1969, S. 16-17. Übrigens ist beim Phänomen der Verfremdung neben der Artikulierung eines fremden Standpunkts noch eine zweite Komponente zu berücksichtigen, die in gewisser Weise mit der erstgenannten verknüpft ist: das Verfahren der Formerschwerung, eine spezielle Erhöhung der Wahrnehmungsschwierigkeit, und zwar mit dem Ziel der Aktivierung des wahrnehmenden Subjekts, das im Wahrnehmungsprozeß gezwungen werden soll, ein Ding gerade als dieses Ding zu erfassen.

3 Siehe oben S. 20 f.

4 Zum Gegensatz des mittelalterlichen karnevalistischen Humors und der Satire der Neuzeit vgl. M. Bachtin, *Tvorčestvo Fransua Rable i narodnaja kul'tura srednevekov'ja i Renessansa,* Moskau 1965, S. 15 [*L'œuvre de François Rabelais et la culture populaire en moyen age et sous la renaissance,* Paris 1970]. Bachtin charakterisiert den volkstümlichen Humor im Mittelalter als ein gegen sich selbst gerichtetes Lachen (wobei sich der Lachende aus der von ihm belachten Welt nicht ausschließt) und sieht darin einen der wesentlichen Unterschiede des Volksfests-Lachens zum »rein satirischen Gelächter der Neuzeit«, wo sich der Lachende »der belachten Erscheinung entzieht und sich ihr gegenüberstellt«, indem er nur ein negierendes Lachen anerkennt. – Vgl. unten generell die charakteristische Bevorzugung der Innenperspektive durch die mittelalterliche Weltauffassung gegenüber der Außenperspektive in der neueren Zeit.

5 Vgl. S. 62 f.

6 M. M. Bachtin, *Probleme der Poetik Dostoevskijs,* S. 10.

7 Siehe oben S. 109.

8 Was oben, S. 110 zu demonstrieren versucht wurde.

9 Siehe S. 80 f.

10 Siehe S. 66.

11 Siehe die Beispiele obne auf S. 67 f.

12 Siehe N. D. Flittner, a.a.O.

13 Siehe L. F. Žegin, *Jazyk živopisnogo proizvedenija,* S. 60.

14 Das Prinzip der linearen Perspektive setzt eine Art imaginäre, durchscheinende Wand voraus, auf die der Sehstrahl projiziert wird (vgl. in diesem Zusammenhang die bekannten Versuche A. Dürers, einen Mechanismus zur perspektivischen Zeichnung zu konstruieren). Diese gedachte Wand markiert die notwendige Barriere, die bei perspektivischer Darstellung zwischen Künstler und abgebildeter Wirklichkeit existiert.

15 Weitere Einzelheiten dazu bei L. F. Žegin, *Jazyk živopisnogo proizvedenija;* B. A. Uspenskij, *Per l'analisi semiotica delle antiche icone russe,* in: *Richerche semiotiche,* Turin 1973, S. 337-399.

16 Siehe O. Wulff, *Die umgekehrte Perspektive und die Niedersicht* (Kunstwissenschaftliche Beiträge, A. Schmarsov gewidmet), Leipzig 1907;

desgl. A. Crabar, *Plotin et les origines de l'esthetique médiévale*, in: *Cahiers archéologiques*, 1945, fasc. I.

17 Auf dieses Phänomen machte seinerzeit P. A. Florenskij in einer seiner unveröffentlichten Arbeiten aufmerksam; auf die gleiche Erscheinung wies aber auch G. K. Chesterton in seiner Monographie über Thomas von Aquin (New York 1933) hin. Zur Darstellung der Augen in der buddhistischen Kunst vgl.: E. S. Semeka, *Istorija buddhizma na Cejlone*, Moskau 1969, S. 121, Anm. 40.

18 Übrigens war es noch im 19. Jahrhundert bei den russischen Ikonenmalern üblich, auf der Ikone das »große Auge« abzubilden und darüber die Aufschrift anzubringen: »Bog« [= Gott]. Vgl.: I. F. Nil'skij, *Vzgljad raskol'nikov na nekotorye naši obyčai i na porjadki žizni cerkovnoj, gosudarstvennoj, obščestvennoj i domašnej*, SPb 1863, S. 9 (Sonderdruck aus: *Christianskoe čtenie*, II, 1863).

18a Vgl. S. M. Ėjzenštejn, *Izbrannye proizvedenija . . .*, Bd. III, S. 516. – Für den Hinweis auf diese Stelle bin ich V. V. Ivanov zu Dank verpflichtet.

19 Siehe M. Schapiro, *On Some Problems in the Semiotics of Visual Art. Field and Vehicle in Image Signs*. (Vortrag, gehalten auf der Semiotik-Konferenz in Polen im Jahre 1966), S. 12, in: *Semiotica*, Bd. I, 1969, Nr. 3, S. 233.

20 J. M. Lotman, *O modelirujuščem značenii ponjatij »konca« i »načala« v chudožestvennych tekstach*, in: *Tezisy dokladov . . .*, Tartu 1966.

21 Vgl. die Zft. *Istina*, Bd. 59, Pskov 1878, S. 343.

22 J. M. Lotman, B. A. Uspenskij, *Die Bedingtheit in der Kunst* [russ. 1970], in: J. M. Lotman, *Aufsätze zur Theorie und Methodologie der Literatur und Kultur*, Kronberg/Ts. 1974, S. 1-6. – Als Beitrag zur Diskussion um die Frage, wie das Leben in die Kunst eindringt und ihren Rahmen sprengt, können bis zu einem gewissen Grad Versuche angesehen werden, die Helden eines Kunstwerks als lebende Menschen zu behandeln (dies ist sowohl typisch für die naive Leserreaktion als auch für die traditionelle Kritik; zur letzteren vgl. Ju. Tynjanov, *Problema stichotvornogo jazyka*, Moskau 1965, S. 25, dt. [demnächst] *Das Problem der Verssprache*. München (Fink-Verlag, ed. I. Paulmann).

23 Dadurch erklärt sich auch die für die Kunst des 20. Jahrhunderts typische Tendenz, konkrete Realien aus dem Leben in den Kunsttext einzufügen – auf den kubistischen Bildern beispielsweise echte Zeitungsausschnitte (bei Braque); extreme Fälle finden sich in der »pop-art«. Eine analoge Rolle spielt in der Literatur die Aufnahme dokumentarischer Zeitungsberichte (z. B. bei Dos Passos), Reklame- und Werbetexte usw.

24 In der mittelalterlichen und noch älteren Kunst sind hauptsächlich in der Miniaturmalerei häufig Darstellungen anzutreffen, die über die selbstgesetzten formalen Grenzen hinausgehen; so »durchstößt« z. B. gelegentlich eine abgebildete Figur mit ihrer Hand oder ihrem Fuß den künstlerischen Raum, wobei sie in die andere, vom Rahmen abgetrennte Seite hinüberweist.

25 P. A. Florenskij, *Simvoličeskoe opisanie*, in: *Feniks*, I, Moskau 1922, S. 90-91.

26 Siehe G. K. Chesterton, *The new Don Quijote*.

27 Näheres darüber bei M. Schapiro, *On Some Problems in the Semiotics of Visual Art. Field and Vehicle in Image Signs*, S. 223; im Unterschied zu

uns ist Schapiro allerdings der Meinung, solche Fälle bewiesen, daß die alte Malerei den Rahmen gerade nicht gekannt hätte.

28 Vgl. hierzu beispielsweise N. Popov-Tativa, *K voprosu o metode izučenija kalligrafii i živopisi Dal'nego Vostoka*, in: *Vostočnye sborniki*, Bd. I, Moskau 1924.

29 Vgl. M. Schapiro, a.a.O., S. 225.

29a Im alten russischen Gottesdienst (den wir heute aus der Praxis der Altgläubigen kennen) haben solche Bemerkungen rein technischen Charakter (sie sind sozusagen »meta-liturgisch«), gehörten nicht zu seinem Inhalt, sondern bezogen sich ausschließlich auf seinen Ablauf (beispielsweise: »umblättern!« usw.); sie brauchten nicht geflüstert zu werden, sondern konnten gerade deshalb laut ausgesprochen werden, weil sie die liturgische Handlung *im Prinzip* nicht stören konnten: *ihrem Wesen nach* besaßen sie keinen Bezug zu ihr. Aus diesem Grunde wurde auch eine inkorrekte Aussprache (und dies ist auch heute noch bei den Altgläubigen üblich) während des Gottesdienstes berichtigt (vgl. A. M. Seliščev, *Zabajkal'skie staroobrjadcy. Semejskie*. Irkutsk 1920, S. 16; B. A. Uspenskij, *Archaičeskaja sistema cerkovnoslavjanskogo proiznošenija*, Moskau 1968, S. 3). Mit anderen Worten: Die Anweisungen für den Ablauf des feierlichen Gottesdienstes drangen, allerdings nur für den oberflächlichen Beobachter, der sich nicht auf den Inhalt konzentrierte, direkt in den feierlichen Gottesdienst ein (ähnlich ist es im japanischen Puppenspiel, wo die Puppenspieler, obwohl sie für den Zuschauer unverdeckt bleiben, während der Aufführung nicht wahrgenommen werden).

Allem Anschein nach war dies in alter Zeit in noch höherem Grade auch für die liturgische Handlung charakteristisch; später aber wurden einzelne liturgische Elemente allmählich ritualisiert, d. h. sie gingen in den allgemeinen Bestand der Gottesdiensthandlung ein und wurden ein Teil des Brauchs (vgl. die Bekleidung des Erzpriesters als charakteristisches Beispiel).

30 Siehe oben S. 155 f.

31 Mit anderen Worten: Wenn sich die Position des Malers der Stellung eines Bildbetrachters annähert.

32 Man erinnere sich in diesem Zusammenhang an die charakteristische Markierung des Bildrandes in Form eines Fensterrahmens, einer Türöffnung usw., die in der europäischen Malerei sehr häufig vorkommt.

33 Wenn sich die Position des Malers nicht mit der des Betrachters deckt, sondern ihr entgegengesetzt ist.

34 Gerade deswegen bedarf, wie gelegentlich festgestellt wurde, die antike Ikone – im Unterschied zum neueren Bild – im Prinzip überhaupt keines Rahmens, d. h. formal bezeichneter Bildgrenzen (vgl. V. Lazarev, Einleitung zum Bildband *UdSSR. Altrussische Ikonen*. Serie UNESCO *Die Kunst der Welt*. New York 1958, S. 23): Die Formen des Vordergrunds bilden selber einen natürlichen Bildrand. Ein mittelalterliches Bild stellt also keinen mechanisch losgelösten Teil eines Ganzen dar, sondern einen in besonderer Weise (innerhalb des Rahmens) umorganisierten und in sich abgeschlossenen Raum.

35 Siehe M. Schapiro, a.a.O., S. 227.

36 Vgl. dazu L. F. Žegin, *Jazyk živopisnogo proizvedenija*, S. 56-61; L. F. Žegin, *Nekotorye prostranstvennye formy v drevnerusskoj živopisi*, in: *Drevnerusskoe iskusstvo, XVII vek*, Moskau 1964, S. 185-186.

37 L. F. Žegin, *Jazyk živopisnogo proizvedenija*, S. 59-60, 76.

37a Im Gegensatz dazu ist für die japanische Malerei bei Verwendung eines von oben blickenden Außenbetrachters (was manchmal damit zusammenhängt, daß der Maler in Japan sein Bild im Knien malt und es nicht wie in der europäischen Malerei üblich senkrecht vor sich stehen hat) typisch, daß der Blick ins Innere eines Hauses durch das fehlende Dach und nicht durch die beseitigte Hausfront freigegeben wird. Vgl.: B. Vipper, *Problema i razvitie natjurmorta*, Kazan' 1922, S. 70-71; C. Glaser, *Die Raumdarstellung in der japanischen Malerei*, in: Monatshefte für Kunstwissenschaft, 1908.

38 Vgl. ihre Darstellung (anhand slavischen Materials) bei: J. Polivka, *Úvodní a závěrečné formule slovanských pohádek*, in: *Národopisný věstník československý*, Jg. XX, Prag 1927.

39 Siehe S. J. Nekljudov, *Čudo v byline*, in: *TZS IV*, (Uc. zap. TGU, vyp. 236), Tartu 1969, S. 158.

40 Als Beispiel aus der zeitgenössischen russischen Dichtung sei auf die gleiche Erscheinung am Schluß eines Gedichts bei Novella Matveeva verwiesen: »... und *Du* sitzt ruhig ...« *(Der Wind)*.

41 Siehe oben, S. 21.

42 In dieser Hinsicht sind auch die praktischen Anleitungen zum Photographieren sehr charakteristisch, wie sie in den Handbüchern der Photographie enthalten sind. So gilt bekanntlich für die Landschaftsphotographie die unerläßliche Forderung nach einem Vordergrund, der den Standort eines Betrachtersubjekts zu rekonstruieren erlaubt; es gilt als sinnvoll, wenn im Vordergrund eine Person steht, die dann in der Regel auch an der Seite postiert ist (so daß der Blick auf die Landschaft von ihrem Standpunkt ausgeht); das gleiche gilt übrigens für die alten Ansichten und Landschaftsgravuren. Andernfalls wirkt eine Photographie unpersönlich oder sogar *uninteressant*, weil sie in keine Beziehung zu einer realen Position mehr gebracht werden kann. In diesem Zusammenhang läßt sich nochmals auf das im Prinzip völlig andersartige Wahrnehmungsverhalten gegenüber zwei Erzählungen verweisen, von denen die eine absichtlich erfunden ist, die andere dagegen von tatsächlichen Ereignissen handelt; die letzte erweckt ohne Zweifel höheres Interesse, da sie real den Standort des Subjektes angibt, das diese Begebenheiten wahrgenommen hat.

43 Vgl. dazu D. S. Lichačev, *Poètika drevnerusskoj literatury*, Moskau 1967, S. 218.

44 Ibid., S. 232-233.

45 Vgl. dazu J. M. Lotman, *Das Problem des künstlerischen Raums in Gogol's Prosa*, in: a.a.O., S. 208 und 266 (= Anm. 9). Die Wendung zum Zuschauer, die gleichbedeutend mit dem Überschreiten der Grenze des szenischen Raums ist, trifft man – im Sinne eines formalen Schlusses – häufig im Theater an. Man denke nur an den Schluß von D. I. Fonvizins *Landjunker*: Der Satz Starodums »Das also sind der Unsitte würdige Früchte!« – wobei er auf Frau Prostakova zeigt – ist natürlich nicht allein an die Figuren der Komödie, sondern ebenso an die Zuschauer im Saal gerichtet.

46 Zur Bedeutung des Puppentheaters für Gogol' vgl. V. V. Gippius, *Gogol'*, Leningrad 1924; zur Bedeutung der Malerei für Gogol' siehe J. M. Lotman, a.a.O., S. 203 ff.

47 Über die entsprechende Bedeutung dieser Form siehe oben, S. 87 ff.

48 G. A. Gukovskij, *Realizm Gogolja*, S. 41.

49 Ibid. S. 40.

50 Siehe M. M. Bachtin, *Probleme der Poetik Dostoevskijs*, S. 47 f.

51 Es sei daran erinnert, daß hinsichtlich der Zeitgestaltung ein ähnliches Prinzip bereits bei der Untersuchung dieses Problems im dritten Kapitel zu beobachten war: innerhalb eines Werkes kann die Zeit in Form einzelner (diskreter) Szenen artikuliert werden, von denen jede aus der Sicht eines synchronen Beobachters dargeboten wird, der jeweils wieder durch seine eigene spezielle Mikrozeit charakterisiert ist (vgl. S. 86 ff.). Selbstverständlich erscheint dann, wenn Raum oder Zeit in Form diskreter Einheiten auftauchen, der Rahmen jedesmal an der Nahtstelle dieser Abschnitte, da er den Übergang vom einen zum anderen markiert.

52 L. F. Žegin, *Jazyk živopisnogo proizvedenija*. – In höchst schematisierter Form ist dieses Prinzip in der altägyptischen Kunst gültig. Man erinnere sich an die dort übliche Wiedergabe des Raums in Form untereinander angeordneter Reihen.

53 Vgl. L. F. Žegin, a.a.O., S. 84-85; L. F. Žegin, *Nekotorye prostranstvennye formy v drevnerusskoj živopisi*, in: *Drevnerusskoe iskusstvo. XVIII vek*; L. F. Žegin, *Ikonnye gorki. Prostranstvenno-vremennoe edinstvo živopisnogo proizvedenija*, in: *TZS*, II (Uč. zap. TGU, vyp. 181).

54 Gerade der Hintergrund gehört natürlich auch zur Peripherie eines Bildes; vgl. dazu weiter unten.

55 Charakteristisch ist in diesem Zusammenhang die Darstellung des Interieurs in Form eines aufgeschnittenen Gebäudes, wobei die Vorderwand entfernt ist (so im 17. Jahrhundert in Rußland, in Italien im 13. und 14. Jahrhundert) und die Innenansicht perspektivisch ausgeführt wird, so daß sich dadurch eine Art »Bild im Bilde« ergibt (s. B. V. Michajlovskij und B. I. Purišev, *Očerki istorii drevnerusskoj monumental'noj živopisi so vtoroj poloviny XIV v. do načala XVIII v.*, Moskau-Leningrad 1941, S. 121.

55a In diesem Zusammenhang ließe sich auf die für die Malerei des 14. Jahrhunderts typische Darstellung eines entblößten Modells (im Bildvordergrund) vor dem Hintergrund einer linearperspektivisch dargestellten architektonischen Dekoration verweisen.

56 Damit kann auch der Umstand in Verbindung gebracht werden, daß auf Ikonen die Hauptfiguren frontal, die Nebenfiguren dagegen im Profil abgebildet werden (s. B. A. Uspenskij, *K sisteme peredači izobraženija v russkoj ikonopisi*, in: *TZS* II (Uč. zap. TGU, vyp. 181).

57 Als Horizontlinie gilt die, auf der sich parallel verlaufende Linien bei perspektivischer Darstellung treffen.

58 Vgl. S. 161.

59 Zur Illustration ist auf Botticellis *Verkündigung* und auf die Gemälde J. van Kleves u. a. hinzuweisen. Man vgl. auch die *Madonna mit dem Kinde und der Apostel Thomas*, eine Arbeit des Meisters von Großgmain.

60 Dadurch erklärt sich jene interessante Erscheinung, daß bei der Darstellung des Hintergrundes – und generell des Bildrandes – in der älteren Malerei nicht selten Elemente eines wesentlich fortgeschritteneren künstlerischen Systems zum Durchbruch kommen, als sie noch im bildnerischen System des Vordergrunds enthalten sind (s. M. Schapiro, *Style*, in: *Anthropology Today. An Encyclopedic Inventory*, Chicago 1953, S. 293). Anders ausgedrückt: bei der Gestaltung des Hintergrunds und solcher Figuren, denen

im Gesamtkontext des Bildes nur eine zweitrangige Bedeutung zukommt, kann der Künstler seiner Zeit weit vorauseilen, so daß z. B. der Hintergrund bereits nach den Gesetzen der direkten (linearen) Perspektive aufgebaut ist oder nach barocken Prinzipien (mit den dafür typischen Verkürzungen und einer expressiven Mimik usw.), obwohl das entsprechende künstlerische System noch lange nicht die dominierende Rolle in der betreffenden Stilepoche spielt.

In der Tat sind die Formen der direkten Perspektive und des Barock betont auf einen distanzierten Außenbeobachter hin orientiert; sie hängen unmittelbar von dessen räumlichem und zeitlichem Standort ab (daher die Subjektivität solcher Darstellungen); umgekehrt kann man natürlich eine derartige Neuorientierung erst an der Bildperipherie erwarten. – Hierzu ist zu bemerken, daß die Gesetze der direkten Perspektive bereits seit langem bekannt waren (vermutlich seit dem 5. vorchristlichen Jahrhundert), daß sich ihre Anwendung jedoch meist auf außerkünstlerische Funktionen beschränkte; man bediente sich ihrer vorwiegend bei Bühnendekorationen (bezeichnenderweise stand ja auch die Entdeckung der direkten Perspektive im alten Griechenland in unmittelbarem Zusammenhang mit der theatralischen Dekorationskunst: »Skenographie«); vgl. dazu P. A. Florenskij, *Obratnaja perspektiva*, in: *TZS* III (Uč. zap. TGU, vyp. 198), S. 385 f.; N. D. Flittner, *Kultura i iskusstvo Dvurečja i sosednich stran*, Moskau-Leningrad 1958, S. 175 f., wo die perspektivische Gestaltung einer der sumerischen Küchenformen gerade damit in Verbindung gebracht wird, daß sich diese Abbildung im kunstgewerblichen Bereich findet. – Es gibt gute Gründe für die Annahme, daß auch in der Zeit der Renaissance das Interesse der Malerei für die direkte Perspektive ursprünglich ebenfalls mit dem Theater zusammenhing (eine solche Verbindung läßt sich manchmal für die Landschaften Giottos nachweisen). Vgl. dazu im einzelnen auch B. A. Uspenskij, *K issledovaniju jazyka drevnej živopisi* (Einleitung zum Buch von L. F. Žegin, *Jazyk živopisnogo proizvedenija*, S. 10-11).

61 S. B. A. Uspenskij, *K sisteme peredači . . .*, S. 254.

62 A. Benua (Benois), *Istorija živopisi*, SPb. 1912, T. I, Bd. 1 S. 107 f.

63 P. A. Florenskij, *Obratnaja perspektiva . . .*, S. 396 f.; T. Kaptereva, *Ėl Greko [El Greco]*, Moskau 1965, S. 5, 31.

64 Vgl. die Darstellung (auf einem Sarkophag aus Kerč) der Werkstätte eines ägyptischen Künstlers (das Original befindet sich in der Eremitage, eine Reproduktion in V. V. Pavlov, *Egipetskij portret I-IV vekov*, Moskau 1967, Taf. 26): bemerkenswert ist dabei der Kontrast zwischen der Profildarstellung des Künstlers und den En-face-Abbildungen auf den an der Wand hängenden Bildern. Vgl. auch die Erklärung der En-face-Darstellung des Teufelsdämons in der ägyptischen Kunst gerade dadurch, daß das Gesicht des Dämons als Maske erscheint; s. B. Vipper, *Problema i razvitie natjurmorta*, Kazan' 1922, S. 61 (Anm. 2), 64 (Anm. 3). – Man könnte annehmen, daß die Entstehung der En-face-Porträts in der ägyptischen Kunst ursprünglich überhaupt mit der Abbildung eines Abbilds (nämlich der Totenmaske) und nicht unmittelbar mit der Abbildung des Menschen zusammenhing. Tatsächlich bestand die Funktion des Porträts in Ägypten zunächst darin, die Totenmaske zu ersetzen: das Porträt wurde gleichberechtigt mit der Maske in die Mumie eingesetzt und behauptete sich lange Zeit neben ihr (V. V. Pavlov, a.a.O., S. 46, passim); vgl. hierzu auch Arbeiten, die

auf die Frage nach dem Zusammenhang des Porträts und der Darstellung des magischen Doppelgängers eingehen. Von daher wäre es durchaus denkbar, daß zunächst erst die Maske kopiert wurde und die En-face-Darstellung erst viel später eine selbständige Funktion übernahm. – Völlig analog läßt sich die Evolution des Stillebens interpretieren. Tatsächlich kann man die Darstellung einer Reihe von Gegenständen zuerst in der Kunst der Bronzezeit in Form von Waffen, die auf Sarkophagen und sakralen Denkmälern dargestellt sind, beobachten, wobei die dargestellte Waffe in diesem Fall gleichsam als Ersatz für diejenige dient, die auf den Deckel des Grabmals gelegt wurde (vgl. B. Vipper, *Problema i razvitie natjurmorta*, S. 53, Anm. 1). – Bemerkenswert ist andererseits, daß in der griechischen Vasenmalerei auch bei allgemeiner Profildarstellung Tote en face und in deutlicher perspektivischer Verkürzung dargeboten werden (s. B. Vipper, a.a.O., S. 94 f. sowie auch S. 61 und 95, Anm. 1 zum Zusammenhang von perspektivischer Verkürzung und der Darstellung von Toten in der ägyptischen Kunst und die Verweise auf die Versuche Ucellos und Mantegnas). Man könnte vermuten, daß im Bewußtsein des Künstlers auch der Tote, semantisch gesehen, zum Hintergrund, zur »Dekoration« gehörte und entsprechend nach deren Gesetzen dargestellt wurde. Von daher stammt das Problem des »Stillebens« [nature morte], d. h. der »toten Natur«, das mit dem Problem der »Darstellung in der Darstellung« zusammenhängt.

64a Vgl. Vl. K. Mal'mberg, *Staryj predrassudok. K voprosu ob izobraženii čelovečeskoj figury v egipetskom rel'efe*, Moskau 1915, S. 15-16 und insbesondere Anm. 33. Wie B. Vipper bemerkt (a.a.O., S. 60-61), werden in der ägyptischen Kunst mittels der gleichen Verfahren Tote als Statuen dargestellt (s. in diesem Zusammenhang auch Anm. 64).

65 A. I. Nekrasov, *O javlenijach rakursa v drevnerusskoj živopisi*, in: *Trudy otdelenija iskusstvoznanija Instituta archeologii i iskusstvoznanija RANION* I, Moskau 1926.

66 Unter dem Aspekt des Verhältnisses von Hintergrund (Dekorationen) und »Statisten« ist auch die Art und Weise, wie auf der Shakespeare-Bühne die Kulissen gewechselt wurden, interessant: es waren die Akteure selber, und zwar die Nebenrollen, die die Requisiten herein- und heraustrugen. Vgl. dazu A. Anikst, Teatr ėpochi Šekspira, Moskau 1965, S. 146. Eine ähnliche Funktion haben noch heute die uniformierten Statisten im Zirkus.

67 Generell zur Figurendarstellung nach dem Puppenprinzip – unabhängig von der jeweiligen Funktion dieser Figuren in einem Werk – siehe V. V. Gippius, *Ljudi i kukly v satire Saltykova*, in seinem Buch: *Ot Puškina do Bloka*, Moskau-Leningrad 1966.

68 Vgl. S. J. Nekljudov, *K voprosu o svjazi prostranstvenno-vremennych otnošenij s sjužetnoj strukturoj v russkoj byline*, in: *Tezisy dokladov . . .*, Tartu 1966, S. 42; auch: J. M. Lotman, *Zur Metasprache typologischer Kultur-Beschreibungen* [russ. 1969], in: J. M. Lotman, *Aufsätze zur Theorie und Methodologie der Literatur und Kultur*, Kronberg/Ts. 1974, S. 347.

69 Im Hinblick auf das Theater sind einerseits die (im Hintergrund) verwendeten pantomimischen Elemente in der älteren Dramaturgie typisch, andrerseits die zunehmende Stilisierung bei der Darstellung einer »Szene in der Szene«. Generell zur »Szene in der Szene« siehe F. S. Boas, *The Play Within the Play*, in seinem Buch *A Series of Papers on Shakespeare*

and the Theatre, 1927. Vgl. auch die Masken im antiken Theater, die sich nur bei Schauspielern bestimmter charakteristischer Rollen, bei Greisen, Schelmen u. ä. finden (dies läßt sich anhand der Darstellungen von Theateraufführungen in der Malerei von Pompeji oder der Illustrationen in einigen Handschriften des Terenz nachweisen).

70 Zusammengestellt von A. Bem, *Ličnye imena u Dostoevskogo*, in: *Sbornik v čest' na prof. L. Miletič*, Sofija 1933, S. 417-423. (Bem bringt allerdings die von ihm beobachtete Erscheinung in keinen funktionalen Zusammenhang mit der Rolle der Figuren im Werk, sondern verweist darauf, daß sie unbedingt auf dem Hintergrund der Poetik der »naturalen Schule« im Sinne »eines Gogol'schen Erbes, das eine bestimmte Tradition fortsetzt«, wahrgenommen werden sollte, was u. a. dadurch verständlich wird, daß diese ›vorangegangene Tradition‹ in erster Linie gerade den *Hintergrund* im Erzählvorgang bildete.) Weiteres reiches Material für analoge Beispiele findet sich in einem anderen Buch desselben Verfassers: *Slovar' ličnych imen u Dostoevskogo*, in: *O Dostoevskom*, pod red. A. Bem, Bd. II, Prag 1933. Es ist bezeichnend, daß Dostoevskij in den *Erniedrigten und Beleidigten* Masloboev veranlaßt, in einem Wutanfall gegen die Aristokratie selber Familiennamen dieses Typs zu erfinden: »Baron Pomojkin« [Baron Spülicht], »Graf Butylkin« [Graf Flaschen], »Graf Barabanov« [Graf Trommler] (A. Bem, *Ličnye imena . . .*, S. 422); vgl. auch den Ausdruck: »Ich lege mich hin wie dieser Graf Butylkin da« in der Rede eines betrunkenen Häftlings in Dostoevskijs *Aufzeichnungen aus einem Totenhaus* (III/540). Hier sieht man, daß ein solches Verfahren im Fall der »Darstellung in der Darstellung« völlig legitim ist.

70a Eine analoge Erscheinung gibt es auch im Film. Vgl. nur die Verschärfung des Bedingtheitsgrades [der Stilisierung] bei einer »Erzählung in der Erzählung«, die sehr häufig unter Verwendung von Verfahren des Stummfilms realisiert wird.

71 Vgl. B. A. Uspenskij, *O semiotike iskusstva*, in: *Simpozium po strukturnomu izučeniju znakovych sistem*, Moskau 1962, S. 127, wo die Bedingtheit durch den Begriff des Zeichens definiert wird als Verweissituation auf den Ausdruck und nicht auf den Inhalt, und wo die Frage nach dem Bedingtheitsgrad (bestimmbar nach der Ordnung der aufeinander folgenden Komponenten: Zeichen des Zeichens des Zeichens . . . usw.) gestellt wird.

71a Ebenso ließe sich auch ein stilisiertes Ornament auf den Rändern einer alten russischen Ikone auffassen. A. I. Anisimov erklärte die Entstehung dieses Ornaments daraus, daß die ältesten Ikonen mit kostbaren [Edel-] Steinen verziert wurden, die unmittelbar in den Malgrund [Levkas] oder die Leinwand, in den Rand der Ikone oder in den Heiligenschein eingelassen wurden. »Sofern ein Künstler über derart kostbare Materialien nicht verfügte, begnügte er sich in Zeichnung und Ton mit traditionellen farbigen Ausführungen, die für ihn die üblichen Attribute zur Ausschmückung der Ikone waren« (vgl. A. Anisimov, *Domongol'skij period drevnerusskoj ikonopisi*, in: *Voprosy restavracii*, II, Moskau 1928, S. 178). Wir sehen also, daß das stilisierte Ornament hier unmittelbar mit der »Darstellung in der Darstellung« zusammenhängt.

72 In diesem Zusammenhang ist es bezeichnend, daß F. I. Buslaev meinte, »in der frühchristlichen Malerei ist das Skulptur-Prinzip vorherrschend«, d. h. auf den Ikonen würden sozusagen nicht die Figuren direkt, sondern

lediglich skulpturhafte Vorstellungen dieser Figuren zur Abbildung gelangen (vgl. F. I. Buslaev, *Vizantijskaja i drevne-russkaja simvolika*, in: ders., *Istoričeskie očerki russkoj narodnoj slovesnosti i iskusstva*, Bd. II, SPb. 1910, S. 204). Dies deckt sich genau mit Buslaevs Auffassung der Ikonographie als bewußt stilisierter Malerei, woraus sich die Neigung erklären läßt, die Ikonenmalerei nach dem Gestaltungsprinzip der »Darstellung in der Darstellung« zu interpretieren.

72a Für Mejerhol'd ist beispielsweise charakteristisch, daß er sich in seinen extra auffallend stilisierten Aufführungen offensichtlich darum bemüht, auf der Bühne etwas in der Art der umgekehrten Perspektive zu erzeugen. V. Pjast bemerkt dazu in seinen Memoiren, daß Mejerhol'd bei der Aufführung von Calderón die »Tiefe« der Bühne »störte« und daß er daher darauf bedacht war, flächenhafte Bilder aus allen Inszenierungen des Stückes zu machen. Pjast beschreibt die Aufführung so: »... für die ›Massen-‹Szenen schwebte Mejerhol'd ein ›Basrelief‹ vor ... Um eine solche reliefartige Flächenhaftigkeit zu erreichen, wurden riesige zusammengerollte Teppiche verwendet; sie legte man auf den Fußboden, brachte sie ganz hinten in der Tiefe der Bühne unter und stellte sie an den Wänden auf; die Schauspieler, die auf diesen Teppichen standen, nahmen so einen höheren Platz ein als die, die sich weiter vorne befanden, so daß ihre Schultern über den Köpfen der vorne Befindlichen zu sehen waren (V. Pjast, *Vstreči*, Moskau 1929, S. 171-172). Dies ist also nichts anderes als das Prinzip der mit der »Darstellung in der Darstellung« in Zusammenhang stehenden umgekehrten Perspektive.

73 Vgl. dazu die Illustrationen in dem Band *Bylinen*, hg. von M. Speranskij (Bd. I, Moskau 1916, Taf. IV) und die dazugehörigen Bemerkungen V. N. Ščepkins (auf S. 441).

74 Über den Einfluß des Theaters auf die Malerei ist ziemlich viel geschrieben worden. Vgl. vor allem: E. Mâle, *L'art religieux de la fin du moyen âge en France*, Paris 1908; G. Cohen, *The Influence of the Mysteries on Art*, in: *Gazette des Beaux Arts*, 1943; P. Francastel, *La réalité figurative. Éléments structurels de sociologie de l'art*, Paris 1965, S. 215 f.; G. R. Kernodle, *From Art to Theatre. Form and Convention in the Renaissance*, Chicago 1945.

75 Zur Pantomime bei Spielbeginn vgl. A. Anikst, *Teatr ėpochi Šekspira*, Moskau 1965, S. 289.

75a Vgl. die für die alte Malerei typischen Bodenaufbrüche im Bildvordergrund (in Gestalt von Höhlen, Schluchten u. ä.), die formal mit den Zerklüftungen der Berge im Hintergrund identisch sind (vgl. die sog. »Ikonenberge« als traditionelle Hintergrundstilisierung in alten Darstellungen).

76 Vgl. G. A. Gukovskij, *Realizm Gogolja*, S. 201 ff., R. Scholes und R. Kellogg, *The Nature of Narrative*. New York 1966, Kap. 7.

77 Vgl. oben S. 134 und auch die von Lichačev angeführten Beispiele aus Werken Dostoevskijs (D. S. Lichačev, *Poėtika drevnerusskoj literatury ...*, S. 326).

77a Vgl. L. N. Štil'man, *Nabljudenija nad nekotorymi osobennostjami kompozicii i stilja v romane Tolstogo »Vojna i mir«*, The Hague 1963 (= American Contributions to the V Intern. Congress of Slavists; reprint), S. 330.

78 Generell bliebe festzustellen, daß allein die Möglichkeit – oder Un-

möglichkeit –, Fragen bestimmter Art zu stellen, bereits ein charakteristisches Merkmal für dieses oder jenes künstlerische System sein kann.

79 Der konventionalisierte Charakter einer solchen Beschreibungsart kann natürlich nur aus der Sicht eines anderen Beschreibungssystems festgestellt werden. Im Rahmen des jeweiligen Systems ist eine derartige Beschreibung objektiv.

80 Siehe L. F. Žegin, *Jazyk živopisnogo proizvedenija*, S. 54.

81 Siehe D. S. Lichačev, *Čelovek v literature Drevnej Rusi*, Moskau 1970, S. 67; P. G. Bogatyrev, *Slovackie epičeskie rasskazy i liro-epičeskie pesni*, Moskau 1963, S. 28-29.

81a Vgl. das von T. Zieliński formulierte »Prinzip der chronologischen Unvereinbarkeit« bei Homer: nach Zieliński kennt Homers Handlung nur die aufeinanderfolgende, nicht aber auch die parallel verlaufende Handlung, d. h. zwei Ereignisse können nie zur gleichen Zeit stattfinden, sondern nur unmittelbar nacheinander (vgl. T. Zieliński, *Die Behandlung der gleichzeitigen Ereignisse im antiken Epos*, in: *Philologus*, Supplementband 8, 1899/1900: A. Al'tman, *K poétike Gomera*, in: *Jazyk i literatura*, Bd. IV, Leningrad 1928, S. 48.

82 Siehe L. F. Žegin, a.a.O., S. 54.

83 Siehe Goethes Gespräche mit Eckermann.

84 V. P. Sokolov, *Jazyk drevnerusskoj ikonopisi*. I. Obraznye odeždy, Kazan' 1916, S. 12.

85 D. S. Lichačev hat dieses Werk mehrmals, allerdings ausgehend von anderen Positionen, analysiert, in: *Poétika drevnerusskoj literatury*, S. 104 bis 107; und in: *Literaturnyj étiket russkogo srednovekov'ja* (*Poetics, Poetyka, Poétika* I, Warschau 1961, S. 646-648.

86 Siehe M. Bachtin, *Probleme der Poetik Dostoevskijs*, S. 9, 41.

87 Die grundsätzliche Objektivität von Weltauffassung und Weltdarstellung ergibt sich hier daraus, daß es für die mittelalterliche Weltanschauung keine willkürliche Zuordnung des Bezeichneten zum Bezeichnenden gibt.

88 Hier ist daran zu erinnern, daß die Konzentration der Aufmerksamkeit auf die Beschreibungs*methode* (insbesondere auf die Beschreibungs*sprache*), wodurch die beschriebenen Fakten von der Methodik ihrer Analyse abhängig werden – mit anderen Worten, die Verlagerung der Aufmerksamkeit vom »Was« zum »Wie« der Darstellung –, gerade für die Weltauffassung der neueren Zeit charakteristisch ist (wir verweisen beispielsweise auf den Positivismus in der Philosophie sowie die Quantenmechanik in der Physik).

Bibliothek Suhrkamp

edition suhrkamp

Alphabetisches Verzeichnis der edition suhrkamp